シリーズ 環境社会学講座

2

茅野恒秀・青木聡子 編

地域社会はエネルギーとどう向き合ってきたのか

芦浜原発を
止めたまち
芦浜原子力発電所設置計画が、昭和三十八年に公表されて以来、南島町は一貫して原発反対を表明。紀伊長島事件を始め、再三に亘り海上デモや抗議集会を繰り返し町民が大きな負担と苦悩を背負いながら三十七年間、原発反対を訴え続けてきた。
「三重県に原発いらない県民署名」には、八十一万人余の県民の方々から署名を頂き、三重県知事に提出。
平成十二年二月二十二日、県議会開会の冒頭、北川知事が「地域に混乱をもたらした責任の一端は県にもある。芦浜原発は白紙に戻すべき」と宣言され芦浜原発問題に終止符が打たれた。
此の碑は三十七年の苦悩の戦いが、二度と繰り返さないことを祈念して建立する。
二〇〇〇・二・二二
南島町

新泉社

［本扉写真］「芦浜原発を止めたまち」の記念碑（三重県南伊勢町）

地域社会はエネルギーとどう向き合ってきたのか

目次

序章

環境社会学の視点からどのようにエネルギー問題をとらえることができるのか

I エネルギーの近代化と地域社会の変貌

「中央」と「地方」

第3章

大規模ダム開発と地域社会

庄川流域における水力発電事業と住民の摩擦を中心として

浜本篤史

III これからのエネルギー転換と地域社会
世代内・世代間の公正の実現

*ブックデザイン……藤田美咲
*カバー表写真……茅野恒秀
*本扉写真……青木聡子
*カバー袖(表)写真……茅野恒秀・茅野恒秀・青木聡子
(裏)写真……茅野恒秀・茅野恒秀・茅野恒秀
*カバー裏写真……青木聡子
*二七七頁写真……茅野恒秀

序章

環境社会学の視点からどのようにエネルギー問題をとらえることができるのか

茅野恒秀

1　私たちの生活／社会とエネルギー

私たちは、日々の暮らしや産業経済のためにエネルギーをさまざまな資源から取り出して活用している。その形態は、現在に至るまでに幾度も劇的に変化してきた。

人類が地球上でこれほどまでに大きな存在となったのは、火を熾《おこ》して食物を調理し、暖をとり、明かりを灯して夜間に行動できるようになり、やがてレンガや鉄などをつくって生活環境を整えたことが大きい。航海には風の力を借りることが欠かせなかった。熱や光、そして動力のもととなるエネルギーを生み出す技術と資源がなければ、人類は社会をここまで拡大させることはできなかっただろう。

近代社会が生まれた要因の一つに産業革命がある。これも熱エネルギーを効率的に動力に換えることができる蒸気機関の発明に端を発する。燃料にはそれまでの薪炭《しんたん》に加え、石炭が大量に用いられるようになった。石炭をコークスに加工する際の副産物であるガスも燃料として使えるようになった。そして蒸気機関の誕生から百年余の一九世紀後半には内燃機関（エンジン）が発明され、石炭と石油すなわち化石燃料を大量に消費する時代が到来した。

一九世紀には動力を電気に換える「発電」も行われるようになった。動力源は水力と火力、風力などで始まり、より大きなエネルギーを取り出すことのできる技術が科学者たちによって探求されるなか、原子炉で核分裂反応を起こし、発生した熱エネルギーで蒸気タービンを動かす原子力発電が一九五〇年代に実用化された。

エネルギーの大量投入による経済活動の規模拡大は、私たちの生活の利便性を格段に高めた。と同時に、多くの社会問題を生み出してきた。炭鉱では石炭の採掘に伴う労働災害が生じ、火力発電に伴って大気汚染が発生した。そして原子力の利用は被ばく労働や放射能汚染と切り離すことができない。河川の水を水力発電に活用する場合にはダムを建設することが必要となり、河川環境の破壊とともに川沿いに暮らす人びとには移転を強いる。そして一九世紀半ばから現在までの二〇〇年足らずの間に、私たちが化石燃料を大量に燃焼させた結果として発生した二酸化炭素の増加によって、地球の平均気温は当時と比べて少なくとも摂氏一・一度の上昇が確実なものとされ、気候変動の影響がすでに世界各地で生じ始めている。

それだけではない。エネルギー資源は、時に国家や地域間で紛争も生み出してきた。二〇世紀が「戦乱の世紀」と呼ばれるのは、エネルギーを高度に取り出す技術によって強力化した兵器の影響も見逃せない。

エネルギーは政治経済と分かちがたく結びついている。そのゆえなのか、その富や豊かさは、この世界に等しく分配されていない。開発途上国を中心に、電力など近代的なエネルギーにアクセスできない人びとは世界で一〇億人を超えるとされ、エネルギー代金の支払いが高額となり基本的な生活水準を維持することが困難になっている人びとは、先進国の中にもいる。こうした問題は「エネルギー貧困」と呼ばれ、欧州連合(EU)が二〇一九年に発表した二〇五〇年までの気候変動関連政策集"European Green Deal"においても、「誰も取り残さない(Leave no one behind)」「公正な移行(Just transition)」が政策の柱の一つに掲げられている。

このように、社会の変化の多くはエネルギーの変化を梃子《てこ》にしてもたらされてきたといっても過言ではない。そして、エネルギーにはこの社会を建設する力もあれば、その使い方によっては社会を崩壊に至らしめる力もあることにも気づかされる。つまりはこう言えないだろうか。エネルギーのあり方を問うことは、この社会のあり方を問うことと、しばしば同義であると。

2 エネルギーをめぐる変転の近現代史――三つの構造転換期

二〇二〇年代を生きる私たちがエネルギー転換の只中にいることは、誰も異論がないだろう。しかし、本格的な近代化をみる時期から現在に至るまで、私たちが利用するエネルギーが、その原料供給や生産と消費に付随する技術的・社会的問題にさらされることなく、長期に安定をみた時期などほとんどない。エネルギーと社会の関係は、常に「変転」の歴史であったといえる。

日本のエネルギー政策の経験から、この変転を概観してみよう。

❁エネルギーの近代化と地域社会の変貌

世界で実用的な発電機が発明された頃、日本では明治時代が幕を開けた。まず都市において照明を確保するためガス灯が、次いで電灯が導入される。一八八七(明治二〇)年、東京・茅場町《かやばちょう》に建設された出力二五キロワットの石炭火力発電(電灯局)が日本で最初の電気事業といわれる。ほぼ同時期に水力発電の導入も始まる。当初は紡績工場や鉱山などの動力源のための企業の自家発電が中心だった。

日本経営史研究所の「日本電力業史データベース」[1]によれば、一八八七年に一社で始まった電気事業者は一〇年後に四〇社、二〇年後には一〇〇社を超え、ピークは一九三三(昭和八)年の八一八社である。地理学者の西野寿章は、この時期の電気事業は地域の産業的特徴や設立資本の性格によって多様だったと述べる[西野 1988]。大都市では大手が寡占状況をつくり上げる一方、農山村地域や離島は電灯会社にとって経営環境に恵まれないため、行政と住民が一体となって発電所を建設し、電気事業を展開するケースも少なくなかった[西野 2020]。現在でいえば、さしずめ地域主導型小水力発電事業や「コミュニティパワー」ということになるだろうか。

地域の文脈に応じて独自の発達を遂げた電気事業を、太平洋戦争を契機に国家が統制する。一九四二年、配電統制令によって地域ごとに九の配電会社が発足し、戦後、発電と送配電を一体的に担うために設立された九の電力会社（北海道電力、東北電力、東京電力、中部電力、北陸電力、関西電力、中国電力、四国電力、九州電力）の母体となった。

「富国強兵」「殖産興業」を旗印に、明治維新から二〇世紀にさしかかるまでのわずか三〇年余で産業革命を達成した日本の急激な近代化は、鉱業、紡績、製鉄、重化学など工業の大規模化を急速にもたらし、工業立地地域の生活環境を変貌させた。飯島伸子は、明治後期に官営製鉄所が立地した福岡県八幡《やはた》(2)（現・北九州市）を「製鉄所が建設される以前は貧しい漁村にすぎなかったが、数年をかけて官営製鉄所が完成し、本格的に操業したときには、大工場が立ち並び、工場が排出する色とりどりの煤煙で空が一面に覆われる大工場地帯に変身していた」［飯島 2000: 66］と紹介する。八幡のような工業地帯だけでなく、主に高炉のエネルギー源である石炭に由来するものだ。八幡の大気汚染の原因となった煤煙は、エネルギー源としての石炭や水資源を有する地域は、資源供給地としての性格を獲得し、やがてその資源の盛衰に地域社会が突き動かされ、時に翻弄されることになる。

近代化は産業だけでなく、人びとの日常生活も一変させた。都市部ではガス灯が電灯に移行した後、ガスは熱源として戦前から家庭に普及していたが、戦後、農村部でプロパンガスが急速に普及する。この時期の薪炭からガスへの転換は「燃料革命」ともいわれ、前近代の時期から森林資源の供給を糧としていた山村の多くは、以後、過疎化の道を歩むこととなった。

燃料革命の主役を演じたプロパンガスはＬＰ（液化石油）ガスとも呼ばれる。明治期から発電用のみならず運輸・産業用エネルギーとして中心的な位置づけを有し、戦中には電力よりも早く国家統制の対象となっていた石炭であるが、戦後まもなく、その位置づけは大きく変化した。戦後復興では石炭と鉄鋼の増産が最優先課題(傾斜生産方式)となり、「炭主油従」と呼ばれる燃料政策がとられたが、この政策基調は一九五〇年代末には終焉を迎え、一九六〇年代には「油主炭従」へと矢継ぎ早に切り替わった。これにより産炭地は、急速に斜陽化を迎えることとなる。

再び電力に目を向けてみると、九電力体制が発足した一九五一年の時点で、日本の発電設備は水力六一四万キロワット、火力二九一万キロワットと水力発電が中心となっていた[栗原編 1964]。こうした電源構成を「水主火従」と呼ぶことがある。翌年には電源開発促進法が制定され、水力・火力ともに大規模な発電所の建設に国を挙げて取り組んだ。電気事業連合会(電事連)の統計(3)では、一九六二年には水力発電の設備容量を火力のそれが上回り、以後「火主水従」といわれた。火力発電の増分を支える燃料として、輸入石油の割合が急増する。

◆原子力の台頭による中央集権化とリスクの偏在

日本の一次エネルギーの供給に占める石油の割合が八割に近づいていた一九七三年、第一次オイルショック(石油危機)が起こった。一九五五年頃から始まった高度経済成長期はここで終焉を迎えたが、裏を返せば日本の高度経済成長は石油の安さに支えられたものであったということでもある。

石油依存度を減らすことが至上命令となった日本は、水力発電、天然ガスと石炭(この時期にはすでに輸入が主）の火力発電に加え、いずれも輸入に頼らない「国産」である二つのエネルギー源に活路を見いだそうとした。一つは「準国産」(4)とされた原子力である。日本は一九五五年に原子力の「平和利用」を謳い、一九六六年に最初の商用原子炉を茨城県東海村に完成させていた。新たに制定した電源三法（電源開発促進税法、電源開発促進対策特別会計法、発電用施設周辺地域整備法の三つの法律）を契機に原子力発電が増加する。もう一つは太陽光・太陽熱や地熱など「新エネルギー」（現在の再生可能エネルギー）であり、その研究開発を推し進める「サンシャイン計画」が進められた。

石油の代替としてシェアを伸ばしたのは原子力であった。各地を独占する九の電力会社はそれぞれに原発を新設・増設したが、各立地点には管内の大きな需要地である都市圏から遠く離れた地域という共通点があった。東京電力の原発が東北電力管内の福島県、新潟県に存在することはその典型例といえる。ただしこれは原発に限ったことではなく、関西電力が一九六一年に建設した黒部《くろべ》ダムがやはり関電の管内から外れた富山県立山《たてやま》に存在するほか、東京電力の水力発電ダムには長野や新潟、福島、静岡の各県に建設されたものもある。

むしろこの時期の特徴は、燃焼や発電の効率性向上によって発電所の大規模化が、また送配電技術の発達によって遠方に電力を供給することが可能となっただけでなく、電源三法交付金によって立地地域の財政効果が顕著になり、〈電力〉と〈マネー〉の取り引きと形容すべき大都市圏と地方の関係が構造化されたことにある。とりわけ原発をはじめとする原子力関連施設の立地をめぐっては、放射性物質の放出や事故のリスクが立地地域に偏在しており、巨大な財政効果とリスクとの両価的なありようが常に論争を呼んできた。これはエネルギーが〈近代〉というコンセプトを忠実に具現化する営みであり続けてきたことと深く関係しているだろう。〈近代〉の進展を合理化が徹底される過程として理解しようとするのはM・ヴェーバー以来の社会学の伝統だが、こうした合理化が徹底された現代の社会システム——例えば一九八〇年代に日本が行き着いた火力・水力・原子力を組み合わせた「ベストミックス」による大規模・集中・広域型の電力システム——に対して、U・ベックが、富とともにリスクの分配が争点となる「リスク社会」という分析視座を提起している[Beck 1986＝1998]。エネルギーの利用に伴うリスクの偏在はその顕著な実例といえないだろうか。

国内の総電力量に占める原子力発電の比率が全体の三割近くに及ぶようになった一九八六年、チェルノブイリ（チョルノービリ）原発事故が起こった。その後、国内の原子力施設でも事故や不正が相次ぎ、結果として統計を見れば原子力の比率は一九九八年（三六・八％）がピークとなった。(5) これは新増設が計画どおり進まなかったためだが、二〇〇〇年代中盤にはエネルギー安全保障や地球温暖化対策として国内外で「原子力ルネサンス」が喧伝《けんでん》されるなど、福島第一原発事故（二〇一一年）のその時点まで原子力への依存は続いていた。福島第一原発事故後には脱原発を求める声が一定の広がりを見せたものの、長続きはしなかった。産業界のみならず立地地域から原発再稼働を求める声がいち早くあがり、やがてエネルギー価格の高騰等を背景に再稼働支持へと世論が傾き、二〇二二年冬にはGX（グリーントランスフォーメーション）を旗印に既存の原発の運転期間延長や建て替えにまで踏み込んだ政策が急浮上したことは、大都市圏と地方の構造化された社会関係が、現在もなお持続していることを示している。

●脱炭素社会に向けたエネルギー転換が意味するもの

世界が本格的に脱炭素社会を志向するきっかけは、気候変動対策に関する「パリ協定」が二〇一五年に採択されたことによる。化石燃料の大量消費が始まった一九世紀末以降の地球の平均気温の上昇を二度以内に抑え、さらに一・五度以内に抑える努力を追求する枠組みが世界共通の長期目標として設定され、各国や産業界のエネルギー政策を大きく転換させ、再生可能エネルギー（再エネ）の爆発的増大が、現在進行形で生じている。

気候変動に関する国連の枠組み条約は一九九二年にリオ・デ・ジャネイロで開催された「地球サミット」で採択され、一九九七年にいわゆる「京都議定書」がまとまったが、世界各国を包括する取り組みにはならなかった。一九七〇年代からサンシャイン計画に取り組んでいた日本は太陽電池の生産量が世界一に成長していたものの、再エネ拡大の気運は高まらず、二〇〇七年にはドイツに、ほどなくして中国にその座を譲ってしまう。ドイツやデンマーク、スペインなどが一九九〇年代から二〇〇〇年代の再エネ拡大過程初期において市場を成長させるため固定価格買取制度（FIT）を採用して成功を収めた一方で、技術開発では先駆者的存在だった日本は、政府が電力会社に一定の供給義務を定める固定枠制度（RPS）を採用したため、普及が立ち遅れたのである。

東日本大震災が発生した二〇一一年三月一一日の午前には、日本でもRPSに代わってFITを導入する再エネ特措法案が閣議決定されていた。二〇一二年七月に施行された同法によって、同年には総発電電力量の二％程度だった再エネ（大規模水力発電を除く）は二〇一九年に一〇％を超えるまで急増した。二〇二一年に政府が策定したエネルギー基本計画では、大規模水力を含む再エネの比率を二〇三〇年に三六〜三八%まで増加させるとしている。

太陽光発電所が数キロワットの住宅用から数十メガワットのメガソーラーまでさまざまな規模で事業が可能なように、再エネには本来的に小規模分散型の特性がある。これは従来の「ベストミックス」を構成してきたエネルギー源の特性とは異なり、再エネ中心の社会への転換は発電所の立地が大規模集中型から小規模分散型へと変化することに帰結する。先述した電力黎明期のように、地域の文脈に応じた独自の電気事業の展開可能性が再び開かれるようになった一方で、日本の再エネ事業には大都市圏の企業が再エネの資源が豊富な地方に進出する例が多く、戦中の国家統制を皮切りとした中央集権化の長い歴史によってつくられた大都市圏(需要地)と地方(供給地)の構造化された社会関係が維持されている側面が各所に見いだされる。三上直之が「技術的な要素に還元できない不確実性や価値判断をはらんだ問いが複雑に絡み合う、手ごわい問題の塊」[三上 2022: 334]と現下のエネルギー転換を表現するように、技術と社会の相補的な構造転換が問われているのである。

さらに二〇二二年二月に勃発したロシアによるウクライナ侵攻は、ロシアが天然ガス輸出国であるがゆえに、世界中のエネルギー安全保障を揺るがす事態となった。

このように、近代化とともに電気事業が開始されて一四〇年足らずの歴史は、国内外の政治・経済・社会情勢の影響のもと、常に過渡期的といってよいほどの変化にさらされ続けた歴史でもある。現在は、過去と未来を結ぶ時間軸の上に位置づけることによって初めて定位しうるとすれば、「現在の姿」を自明視することは適切ではないことがわかる。

3 エネルギー問題をとらえる環境社会学の視点

◆地域社会の経験への着目

エネルギー政策の歴史的経過を俯瞰してみて気づくことは、社会の変化すなわち社会変動がエネルギーのありようを大きく変化させてきたという事実とともに、エネルギーの変化が社会の新たな編成を駆動させる要因となった側面があることである。こうしたエネルギーと社会との関係を把握しようとする際、どのような視座が有効だろうか。

社会科学における一つの典型は、エネルギー資源の動向が国際関係を左右するといった地政学的な見方であろう。グローバル化が進んだ現在、原油や液化天然ガス（LNG）の供給不安や価格高騰が、世界経済に影響を与えた例は枚挙に暇《いとま》がなく、このような見方は一定の説得力を持つ。しかし、視点は巨視的になればなるほど、見落とされるポイントが増えてしまうことも否めない。俯瞰的な「鳥の目」と、微に入り細を穿《うが》つ「虫の目」を組み合わせ、見えやすいメカニズムや説明しやすい構図に引き寄せられる決定論の陥穽を回避する必要がありそうだ。

この点で日本の環境社会学は草創期から、農村や都市、社会運動や社会問題などを扱う領域社会学の知識を基盤に、農学や林学、生態学、工学など他の学問分野とも交流しながら、公害・環境問題をめぐって、人びとの間で、また人びとと自然環境との間で交わされる相互作用に着目してきたという特徴がある。こうした相互作用は具体の地域社会において展開されるため、地域社会を主たる分析の単位とし、そこから照射される生活のありようや政策のあり方を問うてきた。本書でエネルギー問題をとらえようとする際にも、こうした視点を活用する。以下では、本書の構成を紹介しつつ、詳しくみてみよう。

◆〈構造〉と〈関係〉のダイナミズムをとらえる

前節で概説したように、エネルギー政策は人びとを包摂する中間集団の置かれた状況をも変転させてきた。例えば山村では、かつて薪炭が主要な熱エネルギー源を担った時代においては生活資源の自給と都市部への供給者という役割を獲得することによって経済的自立が可能となっていたが、燃料革命はその経済的地位を低下させる起点となった(本書第1章)。それだけでなく、一部の山村は大規模ダム開発によってその生活拠点の移転を強いられることにもなった(第3章)。石炭産業と産炭地の盛衰(第2章)、また原子力関連施設の立地(第4章)も、人びとの生活基盤や生活設計を根底から変貌させる出来事であった。

環境問題をめぐる社会構造の変動過程に対して、地域社会で繰り広げられる社会的相互作用を合わせ鏡にして接近するのが環境社会学の方法論的特徴だ。その際、基軸となるのは、日本社会が一貫して大都市圏を中心に据えた経済社会を編成し、地方を周縁化してきたという事実認識とともに、そうした〈中心—周辺〉関係には回収しきれない微細なズレや、地域社会側の巧みな応答を解明しようとする課題意識である。

この課題意識は、同じ「社会」を構成しているように見えながら、まったく別の「社会」を経験している人がいる可能性に思い至る社会学的想像力に支えられている。賛否が鋭く対立するようなエネルギー問題における、地域コミュニティ内部の生活技法（第5章）への着目や、住民運動の組織化の論理とそのエンパワーメントのあり方（第6章）へのアプローチなどには、社会の内部にいながら、外的視点をあわせ持つことによって社会を丹念に観察しようとする社会学的認識法が存分に活かされる。そして、盛山和夫が「一見自然科学的な問題に潜む社会的共同性の危機と回復」［盛山 2011］と環境社会学の主題を見通すように、異なる社会圏に属する主体が施す再帰的な「仕掛け」を鋭敏に析出することによって、エネルギーのオルタナティブなありようを構想することもできる（第7章）。

一方、エネルギーが規定する社会の〈構造〉と〈関係〉のダイナミズムをとらえることは、きわめて強固に構造化されたシステムが、経路を固定し変革の壁となる実態をも浮き彫りにする（第8章）。時間軸とともに、社会空間の編成原理の解明を通じて変革課題を抽出することが求められる。

❁望ましい未来を構想する

近現代の社会は、エネルギー転換の只中にあり続けてきた。そして社会は、私たちが望むと望まざるとにかかわらず、エネルギーの転換をその変動の与件や駆動要因として組み入れてきた。

こうした認識に立つことは、エネルギー転換を技術や資源の単なる転換ではなく、社会の転換の問題として受け止めることを必然的に要請する。

現下のエネルギー転換は、温室効果ガスを排出する化石燃料から、持続可能な資源とりわけ再生可能エネルギー（再エネ）への転換として世界的に定式化されつつある。再エネの特性は小規模分散型であるため、必然的に施設立地点とステークホルダーが増加する。合意形成の基盤となる社会的受容性のあり方が問題となってくる（第9章）。さらに、エネルギー転換におけるアクターネットワークを明らかにし、社会のイノベーションに向けた課題の見取り図を描き出すこと（第10章）は、「多元的な価値観を調整し、統合する技能」［菊地 2017］を持つ環境社会学の独自性が発揮できることになるだろう。

4　エネルギーの環境社会学に向けて

世界で最初の環境社会学の本格的な教科書に、一九八二年に出された『環境・エネルギー・社会』（原題：*Environment, Energy, and Society*）がある［Humphrey and Buttel 1982＝1991］。タイトルが示すように、エネルギーは環境社会学の出発点から重要な主題であった。日本においても、これまで多くの環境社会学の研究成果が、エネルギー問題を実証的に研究するなかで生み出されてきた。ただし、それらは例えば巨大地域開発［舩橋ほか編 1998; 舩橋ほか 2012］や産炭地［中澤・嶋﨑編 2018］、ダム開発［帯谷 2004; 浜本編 2014］、再エネの社会的受容性［丸山 2014; 丸山ほか編 2015; 本巣 2016］や再エネの価値創造

［保坂 2022］、住民投票運動［中澤 2005］、環境運動［西城戸 2008; 青木 2013］、気候変動政策［長谷川・品田編 2016］、自治体財政［湯浅 2018］など、対象と主題を絞り込んだものが中心であった[6]。エネルギー転換を正面から扱ったものに長谷川［2011］と丸山・西城戸編［2022］があるが、両者は脱原子力と再エネ社会に射程を絞り込んでおり、エネルギー問題を包括的に扱ったものではない。

この点で、本書は、いまだまとまっていなかった「エネルギーの環境社会学」という新たな基軸にアプローチしてみたいと考えている。

註

（1）日本経営史研究所ウェブサイト「日本電力業史データベース」。(https://www.jbhi.or.jp/toukei.html)［最終アクセス日：二〇二二年一二月二〇日］

（2）現在は「明治日本の産業革命遺産」の一つとなっている旧官営八幡製鉄所である。

（3）電気事業連合会ウェブサイト「電気事業六〇年の統計」。(https://www.fepc.or.jp/library/data/60tokei/index.html)［最終アクセス日：二〇二二年一二月二〇日］

（4）原子力が「準国産」とされるのは、核燃料サイクル政策の存在による。原発の燃料ウランは輸入であるが、使用済み核燃料を再処理してウラン、プルトニウムを取り出すことによって再利用が可能となるという理屈に基づいている。

（5）資源エネルギー庁『エネルギー白書２０２１』。(https://www.enecho.meti.go.jp/about/whitepaper/2021/html/2-1-4.html)［最終アクセス日：二〇二二年一二月二〇日］

（6）東京電力福島第一原発事故に関連する研究成果があるが、本講座第3巻において存分に展開されるため、ここでは割愛する。

I

エネルギーの近代化と地域社会の変貌

「中央」と「地方」

第1章

薪炭利用の変遷とエネルギーの由来の不可視化

農山村と都市の関係の変容

山本信次

1 エネルギーの由来の不可視化――『桃太郎』の「しばかり」によせて

「むかしむかし、あるところにおじいさんとおばあさんがいました」。これは言わずと知れた昔話『桃太郎』の冒頭である。次のフレーズもまたおなじみであろう。「おじいさんは山へしば刈りに、おばあさんは川へ洗濯にいきました」。そこで質問してみる。「それでは『しば』という字を漢字で書いてください」。大方の回答は「芝」である。しかし、これではおじいさんは「山へゴルフ場の整備」に行ってしまう。ごくまれに、正しい回答である「柴」と答えてくれる方もいる。ただし、重ねての質問、「それでは『柴』とは何ですか?」には、ほとんどの方が正答できない。正解は「山野に生える小さな雑木(それを刈り取ったもの)」である。

今までの経験上、正確に回答できた方は皆、農山村での生活体験のあるお年寄りばかりであった。それでは、なぜ、幼児に読み聞かせる絵本の冒頭で使われる言葉を、現代の私たちは理解できなくなっているのだろうか。それを理解するために、「柴」と私たちはかつてどのように付き合ってきたのか確認してみよう。

かつて、刈られてきた柴は多様な用途に使われた。まずは細めの薪《まき》、すなわち燃料として利用された。また、春先に芽生えたばかりの柔らかい葉のついた柴はそのまま苗代《なわしろ》や水田にすき込まれ、肥料として用いられた。他にも家の垣根や水辺の浸食を抑えるための土木用材、魚を集めるための漁礁《ぎょしょう》など多用途に利用され、まさに農山漁村の暮らしに必需の存在であった。

また、柴をその生育状況から区分すれば、第一に、山野の地面から直接生える、あまり大きくならないツツジなどの灌木《かんぼく》が挙げられる。第二に、クヌギやナラなど高木化する樹種であって、薪などの用途のために伐採され、その跡の切り株から無数に生えてくる「ひこばえ」(林学用語的には「萌芽」)が柴とされる場合もある。後者の場合、再度太めの薪を調達したい場合は、無数の萌芽をそのままにしておけば藪状になってしまい、薪に適した太さに再生するまでに要する時間が長くなる。それを防ぐため、次世代の薪炭《しんたん》原料とするために幹として大きく育てる数本だけを残して「柴刈り」(「もやかき」ともいわれる)を行う。すなわち、薪炭用の萌芽林の手入れがそのまま農山村における生産や生活に必要な資材としての柴の入手方法となっていたのである。このように「おじいさんの柴刈り」はゴルフ場の芝生管理ではなく、里山の手入れだった。そして、こうした里山とともにある暮らしは、化石燃料や化学肥料の普及する二〇世紀半ば以降、急速に失われていった。

こうした背景を理解していなければ、「柴」とは、また「柴刈り」とは何かを正確に答えることは困難だろう。だから前述の問いに正確に答えられたのは、農山村生活経験のある高齢者ばかりだったのである(写真1-1)。

鬼頭秀一は、「人間が、社会的・経済的リンクと文化的・宗教的リンクのネットワークの中で、総体としての自然とかかわりつつ、その両者が不可分な人間―自然系の中で、生業を営み、生活を行っている一種の理念型の状態」を、「かかわりの全体性」と呼び、「『生身』の自然との関係のあり方」と定義している[鬼頭 1996: 261]。それに対し、「そういう社会的・経済的リンクと文化的・宗教的リンクによるネットワークが切断され、自然から一見独立的に想定される人間が、人間から切り離されて認識された『自然』との間で部分的な関係を取り結ぶあり方」を、「かかわりの部分性」と称して、これを「『切り身』の自然との関係のあり方」と定義する[鬼頭 1996: 261-262]。それは、例えば海の生物としての魚に対して、その生態や棲息域への知識を踏まえて、どこで、どのように捕まえ、その食品としての適性に鑑みてどのように調理するのかや、漁師たちがどのようにその霊を弔うのかといった「生身」の魚と人間の関係の総体をとらえるのでなく、三枚におろされてパック詰めされた食品としての「切り身」魚としてしか接しえない現代社会の状況を示すものである。

しかし、「しば」とは何かということすら認識できない現代日本社会におけるエネルギーとしての自然資源利用の状況は、「生身」はおろか「切り身」としての自然との関係性すら捨て去った、さらに深刻な断絶の中にある。

こうしたエネルギーをめぐる断絶は、私たちが当たり前に使うエネルギーがどこからもたらされ、自然や社会にどのような影響を生んでいるかという「エネルギーの由来」について考える必要のない社会を生み出した。そうしたエネルギーの由来の不可視化がもたらしたのは、消費地から遠く離れた場所で起こる原発事故や熱帯林の破壊といった現実である。

薪炭といった形で森林からエネルギーを得ることは、薪炭生産者にとっては、森を育て、木を伐り、薪に加工し、炭を焼くという、生業と不可分な自然との「生身」の関係の上に成り立つものであった。また、それを利用する人びとにとっても、薪や炭は自然と人間の「生身」の関係から生み出されてきたことが想起しやすい「手触《てざわ》り感のある実物」=「タンジブル（tangible）な存在」であり、かつ、そのエネルギーがどこからどのようもたらされたのかが理解しやすいという点でも「その由来が視《み》える」存在であった。

写真1-1　二宮金次郎の銅像.
背負っているのは「柴」（ただし石像では「薪」）
撮影：新泉社編集部

本章では、そうした「視え、

手触り感のある」エネルギーをめぐる人間と自然、あるいは都市と農山村との関係の変容・断絶が、日本の自然やそれとともにあった農山村社会、農山村からエネルギー供給を受けていた都市社会に与えた影響について概観してみたい。

2 二つの「里山」とその危機――人間との関係の断絶による荒廃

里山を農用林すなわち農山村における住民の生産活動や生活に必要な各種資材の自給・小商品生産的採取用の森林と位置づけたのは四手井綱英である［四手井 1993］。四手井のいうように、里山とは農山村集落周辺に存在する、集落住民の持続的利用に供されてきた二次的自然というのが一般的理解であろう。ただし、四手井は農用林と表記しているように、森林に注目して里山という語を用いている。しかし、農村集落周辺に広がる二次的自然は、燃料としての薪や肥料などとしても用いられた柴を採取するための二次林としての雑木林や伐採後の先駆樹種としてのアカマツ林に限られるものではない。肥料や家畜飼料、屋根材として重要視された草の採集地である草地、さらには農地そのものも二次的自然であり、現代的には集落と農地、草地、二次林を一体的に里山(あるいは里地里山)としてとらえることも一般化している。ともあれ、農山村における燃料・肥料・飼料などの自給と近隣都市などへの小商品生産的燃料供給に用いられた森林や草地が狭義の里山であり、それはまた農山村集落の共有財産であり、村人の協働により利用・管理される入《いり》会地《あいち》、コモンズであった。

しかし、人間の利用の結果として形成された二次的な自然は、農山村集落周辺にのみ広がるわけではない。そこには農山村住民の日常的利用とは異なる、近世までの産業的な自然資源利用の結果として形成されたより大規模な二次的自然が存在する。牛馬生産に伴う大規模な半自然草原［須賀ほか 2012: 139–147］や商業的な大規模製塩・窯業《ようぎょう》・金属精錬のための燃料生産地として要求された広大な薪炭林は、四手井のいう農用林とは異なるものの、やはり近世までの自然資源利用に基づいて形成された二次的自然環境である。近年、これらもあわせたものをも広義の里山とし、より幅広く二次的自然環境を意味する用語となっている［養父 2009］。

これらの里山は循環型土地利用の理想形として語られがちだが、近畿地方や瀬戸内地方などを中心に、製塩・窯業などの商業的生産に伴う過剰利用に加えて、明治維新期の混乱のなかで里山の持続性を担保してきた入会やコモンズといった共同体的規制が弛緩し、その利用秩序が崩壊したことによる「はげ山」の出現があったことも明らかにされている［千葉 1991］。それでも欧州などと比較して高い森林率を維持し続けた近世までの日本の自然資源利用のあり方を、育成林業も含めて持続可能なものとして評価する立場もある［Totman 1989＝1998］。

いずれにしても里山とは、燃料・肥料・飼料採取や草原維持のための火入れなどの人為的攪乱により、植生遷移を途中段階でリピートさせ、利用に適した植生を長期間維持させたものであり、特有の生物相により構成されてきた。それゆえ里山的自然環境や生物多様性の保全は定期的な人為による攪乱に基づいてしかなしえず、それが近世まで維持されてきたのである。さらに、こうした人為の影響の一部は氷河期の終了までさかのぼり、日本列島が温暖化するなかで、放置すれば変わりゆく氷河期の植生、関東であれば草原や落葉広葉樹林から常緑の照葉樹林へと変化していくはずの植生が、人為による攪乱の結果、遷移の初期段階としての草原や陽樹の落葉広葉樹林として存続することとなり、氷河期の残存種やそれらが生育する生態系が保全されることとなった。すなわち日本列島には、現在の気温と降水量に最適化された「原生自然」に遷移が進んだ場所ばかりが存在したわけではなく、その際の里山・二次的自然環境は「原生自然」の破壊の結果もたらされた代償植生ではなく、過去の生態系が人為の影響により存続したものもあり、里山的生態系保全の重要性はこうした点にも見いだされる［守山 1988］。

里山的な自然資源の保全には人間による適正な利用が欠かせない。しかしながら、冒頭に触れたように、近代化の中で里山と人間の関係は断絶の危機を迎えており、過少利用による里山の変質・荒廃が進みつつあるのである。

3 近世までの木質エネルギー利用の特徴
――「視え、手触り感のある」エネルギー

前述の二種類の里山から供給されるエネルギー（以下、これらをまとめて述べる際は「木質燃料」「木質バイオマスエネルギー」とする）の行く先は、近代化以前の段階で大きく三つに区分できる。

一つは農山村における自給用の薪や柴の利用である。農山村の伝統的な家屋内燃焼機器は囲炉《いろ》裏《り》とかまどである。囲炉裏はいわば屋内の焚火台で、薪や柴、大豆などの収穫後の豆殻や穀物収

穫後の藁《わら》などの農業残渣《ざんさ》、焚き付けとしての杉葉や松葉など、燃料を選ばず何でも燃やすことができる。炎が上がるため照明ともなり、梁《はり》からぶら下がる自在鉤《じざいかぎ》で炎との距離を変えれば火力調整も可能で調理器具ともなる。もちろん暖房器具としても機能し、利用時に立ちのぼる煙による燻煙《くんえん》で茅葺《かやぶき》屋根の防腐効果も発揮する。まさに農村民家の必需品であった。かまども使用燃料は同様であった。ここで注目したいのは、農山村の生活において木炭はあまり利用されなかった点である。製炭の過程で炭素以外の有機物や可燃性ガス成分などを取り去ることは燃焼カロリーを減らすことであり、また炭化することで炎も煙も出なくなることは前述の囲炉裏利用のメリットをなくすことに直結するため、木炭ではなく薪や柴が使われたのである。

それではなぜ、農山村では利用されない(自らが利用しない)にもかかわらず、木炭は生産されたのだろうか。その答えは、都市部ならびに産業用の燃料として必要とされたからである。理由は後述するが、農山村において木炭は商品であって、自ら使うものではなかったのである。

二つは都市への供給である。近世までの都市生活における木質燃料利用は調理用と暖房用に分けられる。そして暖房用に薪が使われることはほとんどなかった。調理に関しては土間のかまどを用いて行われるので、薪を利用し、炎と煙が出て、火の粉が飛んでも火事にはならない。しかし、都市部の室内で使用する暖房器具であった火鉢やこたつで同じことが起きれば間違いなく火災を起こす。火災が何より恐れられた近世都市において、暖房に薪を使うことはありえなかった。だからこそ炎も煙も出ず、火の粉の飛ばない木炭が都会の暖房用燃料だったのである。これが農山村において木炭が都市向けの商品として生産されていたゆえんである。また木炭はその生産過程で、樹木に含まれる炭素以外の有機物などが分解・放出され、軽量化することで運搬性が増す。畠山剛によれば、現在の岩手県を中心とした近世南部藩《なんぶはん》の地方都市で使用される木炭は、二〇キロメートル圏ほどの農山村において農家の冬の副業として焼かれ、牛馬に背負わせて日帰りで供給されたとしている[畠山 2003: 17–23]。これを前提とすれば、さらに重い薪についてはより近い場所、水運を用いるにしても、さほど遠くはない場所から供給されていただろう。このことから小都市においては周辺の農山村を含んだ燃料の自給圏が存在していたことが理解できる。

これに対して大都市の江戸では、幕末の記録によれば江戸に薪を供給していたのは武蔵、相模《さがみ》、上総《かずさ》、下総《しもうさ》、安房《あわ》、常陸《ひたち》、上野《こうずけ》、下野《しもつけ》の関八州《かんはっしゅう》と伊豆、すなわち関東地方と静岡県東部であり、木炭を供給していたのは、これに駿河《するが》、甲斐《かい》、遠江《とおとうみ》という静岡県中・西部と山梨県を加えた地域であることが明らかとなっている[吉田 2015: 224–244]。やはり軽く、運搬性に富む木炭の方が遠方から運ばれていたことが見て取れる。大都市では、その人口の多さに比例して、より広域なエネルギー供給圏が形成されていたのである。

最後に三つ目は近世の産業用エネルギー供給である。岩手県北上《きたかみ》高地における近世までのたたら製鉄を例にとれば、「粉鉄《こがね》七里に炭三里」との言葉が残るほど、原料としての砂鉄よりも、重くてかさばる燃料としての木炭の原木(それを製造するための森林)が近隣に存在することが重要視された[岡 2008: 79–83]。そうした製鉄用の木炭は農家の副業ではなく、専門の炭焼きにより、規格化された形で行われていた[畠山 2003: 17]。

瀬戸内における製塩については、木炭ではなく莫大な薪や松葉を燃料として必要とし、これにより岡山県では一八世紀には市中の燃料の不足をきたし、いち早く製塩用の燃料として石炭の導入が行われている［千葉 1991: 148–171］。こうしてみると、近世の産業用の木質燃料の生産・供給は、生活用の燃料としての供給に比べてはるかに大規模化し、産業化され、商品性が高まっていたことが理解できる。そして幕末には、すでに一部産業において化石燃料への転換が始まりつつあったのである。

以上のように、近世までの農山村における木質バイオマスエネルギー利用はまさに自給的な「視え、手触り感のある」エネルギーであった。また地方小都市においても、商品化されてはいても、その生産は小商品生産的で、生産者による直接搬入という点において同様であり続けた。しかし大都市においては、その供給圏の広域化と商品化が進展したため、小都市に比べてエネルギーの由来は視えづらくなり、「視え、手触り感のある」エネルギーとしての位置づけを薄れさせつつあった。

さらに近世までの産業的利用は、基本的には原料や燃料といった地域資源の存在に依拠した「地場産業」であり、そこでの燃料供給も、専業化・産業化したとはいえ地元民による生産・供給であり、その存在は「視え、手触り感のある」エネルギーであった。しかし、その産業の拡大とともに一足飛びに化石燃料への転換が起きていたように、近代化の進展により地域の自然資源や地域社会との関連性を失った現代的な「視えない」エネルギー利用への転換を予感させる状況だった。

いずれにしても、こうした近世末期までのエネルギー利用に対応しつつ里山は利用・維持され、変化の兆しはありつつも、まだまだエネルギーの大半は「視え、手触り感のある」ものとして供給されていたのである。

4 近代化と「視えない」エネルギーへの変貌

◆近代化に伴う里山草地の森林化の進行

明治期以降、里山に含まれる草地の森林化の急速な進行という土地利用の大きな変化が始まる。金肥《きんぴ》や化学肥料の普及以前の近世までの里山の草地は、農山村の農業生産にとって必要不可欠な存在であった。柴も肥料として用いられたが、草はそれ以上に重要視された。刈られた草は、柴同様に農地にすき込まれ（刈敷《かりしき》）、直接肥料として用いられた。また役畜《えきちく》の飼料・敷料《しきりょう》としても用いられ、利用後は厩肥《きゅうひ》として肥料化された。日本において牛馬による耕作が普及したのは明治期以降のことであり、それ以前の農家の家畜飼養は厩肥獲得と柴草等の運搬が主目的であった。さらにいえば、ススキなどのイネ科草本《そうほん》は茅葺用として農山村の住宅屋根材にも用いられたが、葺《ふ》き替え時には肥料として再利用されることもあった。加えて牛馬そのものの生産地であった九州の阿蘇や中国地方の三瓶山《さんべさん》、東北の北上高地などでは広く放牧が行われ、広大な草原が卓越した景観であった地域もみられる。小椋純一は、統計が整った二〇世紀初頭の数字で、日本の草原面積を約五〇〇万ヘクタールと推計している［小椋 2006］。森林と原野（草原）をあわせた「林野面積」は現在も当時もあまり変わらぬ約二五〇〇万ヘクタールであり、現在の草地面積が四〇万ヘクタールに満たないことを考えると、草原の減少と森林の増加が著しいことが理解できる。近世の里山といえば広葉樹林というイメージもあろうが、実際にはかなりの草地を含む場所だったのである。

しかし明治以降の近代化の中で、こうした草地は急速に減少に向かう。その原因として土屋俊幸は、①肥料としての金肥の導入の促進、②森林資源造成に重きを置いた政府による強権的な火入れの禁止、③林業的利用の進展を挙げている［土屋 1991］。とくに③に関連して、資本主義化（近代化・産業化・都市化と言い換えてよいだろう）の進展により、一八七九（明治一二）年から一九一九（大正八）年の四〇年間に建築用材（主に針葉樹）需要は三倍、燃料材（主に広葉樹）需要は二・五倍に増加したことをその要因としている。これらは、①による草地の必要性の低下、②による植生遷移の進行（草地の天然林化）、③による針葉樹人工林と薪炭燃料用広葉樹林造成の進展とまとめられる。とくに一部有名林業地を除けば、第二次大戦前の段階では木材生産用針葉樹人工林造成よりは炭焼き用の広葉樹林の拡大の方が大きかった。こうして近代化の中で里山草地の森林化は急速に進んだのである［土屋 1991: 186–191］。

●都市人口の急増による木炭需要の急増

こうした土地利用の変化をもたらしたこの時代のエネルギー利用の変化をさらに詳しくみておこう。前節にみた産業的木質バイオマスエネルギー利用は、近代化の初期段階において、西洋からもたらされた近代的金属製錬技術に用いる燃料としての利用の一時的拡大に加えて、坑道において用いる坑木採取ならびに金属製錬時の大気汚染で周辺森林を大いに破壊した足尾銅山に代表される公害を出現させるような例も生み出した。しかし、やがては一九〇一（明治三四）年に石炭産地に建設された八幡製鉄所に象徴されるように、大規模な近代産業化に対応した化石燃料(この段階では石炭)利用の拡大により、木質バイオマスエネルギー利用は大きく減少し、限られた工業用の原料としての利用に変化していった。また、化石燃料の輸入が途絶えた戦時に、木炭の白動車燃料化や松根油《しょうこんゆ》を乾溜《かんりゅう》しガソリンの代替にするなどの産業的ともいえるエネルギー利用への揺り戻しはあるが、ここでは省略する。

それに対して、大きく需要を伸ばすのが都市生活における利用である。東京を例にとれば、江戸期に一〇〇万人といわれた人口が明治後期から急増に向かい、一九一一(大正元)年には二〇〇万人を突破し、その後も急増を続けていく。また、そうした都市住民の急増の影響から、都市的生活用燃料としての木炭需要が急増した。

この影響を受けて、全体での薪や木炭の使用割合も、明治初期は圧倒的に多かった薪の割合が急激に減少し、木炭が増加する。具体的には消費エネルギー換算で、薪・木炭比は、明治初期の一〇対一から大正中頃には五対一ないしは六対一、昭和初期には三対一程度にまで変化する[土屋 1991: 190–191]。

こうした都市人口の急増はもちろん農山漁村からの移住であり、その居住条件は「『九尺二間《くしゃくにけん》』の貸し長屋に一平方メートル前後の土間に七輪を置いて煮炊きをし、炭火を用いた置き炬燵《ごたつ》で暖を」とったとされ、都市生活者による木炭利用の状況がうかがえる[畠山 2003: 55]。

◆木炭生産の急拡大と商品化・産業化

こうした需要の急増に応じて、木炭の生産サイドにおいても急激に商品化と産業化が進行する。近世まで大都市向けに商品生産を行っていた地域だけでは生産が追いつかなくなり、また近隣小都市向けの農家の副業としての木炭生産者も商品生産者としての色彩を強め、たたら製鉄のような前近代的な地元産業への木炭燃料供給を行っていた地域では、その産業の終焉もあり、増大する都市人口に向けた木炭生産地へと変貌していく。さらには、これまで木炭生産が行われてこなかった農山村においても、産業としての炭焼きが拡大していく。畠山の言を借りれば、「木炭生産量が増えるということは、具体的には木炭生産処女地に専業製炭者が送り込まれ、地元農民が見よう見まねで改良製炭法をおぼえ、副業製炭者化し、製品出荷のための山道が開かれ、これらによって新たな雇用が作り出される」ことを意味していた[畠山 2003: 47]。このように都市部の燃料としての木炭生産は大幅に拡大していくのである。

こうした状況を、明治後期に進められた鉄道網を中心とした運輸手段の飛躍的拡充と、昭和の農村恐慌への対応として一九三二(昭和七)年から始められた政府による時局匡救《きょうきゅう》事業による、さらなる鉄道整備や農山村への道路整備が後押しし、木炭生産は全国に展開する。とくに、これまで江戸・東京とはエネルギー的なつながりはなかった東北地方が次々に東京向け製炭地として勃興し、とくに岩手県は一九一五(大正四)年には全国一の炭焼き県となる。ただし、それは近世までのたたら製鉄向けと近隣小都市向けの「視え、手触り感のある」エネルギーとしての限られた範囲での木炭生産から一躍、東京そして全国へ向けた大量生産商品としての木炭、すなわち、どこで、誰が、どのようにつくったのか意識されない「視えない」エネルギーを大量に供給する「日本一の炭焼き県」への変貌であった。

また、岩手県における製炭の担い手もかつての都市近郊農家の副業とたたら製鉄用の限られた専業製炭者という構図が大きく変化し、専業製炭者が激増する。

こうした専業製炭者には、「南部（岩手県）に行って炭焼きをすれば食いっぱぐれはない」と誘われて県外から移住した農家の次三男や破産農家の家族も含まれていた。そして、こうした専業製炭者たちの実態は一九五五（昭和三〇）年に行われた岩手県による『専業製炭の実態調査』において、「専業製炭者の実態は資本力を有せざる極めて零細なる生産者である。したがって大半は製炭企業者の資本の配下に属し、山間僻地の最もめぐまれざる生活環境の中に日々の生活物資を通して昼夜を分かたず家ぐるみ作業に従事して居り、現在の製炭法が存続する限り近代工業化は困難で、従って現在の労働条件を変更することは困難である」と描写されるように、資本に支配され、貧窮の中できわめて厳しい労働に従事しなければならない状況に置かれていたのである［畠山 2003: 47, 203–226］。

以上のように、急速に進む近代化の中で、「農山村において木炭を生産する」という行為そのものは変わらないものの、進む都市集住による都市生活用エネルギーとしての木炭需要の拡大と供給の広域化に対応して、自然資源管理の面では草原の減少と広葉樹林の増加という変化がもたらされた。社会的側面をみれば、都市へのエネルギー供給のために農山村において過酷な低賃金労働に従事する人びとを大量に生み出しつつも、その存在はエネルギー供給の広域化の中で不可視化され、さらに、そこで生産される安価な燃料が都市の貧しい労働者の生活を支え、資本による経済活動の継続のために不可欠であるがゆえに放置されることとなった。

このように、近代化をめぐるエネルギーのあり方の変化は、かつての木質バイオマスエネルギー利用が持っていた、地域の資源に立脚し、地域社会の自律性を担保させてきた「視え、手触り感のある」エネルギーとしての特質を希薄化させることとなった。それは、都市と農山村の関係を、都市の需要に農山村を従属させるものへと変化させ、農山村における自然と人間の関係性を商品生産に適したものへと強く傾斜させた。言い換えれば、都市社会と農山村社会という「人と人の関係」が、農山村社会が自らの周りにある自然とどのような関係を結ぶかという「人と自然の関係」を規定する傾向が強まったことを意味する。もちろん、近世までにもこうした関係がなかったわけではないが、近代化による産業化・商品化の波が、それを決定的に強めたといえるだろう。

5 燃料革命に伴う木質バイオマスエネルギー利用の急減と農山村の変化

◆針葉樹人工林化の進展と過少利用による荒廃

前節までみてきたように、かつての日本の木材利用はエネルギーとして使われる割合が大きく、一九二〇年代に至っても、その八割が炭焼き原木を含む薪炭材であった。しかし、一九四〇〜五〇年代にかけて建築用材や製紙原料としての用材比率が上回るようになり、それでも一九五〇年代半ばには二〇〇〇万立方メートル台で国内木材供給の三割を占めていたが、一九六〇〜七〇年代にかけて六〇〇万立方メートル台に激減し、二〇世紀終盤には国内木材供給の一％未満となった［深澤 2001: 42–46］。

ここに至り、里山はエネルギー供給からほぼ切り離された。そして、こうした傾向を決定的にしたのは、一九五〇年代に起きた国内におけるエネルギー利用の石油・天然ガスへの急速な転換、いわゆる「燃料革命」である。明治期の近代化において登場する化石燃料は石炭であり、主に産業的な利用に用いられた。昭和の時代の燃料革命における化石燃料は石油と天然ガスであり、その用途は産業のみならず生活全般を覆うことになる。その結果、都市生活に欠かせない燃料であった木質バイオマスエネルギーとしての木炭は一気にその存在意義を失うことになるのである。

この変化を林相《りんそう》の変化から確認してみよう。第二次世界大戦後の建築用針葉樹の人工造林は、戦時に国内自給可能な数少ない資源として伐採された跡地の復旧からスタートし、年間三〇万ヘクタールにも及ぶスピードで進められ、一九五六年には完了する。人工造林の進展は、個人資産形成ともいえる私有林の木材生産用人工林造成への公的補助政策という異例の厚遇をもって進められた。この造林補助制度はこれ以降も継続し、人工造林拡大の梃子《てこ》として機能していく。ともあれこの時期の復旧造林は、治山的側面からも、空襲で焼け野原となった都市の再興のため建築資材不足の観点からも必要な措置であったといえるだろう。

しかし、ここから日本の森林の姿が大きく変貌していくことになる。復旧造林が終了する頃、時を同じくして燃料革命が起こる。その結果、薪炭用里山広葉樹林の経済的価値は暴落する。さらに一九五〇年代末にはパルプ製法の技術革新により、それまで針葉樹に限られていたパルプ原料に広葉樹利用が可能となり、経済的価値を失っていた広葉樹の里山薪炭林をパルプ用材として伐採し、建築材用の針葉樹人工林に置き換える「拡大造林」が進められる。拡大造林は里山だけではなく、これまであまり人為の及んでいなかった奥地の原生的広葉樹林としてのブナ林等にも及び、同様にパルプ材としての伐採、針葉樹人工林化が進められることとなった。以上の結果として針葉樹の人工林面積は一〇〇〇万ヘクタールに達し、一九五一年に二〇%だった人工林率は一九八四年には四〇%に達した。燃料革命に端を発し、里山を対象とした拡大造林は、次にパルプ原料確保の標的として奥地原生林をも巻き込みながら拡大し、この列島の自然環境を大きく変えることとなったのである。

土屋は、木炭生産の崩壊は需要の減少だけが原因ではなく、燃料革命以前からの他産業への労働力の流出やパルプ材利用の優先や拡大造林の進展に伴う原材料不足などをも原因とする重層的なものであったことを指摘しつつ、明治期以降の農山村経済を支えてきた木炭生産の崩壊が多くの労働力を過剰化し、それが一時的に造林労働に投入されたことの結果が、この針葉樹人工林拡大であることを指摘している[土屋 1991: 192–195]。

ともあれ、都市のエネルギー需要の変化や工業化による農山村からの労働力流出など、都市の変貌が農山村における土地利用を大幅に変化させたことは明らかであろう。

このように拡大された針葉樹人工林であるが、当時の木材価格高騰を抑えるため、一九六四年には木材の輸入が全面自由化され、一九六一年に八三%だった木材自給率は、それが最低となった二〇〇〇年には一八・二%まで落ち込むこととなった。針葉樹人工林は、間伐などの手入れを怠ると健全に成長できない。こうした人工林から供給される木材の経済的価値の低下は手入れ不足へと直結し、人工林劣化の危機を招くこととなった。

また、人工林拡大のために伐採が進んだ奥地の原生林や里山の広葉樹林は大きく減少し、残された里山広葉樹林もその生態系維持の条件である燃料利用などの人為による攪乱が失われ、変質への道をたどることになる。カタクリ(ユリ科の多年草)などのかつてのありふれた里山の生物がその生育条件の変化に耐えられず希少化する。あるいはカシノナガキクイムシを原因とするナラ枯れは、直径の太い立木を選択的に加害する特性から、放置された里山薪炭林のナラ類が一斉に太く成長したことにより、集中的に加害され枯死《こし》するといった状況が拡大し、里山的生物多様性の危機を迎えている。

❁農山村への化石燃料導入に伴うエネルギー自給の弱体化

エネルギー利用の側面から考えると、燃料革命以前まで木炭の主要消費地であった都市部における木質バイオマスエネルギーの利用はほぼ一掃された。農山村で行われていた薪や柴を中心とした自給的利用についても大幅に減少し、農山村部において薪ストーブなどの薪利用を継続しているのは一〇%程度の世帯にすぎない地域が多いとの報告もある[泉ほか 2018]。歴史家の鈴木淳は、こうした農山村への化石燃料導入の結果として、「農家の屋内が都市の家屋と同じようになるだけではなく、社会・経済的にも地域のまとまりや資源から離れて、都市の家と同様な経済合理的な消費の主体になることを意味していた」としている[鈴木 2013: 294]。農山村における薪利用の衰退は単なる燃料転換ではなく、囲炉裏やかまどのない農村家屋への転換と里山環境の変化による農山村景観の変貌、エネルギー自給構造の弱体化を意味していた。

以上のように、燃料革命は都市と農村とを問わず、住民の「エネルギーの〈消費者〉化」を引き起こし、エネルギーの由来の視えない社会を到来させた。

前節において言及した、都市の需要が農山村の自然資源利用を大きく規定する関係、すなわち「人と人の関係が、人と自然の関係を規定する」傾向がさらに強く現れたのが、燃料革命と拡大造林、そしてその後の森林管理の放置という一連の事態といえよう。

明治以降の近代化の中で、農山村は燃料利用を通じて都市との間に強固ではあるが単純なモノカルチャー的関係を結ばざるをえず、地域としての自律性を弱体化させ、都市に対して従属的なエネルギー供給地としての側面を強めていた。燃料革命により農山村は、大消費地・都市における木質燃料利用を失い、明治期以降に拡大してきた木炭生産というモノカルチャー的地域資源利用産業と雇用を失った。その後、今度はやはり都市化に必要とされる建築用木材利用のための針葉樹人工林造成という次なるモノカルチャー的資源造成とそれにかかわる育成林業への転換を試みるものの、木材輸入自由化によりその道を断たれた。

以上のように日本の森林は、都市側の需要に振り回されつつ、その姿を変え、現在はもともと人為の影響の少なかった奥地原生林を除いて、その過少利用による劣化の危機を迎えている。また、こうした自然環境の危機のなかで、農山村は地域の資源を利用した産業を喪失し、過疎化を進行させ、都市は自由貿易により安価な資源を海外から調達しつつ拡大を続けているのである。

6 おわりに――都市と農山村の協働に基づくエネルギー供給を目指して

自然資源の過少利用と農山村衰退の危機を迎える現代日本の状況が、本章冒頭で述べた「しば」とは何かすら理解できない事態へとつながっている。これは日本社会の近代化が招いた状況といえよう。しかし、近代化による化石燃料への転換は先進国共通の事象である。それでは、いわゆる先進国ではどこでも同じような状況に陥っているのだろうか。日本同様に近代化の進んだオーストリアでは、二〇一七年に利用された木質系資源量の一割以上が薪として利用されている［青木・植木編 2020］（写真1―2）。

林野庁「特用林産基礎資料」や「木材需給表」から計算すると、二〇一八年の日本の薪販売量は年間木材生産量に対してわずか〇・一三%、自給が販売量の三倍と仮定しても〇・五%にすぎず、その違いは顕著である。

東日本大震災後、ドイツへ森林管理システムや再生可能エネルギーに関する調査で訪問したとき、彼の地の林学研究者に「貴国ではどのくらいの世帯で薪ストーブなどが導入されているのか」と質問したところ、あまりにも当たり前に使われていて正式な統計はないと思うとしつつ、「農村部なら一〇〇%、都市郊外でも五〇%くらいの家には暖炉や薪ストーブ、薪オーブンなどがあるのが当然。都市中心部においても木質ペレット利用などがある」との回答であった。先にみたように日本では、このような高比率の薪利用状況ではない。さらに人工林の手入れに不可欠な間伐について議論した折、日本では間伐材販売の困難さから間伐が進まないことを説明すると、「なぜ薪として販売しないのだ」と問い返された。日本の農村ではドイツほど薪利用が盛んでないと説明したが、理解できない様子であった。

写真1-2　オーストリアのホームセンター店頭に並ぶ薪ストーブ
撮影：著者

また、木質バイオマスエネルギー利用全体をみれば、オーストリア、ドイツを含む欧州においては、家庭における薪利用やパイプラインを通じてコミュニティレベルで行われる地域熱供給、それに加えての中小規模発電というように、極小規模から小規模・中規模と多様に、かつエネルギー効率の高い熱利用を中心に木質バイオマスエネルギー利用が展開している。

これに対して日本では、エネルギー利用効率が低いにもかかわらず、電力の固定価格買取制度（FIT）上、最も収益性の高い大規模バイオマス発電に著しく偏るという状況になっている。主に発電用としてエネルギー利用される木質燃料材全体は、二〇一四〜一八年にかけて三倍増と急激に増加しているが、これは主として、先に述べたFITを前提とした燃料の高価格を当て込み、大規模木質バイオマス発電所に対し木材生産用針葉樹人工林から供されるものが大半で、里山過少利用解消とも結びつかず、人工林の大規模皆伐《かいばつ》とその再造林の不実行という問題を引き起こしつつある。木質バイオマスエネルギー利用を里山再生に結びつけるには、自然資源の過少利用だけに注目して単に利用量を増加させるのではなく、自然資源としての里山や針葉樹人工林の持続的利用に目配りした利用形態を定着させることが不可欠である。それは、テクニカルには欧州にみられる家庭における薪利用から地域レベルでの地域熱供給と一体化した発電のような中規模利用までといえるだろう。

しかし、こうした技術的正答が明らかであるにもかかわらず、日本においてこうした社会的実践が進まない根本には、「視え、手触り感のある」エネルギーとしての利用の継続という社会全体の木質バイオマスエネルギー利用に対する「なじみ」の有無が関係しているのではないだろうか。近代化を経ても「視え、手触り感のある」エネルギーとしての利用形態を失わなかったヨーロッパにおいて、その特質に対する社会的認識の共有が、収益性への過度の傾斜を防ぎ、持続的自然資源利用や地域への貢献といった方向性を支えているように思えてならない。

だとすれば、日本においても、「視え、手触り感のある」=「タンジブルな存在」である薪炭などに再度着目した木質バイオマスエネルギー利用を回復していくことが重要と思われる。その際に問題になるのは、木炭を「視えないエネルギー」として広域かつ大規模に商品化し、その大量利用を通じて、都市が農山村を従属下に置いたかつてのような関係性であろう。それが都市の動向に振り回された農山村社会とその自然資源のあり方であったことを、前節まで指摘してきた。それでは、これからの農山村はエネルギーの自給性を回復し、自立して、自らのみを頼りとして、いわゆる「内発的発展」を目指していくべきなのだろうか。

ここで注意しておかなければならないのは、農山村地域住民の自発性や自己決定を重んじることはとても大切なのだが、一つ間違うと、農山村地域住民に地域運営や自然資源管理のすべての責任を押しつける新自由主義的「自己責任」論へと容易に転化してしまう点である。「過疎や地方の衰退は地域住民の自己責任なのだから仕方がない」というわけである。

西城戸誠は再生可能エネルギー導入に関わる議論の中で、再生可能エネルギー施設立地地域における内発的発展論に基づく地域住民への「過度の内発性」の押しつけが、ともすれば地域を疲弊に追い込むことを指摘している[西城戸 2015]。そのうえで西城戸は、ヨーロッパにおける近年の「ネオ内発的発展論」を引きつつ、地域の内発性と外部との協力を組み合わせながら結果として立地地域の発展に資する状況をいかにつくるかについて論じている。こうした外部からの協力を得つつも、農山村地域の自発性を妨げず、外部と協働して地域の発展を目指す「ネオ内発的発展論」に基づいて「視え、手触り感のある」エネルギー利用を回復し、農山村の再生を果たしていくこと、すなわち都市と農山村がともに自律性を回復しつつ、共存共栄できる関係性こそが求められるのである。

二〇一五年、ドイツ有数の大都市ハンブルグ市の再生可能エネルギー担当者の話をうかがった折、感銘を受けたのは、「ハンブルグ市内においても再生可能エネルギーの導入を進めているが、一〇〇%にするのは不可能だ。だからこそ周辺の農村と協力し、あわせて再生可能エネルギー一〇〇%地域を目指している」という話であった。再生可能エネルギー資源が豊かな農山村と、エネルギー消費地の性格が強いものの現代的生活様式を体現する場としての都市が、再生可能エネルギーの供給を通じて結びつき、共存共栄する社会を目指すものである。そしてそれは、原子力発電のようなハイリスクな施設を社会的な立場の弱い地方や農山村に押しつけるいびつな関係とは異なるｗｉｎ-ｗｉｎの関係性である。こうした方向を目指すことこそが、農山村社会活性化や自然資源利用の適正化の基礎になるのではないだろうか。薪利用を通じて都市と農山村を結ぶ取り組みはすでに始まりつつある［山本ほか 2022］。それは近年、欧州において注目されつつある「社会連帯経済」の概念と相通じるものがあろう［立見 2022］。

　こうした点からも、「視え、手触り感のある」エネルギーとしての小規模な木質バイオマスエネルギー利用の回復は重要であると位置づけられるのではないだろうか。

第2章

石炭産業の盛衰と地域社会

さわれる資源としての石炭

中澤秀雄

1 はじめに

第1章が明らかにしたように、日本列島は近世まで、また家庭用としてはさらに長く昭和前期まで、薪炭《しんたん》を主要な一次エネルギーとしてきた。(1) 経済学者の牧野文夫の推計によれば、一九三〇年時点で、家庭部門の一次エネルギー供給の七四・六%が薪から、九・五%が木炭から得られている一方、電力は一〇・二%にすぎない[牧野 1996: 188]。また、一九四〇年の時点でも薪は六七・九%、木炭が九・一%、電力は九・六%である。**図2-1**は公式統計が得られる一九四五年以降について作成したが、前述の推計を踏まえると、図2-1において一九四五年から一九五五年くらいまで一割前後を占めている「水力以外の再生可能エネルギー」とは薪炭であると理解できる。

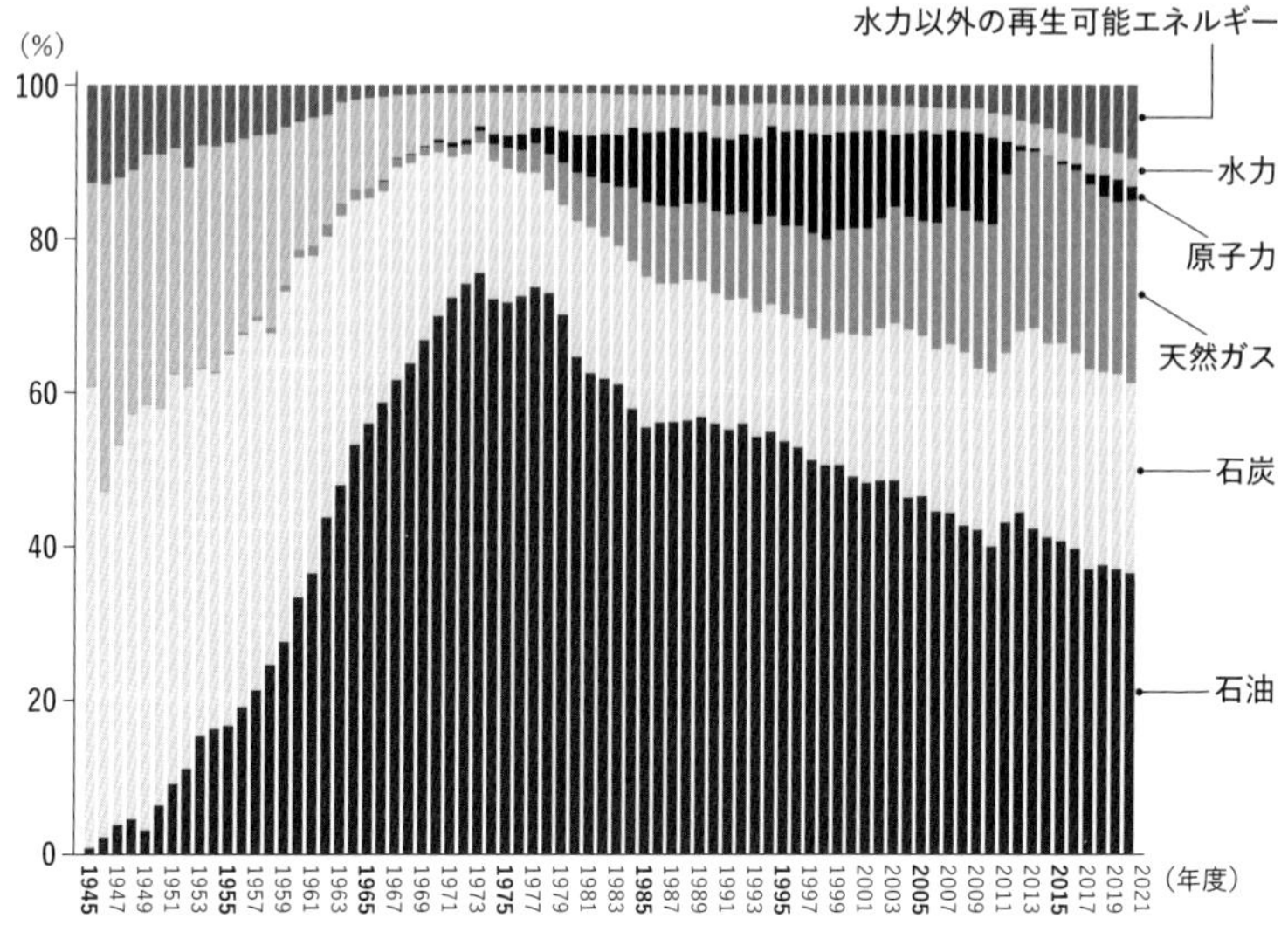

図2-1　日本の一次エネルギー供給（1945–2020年度）

出所：総合エネルギー統計（各年版）等から筆者作成.

他方、明治期以降に各地の炭鉱が本格的に稼働し、またダム建設とセットで水力発電技術が普及すると、これらが主要な産業エネルギー源となった。とくに石炭は戦後日本の再出発期における主要エネルギー源であったことが図2-1から確認できる。その後、日本経済が実力をつけ、国外からの継続的な原油供給が可能になった結果、一九六〇年代に急速に石油が主役となったという一連の変化がわかる。

本章では、近代化・戦後復興を支えるエネルギーとして明治期から一九五〇年代まで王座に位置していた国内石炭産業と産炭地の経験を概観し、環境社会学の見地から教訓を引き出そうとする。ただし、図2-1

をよく見ると、一九八〇年代以降も石炭は一次エネルギーの二割前後を占めていることがわかる。輸入石炭による石炭火力発電が依然として日本の電力供給の柱(二〇二一年時点で総発電量の三割弱)となっているためで、その意味で石炭の時代は終わっていない。なお、ごく少量であるが国産石炭も供給され続けていることもあまり知られていない。

産炭地と石炭をめぐる経験は、エネルギーの生産・消費をめぐる生活と文化を新たな視点から見直す豊富な素材に満ちている。前章で扱われた薪炭と同じように、石炭は人びとの生活とともにあり、その生産・消費の過程が目に見える「さわれる(タンジブル[tangible]な)」エネルギーであった。消費者が手もとのスイッチをつけたり消したりするだけで空気のような存在になってしまった今日の電力との落差は大きい。エネルギーの由来も電源地域の苦悩も理解できない今日の大規模発電時代とは異なり、炭鉱夫たちのストライキや炭鉱事故は大きなニュースとなり、ダルマストーブの石炭(コークス)燃料は教室で毎日児童が面倒を見るものであった。産炭地と石炭は人びとの日常とともにあったのだ。

2 「唯一の国産エネルギー」の盛衰と産炭地政策

二〇世紀前半まで、産業用エネルギーとして近代日本が国内で頼れるのは石炭のみであった。近代化を推進する産業の柱の一つは製鉄であったが、日本列島には製鉄に不可欠なコークス用石炭(原料炭)の埋蔵が多いという有利さがあった。ただし、詳細にみれば弱粘結炭《じゃくねんけったん》ばかりだったので満州などからの強粘《きょうねん》結炭によって補う必要があった。こうして朝鮮・樺太・台湾等の植民地を含む産炭地は帝国日本の生命線としての扱いを受けた。原油供給が不安定になると石炭液化（いわゆる人造石油）の実用化も試みられ、一九三〇年代から朝鮮・樺太・北海道等で液化工場が建設された（しかし生産実績は思わしくなかった）。

敗戦直後も傾斜生産方式と称し、復興のため優先的に石炭業に資源が投入され、多くの労働力が吸引された。戦闘的な労働組合セクターも強力になり、政府・財界を揺るがした「六三スト」[2]（一九五二年）や日本史上最大の労働争議となった三井三池《みいけ》争議（一九五九〜六〇年）が打たれた。すなわち、石炭産業は労使ともに注目される、日本の運命を決める産業とみなされていたのである。ところが一九五〇年代後半には、政府のエネルギー政策は脱石炭に舵を切った（序章の表現でいえば「炭主油従政策から油主炭従政策へ」である）。今日からみれば産炭地の繁栄は一瞬のことであった。

そもそも、日本列島付近の炭鉱は地殻変動の影響から北海道・九州など地理的な「端っこ」に多く発見され、かつ「山間地」や「海底下」に位置するケースがほとんどである。**図2-2**は日本列島の炭鉱の立地を示したものだが、このうち釧路・宇部・三池・崎戸《さきと》・高島は実際に海底下も掘削された。後に示す図2-3の生産量推移のグラフを見ても、石炭生産の主力は一九五五年くらいまで九州、その後は北海道であることがわかる。これら山間地・海岸・島嶼《とうしょ》など鉱脈に近接した産炭地は、人の住んでいなかった場所や寒村であった場合が多く、鉱区の権益を獲得した資本が一から町をつくるとか、町を支配する圧倒的な存在になるケースが頻繁に見られる。いわゆる企業城下町である（**写真2-1・2-2**）。

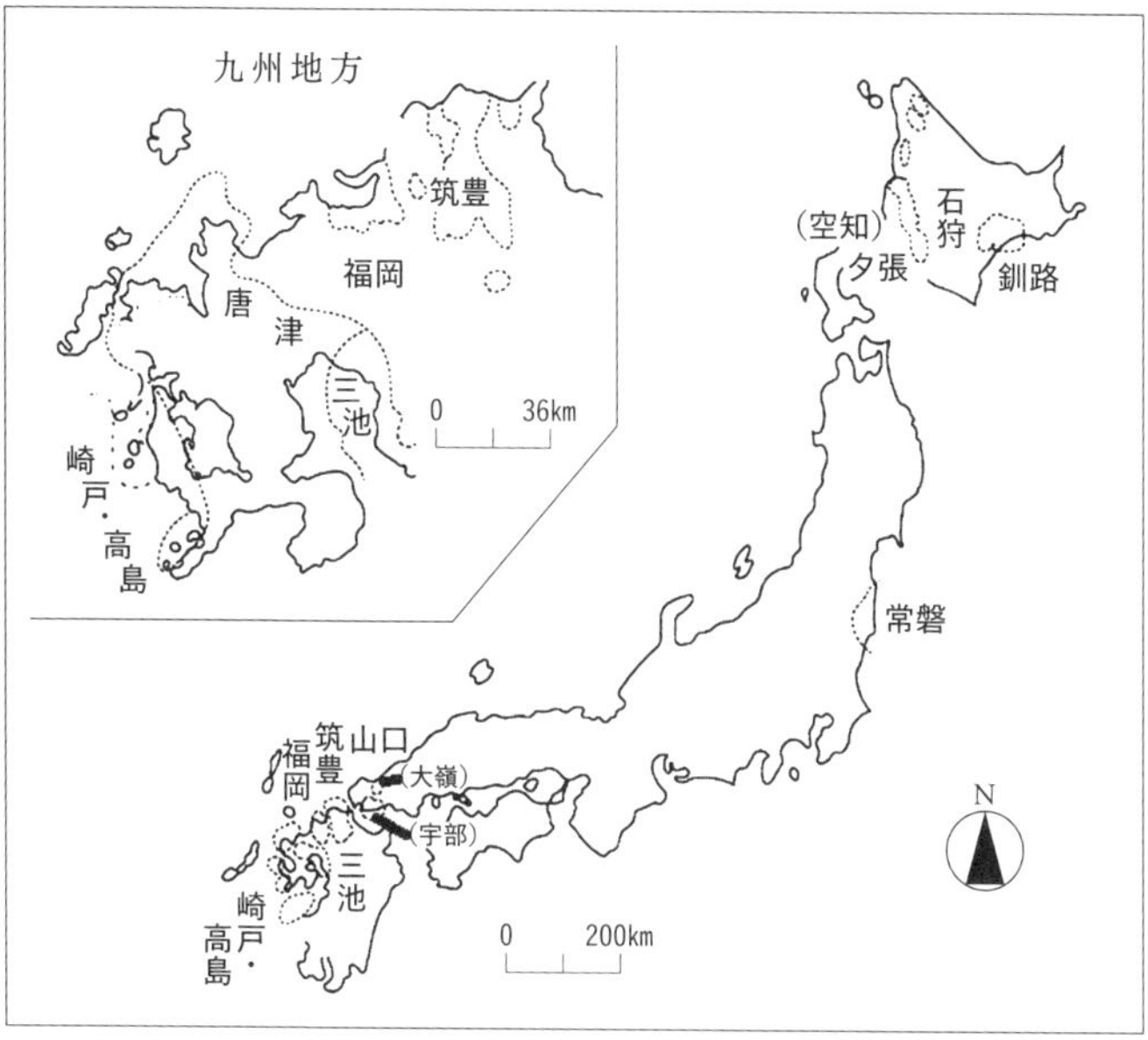

図2-2　日本における炭鉱の立地

出所：フランス鉱山試験協会編［1958］.

写真2-1
1950年代の新夕張炭鉱住宅地
写真提供：笠嶋一コレクション

写真2-2
新夕張炭鉱坑内
写真提供：笠嶋一コレクション

石炭業は、採掘に伴って機械電気、各種資材調達、対人サービス等の多様な業種を操業に組み込んだ総合産業であり、加えてしばしば林業・輸送・製鉄もセットとして経営される。林業は坑木のために必要である。石炭は需要先まで輸送することが一般的な商慣行であり、北海道炭礦汽船株式会社の社名にいう「汽船」はこの輸送部分を担ったものである。また製鉄には前述のように原料炭が欠かせない。石炭をきっかけに多様な職種が生まれ、生産地も中継地も栄える。明治期から昭和前期にかけては唯一の国産エネルギーとして隆盛を極め、まさに資本の原始的蓄積の源となった。産炭地では、最新の映画が東京と同時に封切られたとか、商店では最新の電化製品が飛ぶように売れたとか、炭鉱夫一家が果物や菓子を箱買いするのが日常だったとか、その繁栄ぶりを象徴する挿話には事欠かない。

写真2-3　「厳島坑中止反対」を訴え，デモ行進する新夕張炭鉱労組員（1953年）
写真提供：笠嶋一コレクション

しかし、本節冒頭で述べたような脱石炭政策が始まり、炭鉱閉山が雪崩《なだれ》を打つように始まると（**写真2-3**）、都市化・集積の利益から遠いところにあり、もともと立地論上不利な

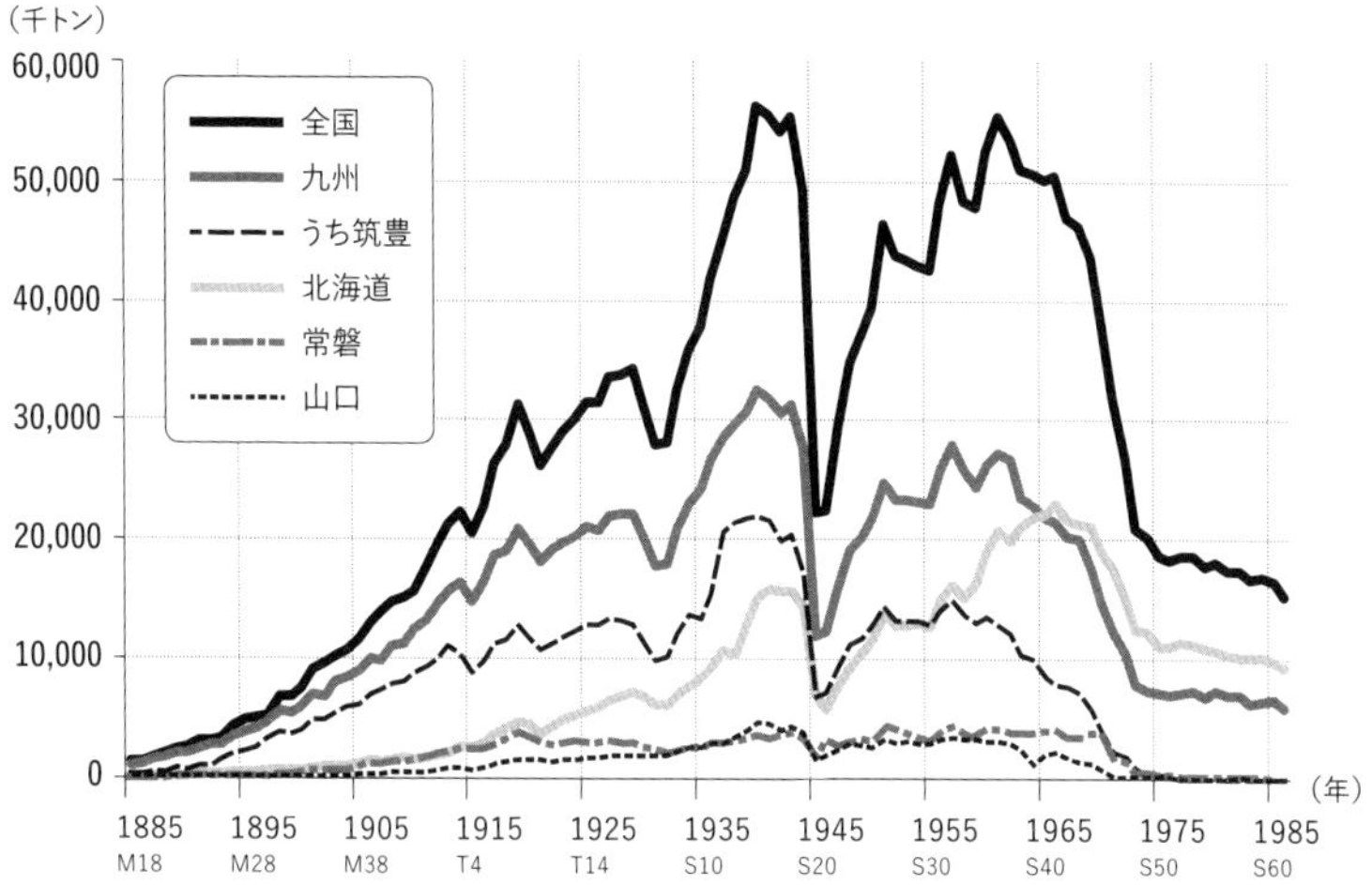

図2-3　産炭地ごとの生産量の推移

出所：筑豊石炭鉱業会編［1935］，石炭業界のあゆみ編纂委員会編［2003］をもとに筆者作成.

産炭地自治体は苦境に陥った。国が石炭鉱業合理化臨時措置法を制定（一九五五年）して打ち出した「スクラップ・アンド・ビルド」（今日的表現でいえば「選択と集中」）によりスクラップの対象とされた中小炭鉱が集中していた筑豊《ちくほう》では、一九五〇年代から炭鉱離職者・失業者が溢れ、生活保護受給率は跳ね上がり、南米への移民も募集された。筑豊に居を定めて発信活動を行った作家の上野英信《えいしん》や森崎和江らの存在もあり、旧産炭地での貧困や社会問題はジャーナリズムや学者によって告発・研究される対象となった。**図2-3**からは、北海道でも一九六〇年代後半から閉山が進んだことが読み取れる。政治的対策が求められるなか、通商産業省は輸入石油にかけた関税をプールする石炭特別会計を作り、離職者や旧産炭地への手厚い補償を行った。これは昭和期に主流だった自民党・宏池会《こうちかい》政治（池田勇人首相を祖とする派閥の政治手法)の典型で、労働組合セクターから議員を輩出していた日本社会党にも配慮しつつ産業転換を図ろうとしたものである。

しかし結論からいえば、石炭特別会計を財源にした「産炭地振興対策」が効果を発揮したとは評価できない。企業誘致が試みられ、さまざまな地域おこしのアイデアが試行錯誤されたが、産炭地域振興臨時措置法(一九六一年施行)の第六条で指定された立地論的不利地域においては、ほぼ失敗に終わった。閉山後の混乱や試行錯誤を経て財政再建団体(現在の財政再生団体)となった自治体として、筑豊では赤池町《あかいけまち》、北海道では夕張市がある[湯浅 2018]。若年から中堅世代の炭鉱離職者は大都市や太平洋ベルト地帯に移動する傾向があり、立地論的不利地域であるほど人口減は顕著であった。炭鉱離職者対策のため国が設立した雇用促進事業団などもこの方向を後押しした。(3)

❁立地論的不利地域——夕張市の事例

このような困難に直面した旧産炭地として最も知られているのは、北海道夕張市であろう。一九六〇(昭和三五)年には一〇万七九七二人の人口を抱えていた同市では、一九八〇年代末までに炭鉱がすべて閉山し、深刻な人口減に見舞われた。同市内にあった三菱大夕張炭鉱の閉山記念誌のデータによると、少なくとも閉山時組合員の六四%は、再就職のため市外に転出している(表2-1)。

同市の人口は一九九〇年代に入ると三万人を切る水準に落ち込んだ(二〇二二年現在では六〇〇〇人台となっている)。かつての企業城下町の主《あるじ》たる石炭会社はすべて倒産または退出したため、市役所が前面に出てこの状況からの地域再生を図るしかなく、市の幹部職員から市長になった中田鉄治（一九二六—二〇〇三）が一九七九年から二〇〇三年までの六期二四年にわたり「炭鉱から観光へ」の旗を振った。「石炭の歴史村」が夕張鉱跡地に建設され、SL館、石炭博物館、世界の動物館、ロボット館、ジェットコースターといった施設が建ち並んだ。市の試算によれば、炭鉱時代の後始末と新規事業立ち上げのためにかかった費用は五〇〇億円を超える。

観光開発は出発点においては企業誘致の呼び水と位置づけられていたようだが、企業は思うように立地しなかったため、観光施設を運営する第三セクター会社（一九八〇年設立、事実上の市の外郭団体）である「石炭の歴史村観光」が市内唯一といってよい雇用の受け皿となった。中田市長は、バブル期のリゾート開発の寵児という扱いを受け、一九八〇年代には自治大臣表彰、フジサンケイ広告賞、パリ市長特別賞などが与えられた。「市長は、夕張は国のエネルギー政策の犠牲になったのだから国は責任を持つべきだと堂々と論じ、官僚もかなわないという様子だった」という市の幹部職員の証言がある。しかし実際には中田ワンマン体制のもと、市財政への負荷は高まるばかりで

表2-1　三菱大夕張炭鉱閉山時組合員の再就職先
（1973年9月3日現在）

閉山後の再就職先	人数	割合
夕張市内	469	25.6%
札幌市	223	12.2%
その他の北海道	239	13.0%
東京，千葉，神奈川，埼玉	400	21.8%
静岡，愛知，兵庫	180	9.8%
その他の都道府県	115	6.3%
未就職	206	11.2%
合計	1,832	100%

出所：三菱大夕張炭鉱労働組合編［1973: 97］に
「夕張職安調べ」として掲載されたデータをもとに筆者作成．

あり、遅くとも二一世紀に入る前には「ジャンプ方式」と呼ばれる違法な会計処理によって、累積する一時借入金を隠していたとみられる。中田の死去からまもない二〇〇六年、六三二億円に達する負債総額が明らかになり、国は同市を財政再建団体（のちに財政再生団体）に認定した。市財政を細目に至るまで国が厳しく管理し、夕張市は四半世紀にわたり借金返済を続ける運命となった。希望の見えない町からの人口流出と高齢化はさらに加速した［中澤・嶋﨑編 2018: 111-132］。

◆地域再生の事例——常磐炭田など

他方、同じ産炭地でも山口や常磐《じょうばん》、さらに福岡炭田などは大都市に直結する立地論的優位があり、企業誘致や通勤圏への転換が比較的スムーズになされた。転換に成功した象徴としてよく取り上げられるのは福島県いわき市の「常磐ハワイアンセンター」（現・スパリゾートハワイアンズ）で、炭鉱夫がホテルマンとなりその娘がフラダンサーとなって近隣の観光需要を掘り起こした。二〇〇六年の日本アカデミー賞最優秀作品賞を受賞した映画「フラガール」は、この実話に基づく作品である。

ただし、同センターを運営する常磐興産株式会社が炭鉱離職者雇用に寄与した数字は微々たるもので、閉山が高度経済成長期にあたり、かつ常磐線で首都圏と直結している有利さが寄与して、常磐地域全体で企業誘致・産業転換を果たしたことが重要である。常磐炭鉱離職者の七一％はいわき市内で吸収された［嶋﨑 2011: 42］。すなわち**表2-2**からは、炭鉱離職後の再就職者三九七四人のうち二八一九人がいわき市内で就職していることがわかる。国が旗を振った全国総合開発計画

表2-2　常磐炭砿閉山離職者への求人数と就職数

		求人		就職	
		社数	人数	社数	人数
全体		703	11,592	855	3,974
地域	いわき市内	143	1,851	534	2,819
	福島県内	0	0	15	17
	県外	560	9,741	284	1,115
	その他	0	0	22	23
企業種別	新会社　西部炭砿	1	1,026	1	993
	系列企業	1	3	20	369
	誘致企業	6	125	24	372
	その他企業	695	10,438	810	2,240

注1：事業所を含む.
注2：就職は1972年8月までの決定分.
出所：嶋﨑[2011: 44].

のもとで新産業都市に指定(一九六四年)されたいわき市内への大規模な企業誘致がなければ、なしえなかったことである。

また、日本を代表する三池炭鉱を抱える福岡県大牟田《おおむた》市は、囚人労働、戦時中の捕虜労働、三井三池争議による傷跡、一九六三年の炭塵《たんじん》爆発事故など多くの「負の記憶」に苦しんできたが、一九九七年の閉山に至るまで比較的長期に炭鉱夫コミュニティと地域内紐帯が維持されてきたので、今日では地域福祉のモデルケースとみなされるようになっている[山田 2015]。二〇一五年にユネスコ世界遺産に認定された「近代日本の産業革命遺産」にも、三池から四資産が登録されている。このように、立地論的条件などによって旧産炭地のまちづくりは大きく分岐しているが、炭鉱夫コミュニティがよく維持された常磐と三池が結局、二一世紀になって注目を集めている。

3 タンジブルな（さわれる）資源としての石炭・産炭地

炭鉱夫コミュニティの紐帯の強さは世界的に共通である。地上から深く潜った暗闇で文字どおり互いの命を預けて働く環境だから、仲間としての人間的信頼がなければ一週間と続けられるものではない。筆者の手もとのインタビュー記録から引用しておこう。

普段も仕事終わったりっていうと「うち来いや」っていう。休みの前の日なんかだったら、「遊びに来いや」「泊まりに来いや」っていうのは最初にあって、もう最後の方は何も言われなくても自分から行って泊まったりだとか、飲んで食ってた。みんなそんな感じの付き合い方でしたね。あの当時の人たちっていうのは。……二度とああいうことはないと思いますね、札幌で生活してると。

（炭鉱を離職した後に、同様に炭鉱夫だった）父親とはよく言ってましたね、（あのコミュニティは）「よかったなー」って。［産炭地研究会編 2016: 116］

このような強力な連帯に支えられた炭鉱コミュニティを研究していると、問題を「自分ごと化」する力や、連帯により事態を変えていく力に驚かされる。こうした力を、「さわれる（tangible）資源とそれを加工する技術」によって生み出された現場での工夫・応用能力という意味で「タンジブルネス」と呼んでおきたい。環境社会学で時折用いられる「TEK（Traditional Ecological Knowledge）」の意味内容に近いが、TEKが典型的に意味する先住民による自然資源利用知識とは違い、近代化後の比較的短い時間の中でもなお、人びとが創意工夫によって身につけてきた、資源や技術を飼い慣らす力のことである。

例えば地下で使われるさまざまな採掘道具は、各炭鉱の機械工たちによって現場で使いやすい形に加工された。地上では炭鉱主婦会が、炭鉱住宅で起きたポリオ（小児マヒ）大流行に対して「ワクチン闘争」を組んで厚生省にワクチンを緊急輸入させた（一九六〇年、夕張市鹿島地区が舞台）。あるときは環境問題をめぐって保守系の婦人団体協議会と巧みに連携した［中澤・嶋﨑編 2018: 159–183］。このような工夫と連帯のことを、イヴァン・イリイチ［Illich 1973＝2015］や栗原彬［1982］に倣って「コンビビアルな活動」と呼んでもよい。コンビビアルとは、栗原の定義によれば「共に生き生きと生きること、生き生きと饗応すること」で、「自発的・自律的に行為可能」な様子のことだ［栗原 1982: 133］。栗原は、コンビビアルな文化活動を表2–3の左側に、その対立概念として管理・操作される文化活動を表の右側に例示して彼のイメージを読者に伝えようとしている。栗原自身の説明としては、「左の極への移動は『すること・実践』を許す方向に大衆文化を形成する」［栗原 1982: 135］ことである。「聞く」の行に例として出ている「エンヤコラ」というかけ声、あるいは読者によってはこのかけ声から連想するだろう「ヨイトマケの唄」(4)に歌われる景色は、労働者が協働して何かをつくり上げる実践から自然に生まれてくる生活文化である。ちなみに、右の極への移行は「組織能

表2-3　栗原彬による「現代日本の大衆文化のスペクトル」

⬅コンビビアル　　　　　　　　　　　　　　　　管理・操作的➡

行　為	大衆文化Ⅰ	大衆文化Ⅱ	大衆文化Ⅲ
見　る	漫画，手紙，落書き	映画，新聞，週刊誌，大衆小説	テレビ，会社の勤務評定，刑務所の監視
聞　く	会話，エンヤコラ，替え歌	流行歌，落語	テレビニュース，天気予報，CM
嗅　ぐ	汗のにおい，花の匂い	石けんの匂い	香水の匂い，脱臭剤
味わう	料理	インスタントラーメン	給食，粉ミルク
触れる	髪に触れる，活元（健康法）	サウナ	病院の診療
使　う	家，市場，歩道，公園，水道，電話	基本的な消費財，水力発電	学校，軍隊，刑務所，原発
動　く	遊び，散歩，動作，自転車	ジョギング，ロカビリー，市電，バス	車，飛行機，輸送
演じる，参加する	祭り，結婚式，葬式，デモ，すごろく，カルタ	大衆演劇，すもう，プロレス	靖国神社，軍隊の行進

出所：栗原［1982: 133］の表を一部改変．

力を高めるように大衆文化を再編成」し「原発を含む『全般的産業体制』を強め、管理社会を完成する方向に寄与する」と栗原は論じている［栗原 1982: 135］。

炭鉱コミュニティは、たしかに表2-3の左側のような活動を労働者たち自身が創意工夫することによって営まれてきた（写真2-4）。どのコミュニティでも自分たちで工夫した山神祭が営まれ、自分たちの活動拠点を汗を流して建築し、労働組合の主張を伝える放送塔の建設費を組合予算から捻出し、炭鉱夫自身が文学作品や絵画を生み出した。前節で触れた三井三池地域では、炭鉱夫たちが生み出した絵画、スケッチ、漫画等に目を見張るものがある［炭都と文化研究会 2018 など］。これについては北九州市漫画ミュージアムの表《おもて》智之専門研究員が次のように述べている。

労働運動で主張をガリ版刷りにするなど表現に対するためらいのなさが町の気風としてあり、中高生同士でメディアを作り作品を発表しやすかったのではないか(5)。

写真2-4　お祭りでの子どもたちの様子
写真提供：笠嶋一コレクション

このように自ら表現する活動を育む土壌として、石炭は採掘から輸送までの全過程を各自が自分の生活と結びつけて理解でき、生産をめぐって濃厚な共同体が形成できる。これに対して、原子力発電は巨大設備メーカーから提供されるシステム一式をマニュアルに沿って操作する前提で設計されており、燃料加工過程や燃料棒そのものに「さわる」ことは文字どおりできない。一部の技術者以外は核心施設に近づくことも運転過程をモニターすることも許されないブラックボックスである。ドキュメンタリー映画監督の熊谷博子は『むかし原発　いま炭鉱』〔熊谷 2012〕という逆説的なタイトルの書籍において、「石炭はさわれる。人間の生活と共存できる。だが、原発は違う」と強調している。

産炭地として隆盛を極めていた当時は問題を非議題化・非争点化する力が働いていたが、鉱害、労働災害（労災）、炭鉱事故等が二〇世紀最後の四半世紀以降、しばしば長期の司法紛争となったことも忘れてはならない。各地の炭鉱で、肺に蓄積された粉塵等の有害物質により、在職中あるいは退職後に珪肺《けいはい》・じん肺などを発症した労働者が多数生まれ、会社側を相手取った長期間の訴訟になることが多かった。

最も悲惨な事例として、三井三池炭鉱の一九六三年の炭塵爆発事故においては、死者四五八名に加えて坑内で発生した一酸化炭素（CO）を吸い込んで脳・神経に重大な損傷を抱えた労働者が八三九人発生した。国・会社側は早期に調査・補償を打ち切ろうとし、長期にわたる裁判闘争となった。患者らを事故後長期間にわたって診察し続けた医師の原田正純らは、「三池CO中毒後遺症についてその後遺症を記載したステアリンの報告やわれわれの報告は、まさに高次脳機能障害であった。当時、そのような言葉がなかっただけである」と述べている［原田ほか 2010: 34］。環境社会学者の飯島伸子も労働災害に着目し研究してきた研究者の一人であった［飯島編 2007］。健康・医療・福祉に関わる課題群は世界共通でもあり、二一世紀になってから資料の再発掘と再分析が進んでいる。鉱害については、土井［1957］のような先駆的研究からしばらく研究が途絶えているが、世界的にはこの問題は現在進行形で続いており、重要な研究課題である［Geller et al. eds. 2013］。なお、これら鉱害・労災等の論点についても、コミュニティレベルで「誰もが見える」「さわれる」出来事である点を再度強調しておきたい。

最後に、冒頭で展開した家庭用エネルギーの話に戻ろう。一九四〇年の時点で家庭部門において薪・木炭が占める割合が七七%という牧野文夫の推計を紹介した。しかし経済史家の最新の研究によると、牧野の一九三〇年前後までの推計は妥当だが、一九四一年の時点になると練炭が家庭部門に占める割合が二〇%程度となり、その分、薪炭の割合は押し下げられているという[島西 2021: 232]。すなわち、石炭由来の化石燃料が戦時中から家庭に普及していたということなのだ。二〇世紀に日本の家庭を暖めてきたエネルギーは、薪炭から練炭、石炭、石油またはガス、電力と矢継ぎ早に入れ替わってきたということになる。今日の日本人が大規模集中発電によるエネルギーを生活の中心に置いている状況は、決して古くから永続してきたわけではない。消費者側としても、その時々でアクセシビリティ(利用しやすさ)が高く合理性のあるエネルギーを創意工夫しながら使ってきたのである。それにしても、薪ストーブ、石炭ストーブ(ダルマストーブ)や練炭をくべた七輪は、昭和期の映画やドラマを彩ってきた。手になじみ「さわれる」エネルギーは生活文化を形づくってきたが、原子力が何らかの生活文化をつくることは、今後も考えにくい。

産炭地と石炭をめぐる経験は単なる過渡期の一挿話ではない。地域社会をつくり上げるのは誰か、資源を活かすとはどういうことか、エネルギーの生産と消費をめぐる文化とは何か、これらを新たな視点から見直す豊富な素材に満ちている。

註

（1） 一次エネルギーとは、加工・輸送・消費される前の状態でのエネルギー資源のことである。換言すれば、発電・輸送等のロスが生じる前の供給エネルギーの国内総量である。

（2） 六三ストとは、六三日間継続したストライキであることから付いた通称である。日本炭鉱労働組合（炭労）が、石炭産業合理化に反対するため傘下組合に呼びかけて行ったストライキであり、二か月に及ぶ生産停止は戦後復興期の日本経済には大打撃となった。

（3） より正確にいえば、同法第六条本文でいう「産炭地域のうち政令で定める地区」として政令で指定された自治体である。同法二条（と政令）に基づき指定された自治体は産炭地域振興事業団による産業団地造成、立地企業融資が可能である。また同法一〇条（と政令）に基づき指定された自治体では二条地域への支援措置に加え、国が起債への利子補給、自治体への補助率引き上げを行う。そして同法六条（と政令）に基づき指定された自治体では、前述した二条・一〇条地域への支援措置に加えて税の減収補塡の実施や産炭地域振興臨時交付金の交付も可能であり、最も支援措置が多い。これに対して、本文で「地域再生の事例」として例示した福島県いわき市は、この「六条指定」から早期に指定解除されている。

（4） 「ヨイトマケの唄」は美輪明宏が作詞作曲のうえ自ら歌い、一九六六年にヒットした歌謡曲。「父ちゃんのためならエンヤコラ」という歌詞から始まり、家族のために土方現場で汗を流していた母と、その背中を見て勉学に励んだ息子の家族史が歌われている。

（5） 「西日本新聞」二〇一七年六月二一日付、文化欄記事。

第3章

大規模ダム開発と地域社会

庄川流域における水力発電事業と住民の摩擦を中心として

浜本篤史

1 はじめに

本章で扱うエネルギーは水力である。日本において水力は二〇二〇年現在、国内発電電力量のうち一〇%未満の電源構成比にとどまるものの(資源エネルギー庁「総合エネルギー統計」)、福島第一原子力発電所事故以降の電力不足への対応、さらには脱炭素社会へ向けた取り組みのなかで再生可能エネルギーの一つとして再注目されている。

その水力発電はかつて大正期から戦後しばらく、日本におけるエネルギー供給の主力であった。水力なくして近代日本の工業化・産業化、そして戦後復興は語れない。もちろん、「環境にやさしい」から推進されたのではない。戦前より、水力といえば豊富で低廉という共通認識が政府・産業界にあったが、戦後復興期においても水力はなお開発余地があり、外国に依存しないエネルギー資源とみられていたのである。事実、一九五〇年代における国内発電電力量の七割以上を水力が占めており、政府設立の電源開発株式会社が次々に築造した佐久間、田子倉《たごくら》、奥只見《おくただみ》、御母衣《みぼろ》、九頭竜《くずりゅう》など、日本の大型発電ダム開発は一九五〇年代半ばから六〇年代前半にかけてピークを迎えた（図3‐1・表3‐1）。本章ではこの「電源開発の時代」を対象に、本書の主題の一つである〈中央―地方〉の枠組みからその関係性をとらえ直していくことにしたい。

ではまず、石川達三の『金環蝕《きんかんしょく》』（一九六六年）に描かれた一シーンからみていこう。この小説は、九頭竜ダム工事発注の汚職疑惑をモチーフにした作品だが、作中に、通商産業省次官の平井から事業受け入れを要請された県知事が、次のように応答する場面がある。

しかしですなあ平井さん、これにはやはり地元の民衆が相当の犠牲を受けることになりますので、その点につきましては電力建設会社の方で誠意ある解決をして頂かなくてはなりません。立ち退きの補償も一部残っております。残存部落問題はまだ半数ちかくも解決しておりません。堂島鉱業に至ってはまったく解決のいと口も出来てはいない有様です。そこへ持って来て今度の入札に関する世間の疑惑ということです。地元の土建業者は笑っております。（電力建設会社というところにはよほどかねがだぶついているんだろう。あんな大金をかけるのなら、竹田建設でなくても、地元の業者が立派な工事をやって見せる）と言ってありますよ。

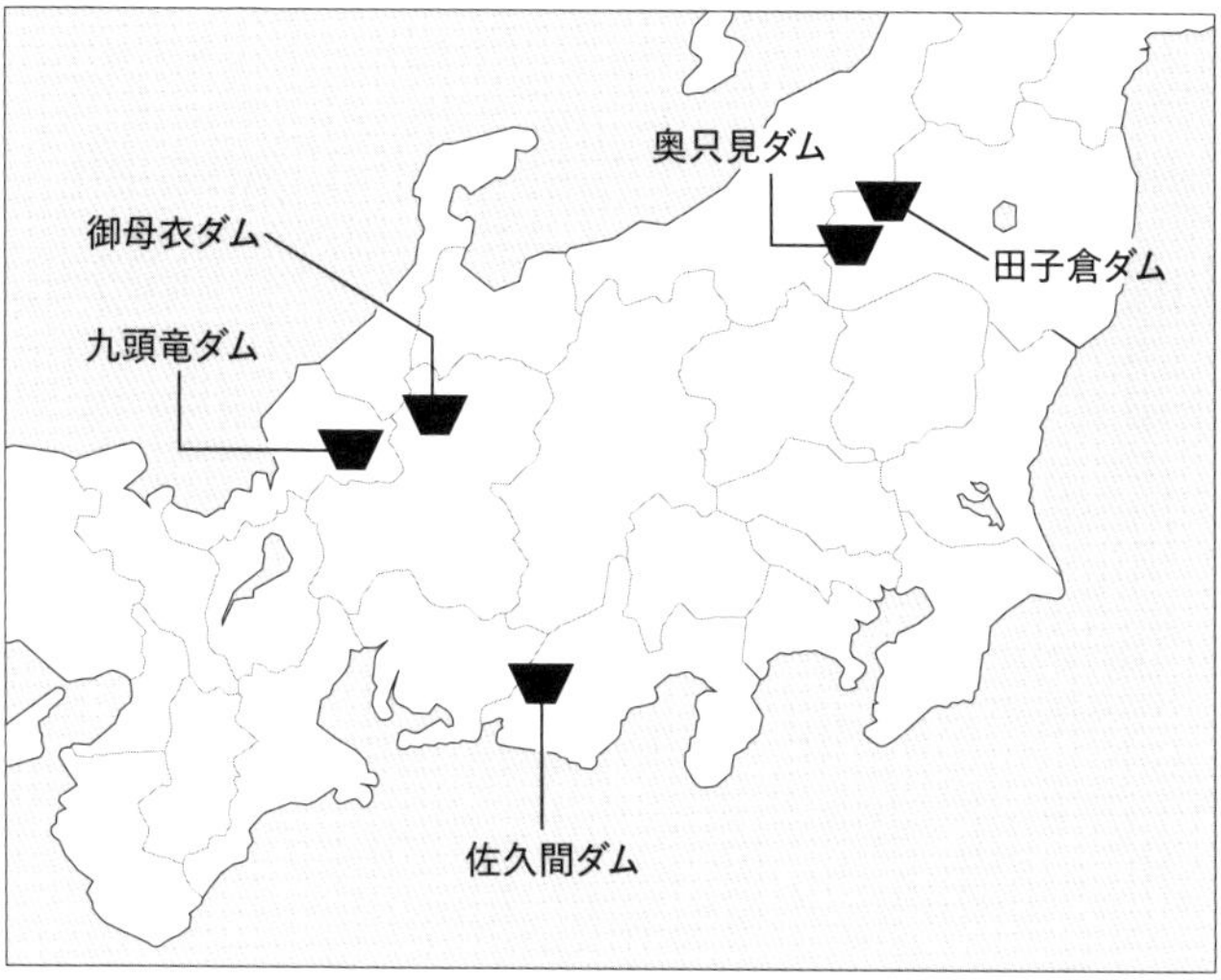

図3-1　電源開発株式会社による主要ダムの位置
出所：筆者作成.

表3-1　電源開発株式会社による主要ダムの概要

	佐久間	奥只見	田子倉	御母衣	九頭竜
着工/竣工年	1953/1956年	1954/1960年	1955/1959年	1957/1961年	1962/1968年
総工事費	約386億円	約390億円	約350億円	約414億円	約335億円
世銀借款	—	—	—	36億円	90億円
形式	重力式 コンクリート	重力式 コンクリート	重力式 コンクリート	ロックフィル	ロックフィル
堤高	155.5m	157.0m	145.0m	131.0m	128.0m
総貯水容量	3億2,600万㎥	6億600万㎥	4億9,400万㎥	3億7,000万㎥	3億5,300万㎥
最大出力	35万kW	56万kW	40万kW	21万5,000kW	22万kW

出所：電源開発のあゆみ編纂委員会編［1968］などをもとに筆者作成.

こういう状態ですから、いま直ぐに水利権をという訳には参りません。それでは私が非難を受けます。知事がそんな弱腰では、県民の利益を擁護することは出来んじゃないか、と言われます。私はあくまで民衆の支持によって、民衆の意志によって、県政をやって行かなくてはなりませんからなあ。〔石川 2000 (1966): 297–298〕

この発話シーンから、国家的事業をめぐる「中央」と「地方」の関係の一端が読み取れる。近年でも原子力発電所の再稼働やリニア中央新幹線建設工事など、知事の同意が事業遂行のカギを握る例は少なくないが、このような局面において各知事は市町村と一体となって国に対して「抵抗」することもあれば、国の推進方針を市町村や住民に呑ませるために「仲裁」「介入」の役割を担うこともあろう。いずれにせよ、こうした国家的インフラ事業は、「中央」の主導で立案され、「地方」がそれを受け入れる形をとることが多い。

社会学および環境社会学研究はこれまで、住民の生活実態や認識を把握しながら、大規模開発における〈中央―地方〉〈中央―周辺〉の構図をとらえ、「中央」による地域社会への悪影響を指摘してきた。ダム建設の場合、発電・利水そして洪水調節などの目的は主に下流都市圏のためであり、他方、ダムが立地する農山村地域はその犠牲となることが多い。受益圏・受苦圏の観点からみれば、下流域と上流域は明確に分離しているという説明がひとまず成り立つだろう。「中央」に搾取される「地方」という構図をとらえることで、たしかにその問題性がみえてくる。

とはいえ、「中央」が国や企業体を意味するとしても、「地方」の主体は多様である。東京・大阪圏を「中央」としたとき、例えば九頭竜ダムは北陸の福井という「地方」の中でも、さらに奥越《おくえつ》という周縁部に位置する。また、先に引用した小説の場面からも示唆されるように、都道府県と市町村、住民といった主体間関係も多層的であり、これらは受益圏・受苦圏論の枠組みではとらえにくい側面である。このことも踏まえて本章では、とくに電源開発株式会社による「佐久間から九頭竜まで」の時代に焦点を当て、その代表的な開発地点の一つである庄川《しょうがわ》流域の動向を中心的に取り上げていくことにしたい。

2 戦前における民間資本によるダム開発

◆大正期の水力発電隆盛

日本では水力発電とそれによる電化事業は明治期後半に芽生え、大正期に広く普及したが、それは大きく分けて二つの事業展開があった。一つは有力な民間資本によるものであり、水力発電に適した地理的条件を持つ河川が開発対象となった。ここでの発電は周辺地域の電化に寄与するのみならず、大都市圏への供給がしばしば想定されていた。今一つは、民間資本にとって魅力的な開発対象とはならなかった農山村地域である。このような地域では住民自らが資金や知恵を出し合って小規模の発電事業を運営し、各家庭への配電や産業振興に利用しようとした(1)。両者はその規模や性格の点で違いがあるが、大規模ダムを論じる本章で取り扱うのは前者である。

日本の電気事業は一八八三(明治一六)年、東京電灯が日本初の電気事業者として設立され、一八八七年に給電を開始したのが端緒である。[2] この黎明期は、各都市で設立された電灯会社が小型火力発電によって近接地のみに配電しており、水力は未発達であった。一八九一年に日本初となる事業用水力発電が琵琶湖疏水で成功し、明治後期には重力式コンクリートダムなどの土木技術も向上したが、大きな展開をみせたのは日露戦争後のことである。石炭価格の高騰に加えて、高電圧の長距離送電[3]が実用化したことで、一気に「水主火従」の時代を迎えたのである。

この時期、気鋭の実業家たちが将来有望な産業として電力事業に目をつけ、各地で電力会社を相次いで設立した。しかし新規事業者が多数参入したことで供給過剰となり、価格競争が起きた結果、小規模会社は淘汰され、一九二〇年代には東京電灯、宇治川電気、東邦電力の小売三社、そして大同電力[4]、日本電力の卸売二社の五大企業が有力となった。各社は拠点地域をまたいでも展開し、例えば大同電力が木曽川の主導権を握り、関西拠点の宇治川電気と日本電力も北陸へ進出したほか、互いの拠点地域に攻め込むなど、「電力戦」と呼ばれる競争が過熱した。こうしたなか、一九二七(昭和二)年の金融恐慌もあり電力事業者の業績は悪化したが、一九三〇年代には業界内でも過当競争が抑制されたことで各社の収益は安定し、また電気事業法改正により供給区域が制限され、電気料金は許可制となった。

以上のように日本の水力発電は、大規模資本が各地の企業を合併・買収しながら、民間企業間の自由競争によって展開された。現代風にいえば、M&Aが活発に繰り広げられた過程であった。また、この水力発電が隆盛した背景に長距離送電という技術革新があったことは、「中央」と「地方」の関係性を考えるうえで決定的に重要である。これにより、「地方」は電力エネルギーの生産地として、その地域資源を「中央」の消費地へ吸い取られることを意味していた。有力各社による流域ごとの縄張り争いは、「中央」からみれば「地方」を舞台にした開発ともいえるが、流域住民の立場からみれば、むしろ、外来資本による地域生活への圧迫という側面を持っていた。それを象徴する出来事が、庄川流域の小牧ダム建設に伴って生じた庄川流木争議（一九二六～三三年）である。(5)

◆庄川流域の大ダム建設と住民との摩擦

岐阜県飛驒地方に源を発する庄川は、急峻な流れと豊富な水量を持つことから、発電ダムの有力地域とみられてきた。一九二四（大正一三）年、平瀬発電所を嚆矢《こうし》として庄川開発が進められていくが（表3―2・図3―2）、これに先立ち、「セメント王」として知られる富山県氷見《ひみ》郡出身の実業家・浅野総一郎による構想があった。これがのちに小牧ダムとなる大ダム計画であり、この事業は、農林漁業関係者など流域社会との間で激しい摩擦を引き起こしたのだった。

一九一六（大正五）年に水利権を申請した浅野は、その三年後に認可を受けて庄川水力電気を設立する。だが同社は関東大震災の影響もあり資金繰りに行きづまり、事業は凍結状態にあった。これを継承した日本電力が一九二六年に事業を本格化させると、飛州《ひしゅう》木材会社は工事着工を認可した富山県知事を相手取り、差し止めを求めて提訴した。飛驒地方の木材業者は搬出木材を庄川に流して運んでいたため、ダム築造によって生活の糧を失いかねないと猛反発したのであった（写真3―1～3―3）。この紛争は、新聞報道等も通じて全国的注目を集めた。

一九二九（昭和四）年に生じた旱魃が世論を後押ししてダムは一九三〇年に竣工したが、その後

表3-2　庄川流域の主要発電所一覧（戦前から御母衣ダムまで）

発電開始年	発電所名	最大出力（kW）	流域面積（km²）	事業者
1926年	平瀬	11,000	77	濃飛電気
1930年	祖山	54,100	929	昭和電力
1930年	小牧	72,000	1,100	日本電力
1939年	中野	6,700	1,113	富山県
1942年	小原	45,700	814	日本発送電
1944年	大牧	15,600	92	日本水力工業
1951年	成出	35,000	762	関西電力
1954年	椿原	38,700	665	〃
1956年	鳩谷	40,300	580	〃
1961年	御母衣	215,000	442	電源開発

注：事業者は建設当時．戦前の発電所は1944年に日本発送電に接収後，1951年に関西電力にすべて移管された．
出所：電力会社資料および各自治体史等より筆者作成．

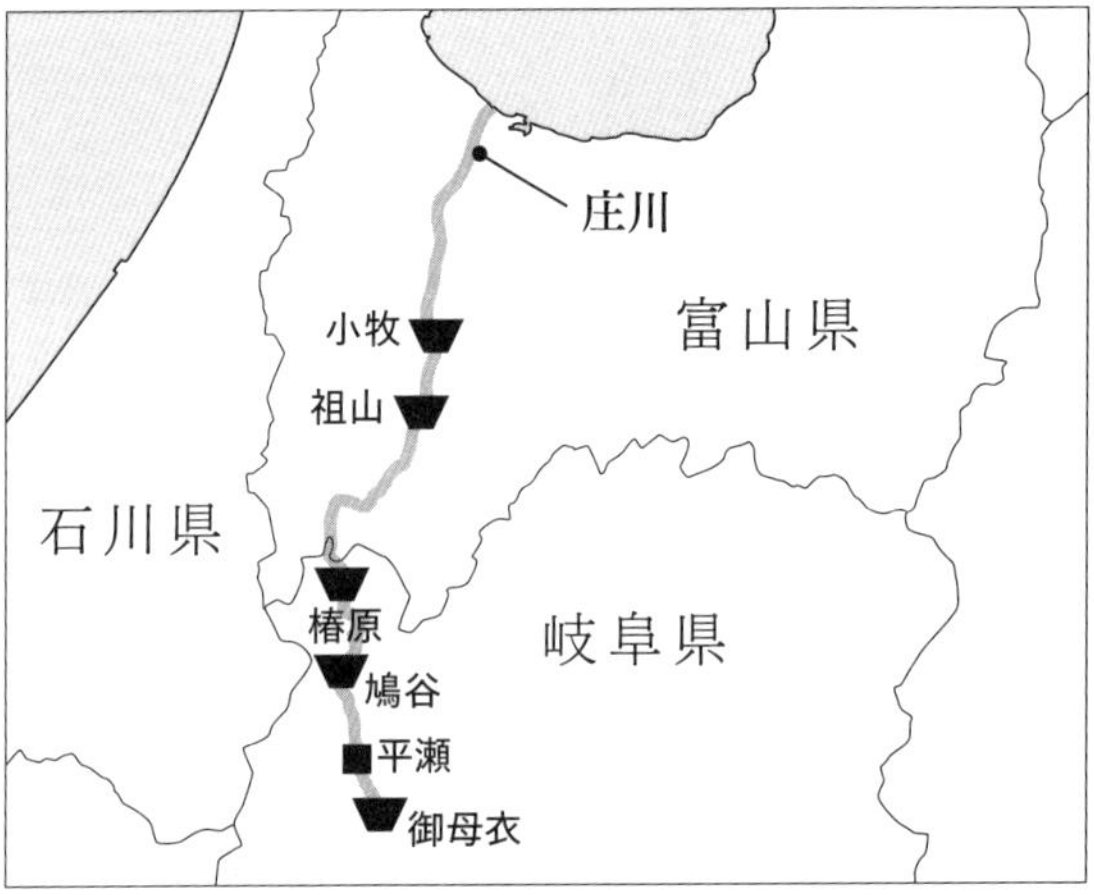

図3-2　庄川流域における主要ダムの位置
出所：筆者作成．

も流木の事前了解をめぐって流血事件が発生するなど紛争は続き、最終的には一九三三年に国の調停により和解に達した。この過程で各種議論が喚起されたこともあり、堰堤《えんてい》には魚道《ぎょどう》のほかチェーンコンベアなど流木関連装置が設置され（写真3-4）、さらに電力会社の寄付で郡上白鳥《ぐじょうしろとり》―荘川・白川《しらかわ》間の幹線道路（いわゆる「百万円道路」）を岐阜県が整備することにもなった。

こうした紆余曲折を経て築造された堤高《ていこう》七九・二メートルの小牧ダムは当時、東洋一と呼ばれ

写真3-1　庄川での流木
写真提供：砺波市

写真3-2　小牧ダム築造反対を訴える飛州木材の平野増吉
写真提供：砺波市

写真3-3　武装して抗議する反対住民
写真提供：砺波市

写真3-4　ダム堰堤を越えるために設置された木材運搬用のチェーンコンベア
写真提供：砺波市

写真3-5　小牧ダム（2022年7月）
撮影：筆者

た（**写真3-5**）。同時期に建設された祖山《そやま》ダムとあわせて、これ以後、庄川筋の水力開発は加速していくが、一九三〇年代以降、河川舟運は陸上交通に移行したこともあり、椿原《つばきはら》ダムなどで焦点化したのは立ち退き移住と土地収用に伴う補償問題であった。鳩谷《はとがや》ダムでもダムサイト予定地に人家が多く補償交渉は難航し、白川村内の三集落消滅とともに合掌造り家屋も消失した。[6] 一方、白川村への補償として関西電力が総工費の七割強を負担して岐阜県道一八三号（現・国道一五六号）が整備された［中谷 1986］。

以上は、有力な民間資本による「地方」における資源利用と、それに対する補償的措置がなされた経過である。これらは民間事業者による寄付という形をとることが多く、日本の近代化過程における開発事業の社会的影響とそれへの対応として、先例となるような経験であった。他方、地域住民は単に搾取されるだけの存在ではなかった。平瀬発電所建設の際には診療所などが次々と建てられると同時に、集落住民の多くが宿泊施設や飲食業に従事するほどの雇用を生み出し、発電所から各家庭へ配電されるなど生活向上につながったという［中谷 1986］。祖山ダムの場合も、昭和電力は富山県の平村《たいらむら》各集落全戸に対して電灯一灯を無償提供し、これをみた上流域の上平《かみたいら》村《むら》は岐阜県白川村と共同で一九三四年に発電所誘致運動を始めたほどであった［小寺 1963］。

3 戦後における国家主導の電源開発

◆戦後の電力供給体制再編

みてきたように、民営の電力会社が主導する形で発展してきた発電事業であるが、戦局が深まっていくと、電力は国による一元管理となった。一九三九(昭和一四)年、日本発送電株式会社(以下、日発)が発足し、従来の電力会社・施設はすべて同社に吸収させられ、同時に全国九つの配電会社の体制となった。

終戦直後の日本は、一九五二年四月のサンフランシスコ講和条約の発効まで、約六年半にわたり連合国軍最高司令官総司令部(GHQ)の監督下にあった。GHQは当初、日本の非軍事化および民主化という占領政策の観点から電力開発を規制していたが、相次ぐ停電など慢性的な電力不足への対応は国家的緊急課題となった。また朝鮮戦争勃発（一九五〇年）を機にＧＨＱの対日統治方針が転換し、電力開発再開への機運が生まれた。

ここでの焦点は、電力供給体制の再編成がどのようになされるのか、という点にあった。ＧＨＱは過度経済力集中排除法（一九四七年）を電力業界にも適用し、日発解体を指示していた。これに対して日本の政府・電力関係者の多くは、地域間融通を念頭に日発温存を画策した。通産大臣の諮問機関として一九四九年に設置された電気事業再編成審議会の各委員も一元体制保持に近い案を提起したが、しかし最終的には同委員長の松永安左エ門（旧東邦電力社長）による少数意見が採用された。戦前期からの松永の持論である民有民営制と地域別の発送電一貫体制を基本方針とする案で、これはＧＨＱの意向に近かった。こうして一九五一年五月、全国九地区体制へと再編成され、北海道、東北、東京、中部、北陸、関西、中国、四国、九州の各電力会社が設立されたが、ここで定着した地域独占体制は現在に続く日本の電力事業の性格形成に大きくかかわっている。

ところが、この決定に付随する批判や不満の声も大きかった。とりわけ、戦中期に電力施設を接収された事業者にとって、それがそのまま九電力会社に移管されたことはきわめて理不尽な搾取であった。富山県は一九三四（大正九）年から常願寺川水系で展開していた県営発電事業を接収されていたが、この返還を求める県議会の主張をみておこう。

……戦後平和の回復とともに戦時統制が逐次解除せらるるに伴い、これらの電気事業も当然もとの所有者に返還される事を信じ、本県としてもいち早く政府、国会に対して復元の要望を行つて参つたのであります。その結果政府としても之を了として電気事業の再編成要綱に復元の途をひらくことをも折込み、電気事業再編成法律案として国会に提出の運びとなつたのでありますが、昭和二十五年十一月、突如ポツダム政令の発動により国会の意思を何等反映しない電気事業再編成令の交付となり、その結果復元の途は閉されたのみならず、電源県でありながらも主要電源を殆んど他地区に奪われるという不合理極まる電源帰属の決定によつて再編成が断行せられたのであります。［富山県議会事務局 1953］

ここでもう一つ重要なのは、給電エリアと電力生産地帯を一致させる属地主義が退けられ、エリア外の電力生産地帯をも管轄下とする潮流主義（凧揚げ地帯方式）が採用されたことである。これにより、猪苗代《いなわしろ》周辺、信濃川、富士川などは東京電力に、庄川や黒部川、木曽川流域の発電施設は関西電力へ帰属したのであった。これらの越境的帰属は、前身となる電力会社の開発エリアと重なっており、大消費地への安定供給が考慮されたものだったが、富山県議会が表明しているように、「電源県でありながらも主要電源を殆んど他地区に奪われる」という仕組みでもあった。のちの一九五七年七月に、北陸電力、東北電力のみが電気料金を値上げしたが、これは両社が日本有数の電力地帯に位置するにもかかわらず、他社から不足分を購入せざるをえないという構造的問題にも起因した［佐伯 1958］。このような電力会社間の力関係も〈中央―地方〉の視野に含めておく必要があるだろう。

◆電源開発株式会社の設立

電力会社再編とともに重要な焦点は、エネルギー政策の主軸を従来の水力に求めるのか、火力推進とするのかという点にあった。日本政府は当初より、電力不足解消にあたってはまずもって大規模ダム建設が有力であるとみていた。この背景について町村敬志は、政策担当者の間で植民地喪失という共通認識が強く、それゆえに戦後日本にとっては「残された国土」の徹底利用という論理が「経済再建」の基礎に組み込まれていったと指摘する[町村 2011]。ここで水力は、植民地を失った日本が国内で調達可能な未開発資源なのであった。

逼迫する電力需給の解消は喫緊の社会的課題であったが、しかし、発足したばかりの民間九社の資金力は弱く、大規模ダム開発に着手するのは容易ではなかった。そこで、電源開発促進法に基づき一九五二年九月に国策会社として設立されたのが電源開発株式会社(以下、電発)であった。民間の九電力会社体制がスタートしてからわずか一年四か月後に、国家資本による電発が誕生したことは制度的矛盾であるとの批判もあったが、電発には九社が手を出せないような大型ダム事業を主に担う役割が与えられた。只見川では、福島県による本流案と新潟県の分流案で激しい陳情合戦があり、東北電力と東京電力の利害関係も絡み合う膠着状態にあったが、事業主体となる電発が調停役を果たす形になった。他方、九頭竜ダムにおける電発案と北陸電力案をめぐる争いのように、国家資本たる電発が開発主体となったことで生じた摩擦や対立もあり、これらは電発という特殊会社の成り立ちとかかわっている。

◆世界銀行の対日借款

このように電力会社再編を通じた組織体制は整備されたものの、GHQの占領統治から自立したばかりの日本には大規模インフラを独力で建設する力はなく、外資導入が焦眉《しょうび》の急を要していた。日本は一九五三年一〇月、世界銀行（以下、世銀）から初めての借款を受けたが、それは多奈川（関西電力）、苅田《かりた》（九州電力）、四日市（中部電力）の火力発電事業から始まった。日本側は、火力よりも水力を優先したかったにもかかわらず、世銀サイドは、そもそも日本の経済発展に懐疑的だったため、対日融資に消極的だった。とくに世銀は日本経済の動向から判断して、多くの資金と長い年月を要する水力発電工事は適切ではなく、火力による発電工事を急ぐべきとの認識を持っていた［藤田 1962］。

転機になったのは一九五七年五月、ユージン・ブラック総裁が来日時に示した対日融資への積極姿勢と借款条件の緩和であった［太田・有馬 2012］。機器などに使途が制限されるタイド・ローンではなく、インパクト・ローンが認められたことで一九五八年六月、資金難にあった関西電力の黒部ダム融資へとつながった。以後、水力発電関連ではほかに北陸電力の有峰《ありみね》、電発の御母衣および九頭竜の四事業で融資を受けたが、計三一件（一九五三～六六年）の世銀借款のうち後半期に集中しているのは前述のような事情があったからである。

ここで重要なのは、戦後の水力発電事業の再開にあたっては「中央」がすべて自律的に立案・実施してきたわけではなく、GHQおよび海外融資機関との関係に規定されていたという事実である。当時の日本は、援助供与国や国際機関というドナーの意向に左右される被援助国というべき立場であり、そのなかで日本側の強い意志によって水力は展開された。そのため、日本政府にとって事業の採算性確保は至上命令であり、計画どおりの遂行によって実績を示していく必要性に迫られていたことは無視できない。というのも、この先の一九六〇年代以降、利水ダム中心の時代になるとダム事業は長期化傾向が顕著になるからである［浜本 2015］。長期化の要因として、事業主体が民から官に移ったことに加え、海外融資機関から自立したことで、皮肉なことにチェック機能が効かなくなったとも考えられるのである。

4 「総合開発」という理念と佐久間ダム

こうした経緯と前後して、ダム事業に「総合開発」という考え方が導入されたことは、「中央」と「地方」の関係において重要な意味を持った。すでに戦前から米国のTVA思想[7]が紹介され、それを具現化する「河水統制事業」として相模《さがみ》ダムなどが始動していたが、戦後は経済安定本部（一九四六年八月発足）がTVA型の河川開発をモデルとする方針であり、ここに一九四七年一二月に設置された資源委員会（のちに資源調査会に改称）にはTVA推進論者の大来佐武郎《おおきたさぶろう》、都留重人《つるしげと》らが要職に就いて構想が練られた。一九五〇年制定の国土総合開発法は、GHQと建設省との間の綱引きの産物でもあったが、これをもとに各地域での「特定地域総合開発計画」[8]、さらに都府県レベルでの計画といった具合に重層的な「総合開発」が起案されることになった。政府は一九五一年、戦前の

「河水統制事業」を「河川総合開発事業」へと名称変更して北上川、只見川をモデルケースと想定するなか、発足まもない電発にはこの「特定地域総合開発計画」を実行に移す役割も期待された。それゆえ、電発にとって最初の事業となる天竜川に計画された佐久間ダムは、単に電力供給のためではなく、いかに「天竜東三河特定地域総合開発計画」(一九五四年六月閣議決定)という地域振興とセットで遂行するのかの試金石でもあった。果たして、この「総合開発」は地域社会にどのような帰結をもたらしたのだろうか。

実はこの点こそ、福武直《ふくたけただし》を代表とする日本人文科学会の佐久間ダム研究における一大関心だった。この中心メンバーだった島崎稔は「総合開発」の理念は画餅に帰したとして、事業者側そして県町村の自治体側の双方に対して批判的まなざしを向けている。それはまず、治山治水、下流の灌漑用水・工業用水の確保など、「総合開発」に本来含まれるはずの多面的機能のうち、事業者側は発電のみに重きを置いたという指摘である[日本人文科学会編 1958]。他方で島崎らは、この巨大事業の建設工事が地域社会にもたらした税収増加、補償金流入などは一過性のものであるとして、農業者や流筏《いかだ》業者の生業喪失など、経済基盤が脆弱化したことも見逃さない。さらに愛知・静岡・長野三県が電発に対して水利権を盾にして多額の道路建設費を分担させ、地元市町村も橋梁や学校などの公共施設を得たとみており、「総合開発」は結局のところ補償問題に矮小化されてしまったととらえた[日本人文科学会編 1958]。メンバーの一人だった高橋明善《あきよし》も、ダム建設は地域振興と結びつかず、「産業振興、民度の向上」を達することもなく、工場誘致、観光開発にも地元資本の育成はみられなかったと同調査の知見を整理している[高橋 2004]。

島崎らによれば、「地方」は千載一遇の機会である「総合開発」を取り逃がし、そのことで、周縁的な位置にとどまり続けたといえるが、こうした見方に対して、地域社会の側は、ある種の生き残り戦略を選択したとみることもできる。「中央」に対して「地方」は圧倒的に劣位にあることを考えれば、町村が以下で論じているように、「地方」は現実的に考えうる最大限の成果を得ようとしたともいえよう。

> 自然資源や労働力、土地、水、そしてそれらの上に形成されてきた地域循環を犠牲として差し出す代わりに、開発利益――「公共補償」や地元雇用、各種の政府交付金、固定資産税収入など――を享受するという選択肢がとられていった。［町村 2011: 122］

島崎らはまた、事業実施過程において、国家資本（＝電力資本）は村落の支配構造を利用して問題を解決しようとする一方、村落支配層はその中で自らの利益実現を図り、山林地主を頂点とする村落支配が資本や行政の力を借りながらかえって強化されると指摘した［高橋 2004］。このような地域社会内部の権力構造へのまなざしは、当時の農村社会学が農村社会の民主化と封建遺制をとらえようとしたためであるが、「外からの開発」を「利用」しようとする地域社会の動向は普遍的な現象であり、こうした権力関係の把握は開発／発展にかかる社会学研究の焦点の一つである［浜本・佐藤 2012］。

5 戦後の庄川開発と御母衣ダムの反対運動

では再び、庄川流域のその後に目を転じよう。大正末期以降に次々と水力発電が進んだ庄川だが、既設発電所の発電能力をフルに生かすために有力な開発地点と目されていた最上流域の巨大ダム構想があった。これが御母衣《みぼろ》ダムである。本格着手に至っていなかったこの構想は戦後、電発の手によって動き出す。

◆隔絶する利害関係

このダム計画には難題があった。地質上の課題があったことに加え、岐阜県荘川村《しょうかわむら》・白川村両村で想定される三〇〇世帯超の立ち退きが最大の懸案だったのである。荘川村の反対運動は、ダム反対の住民大会が開かれた一九五二年六月に始まり、「御母衣ダム絶対反対期成同盟死守会」(以下、死守会)の結成を経て、同会が補償交渉に転換する一九五六年五月までを区切りとしても約四年間に及んだ。「死んでも故郷を離れない」と結束を固めた死守会は徹底抗戦の構えをとったが、それは国家的事業が予定地に一方的に犠牲を押しつけることへの抗《あらが》いであった。

庄川流域の対立構図はかつて、外来資本である民間電力会社と地元の農林漁業関係者の間の緊張関係が中心だった。そこでは庄川流木争議のように水利権、そして流木権と漁業権が焦点化したが、それは発電施設の竣工後も、住民生活が継続するからこその争点であった。しかるに

写真3-6　御母衣ダム
写真提供：J-POWER（電源開発株式会社）

御母衣ダムでは、大規模な立ち退き移住が想定されていた。人びとは地区外に流出する一方、生み出された電力は関西方面に送電されるのであり、予定地は「開発の場」を提供するだけの存在となる。ここにおいてはもはや、寄付による施設整備などで開発利益を共有するという関係は成り立たない。荘川村の中心地だった中野地区は、高冷地稲作の工夫を重ねて収穫量の多い米どころであったが、そのかけがえのない土地と故郷は補償によって埋め合わせられるものではなかった。「飛越特定地域総合開発計画」（一九五六年三月閣議決定）には庄川流域が含まれ、御母衣ダム関連事業や治山・造林も対象となったが、予定地住民にとって「総合開発」の「夢」に乗れるようなリアリティはなかっただろう。つまり、御母衣ダムにおいて「中央」と「地方」の利害関係は隔絶しており、それがゆえに、死守会の抵抗は徹底していたといえよう。

だが、国家による開発という剝《む》き出しの権力が住民に覆いかぶさっており、反対一点張りでは通じない。そこで巨大な国家権力に対峙するにあたり死守会がとった戦略は、「ダムは庄川本流ではなく支流に造る」という代替案を提示し、水没範囲の変更を求めることであった。しかし死守会にとって、電発の出先機関である御母衣調査所や岐阜県への訴えは、埒《らち》があかないものであり、とくに御母衣調査所への不信感は強かった。そのため、住民は上京しての陳情活動を頻繁に行うことになり、その数は記録に残るだけでも十数回にのぼる。そもそも、ダムを造ることが使命の事業主体と、故郷を守りたい住民の利害は真っ向から対立する。にもかかわらず、死守会が陳情を繰り返したのは、支流案は十分に合理的根拠があり、事業者経営陣にも聞き届けられると期待していたからだった。こうして、故郷の暮らしを守るための抵抗は事業者のロジックに乗りながら展開されたものの、支流案が受け入れられることはなくダムは完成し、一九六一年一月に発電が開始される（写真3-6）。

◉直接対話による着地

予定地住民の立ち退きにあたり、事業者は、いわゆる強制収用の手段をとったわけではなかった。また裁判闘争を経て決着がついたわけでもなかった。本事例は、事業者トップと住民との直接対話が重要な要素となっており、このことは「電源開発の時代」における〈中央―地方〉の関係を考えるうえで示唆的である。

さかのぼること一九五三年一〇月、死守会メンバー一〇八人の大陳情団は、高碕達之助・電発総裁との会見で支流案採用と買収切り崩し工作の即刻停止を求めた。その際に、高碕から「皆さんの苦痛は金銭のみではかえられない」などと予定地住民の痛みについての理解が示されると、建石福蔵・死守会会長は「ただいまのような総裁のコトバを初めから聞かされていたら、われわれの郷土は今日現在こんな生地《いき》獄とはならなかったと思います」［若山 1967］と率直な思いを示してい

写真3-7　死守会解散式での荘川村民と高碕達之助・元電発総裁ら(1959年11月)
写真提供：公益財団法人 東洋食品研究所

る。陳情を通じた対話機会は期せずして、隔絶していた「中央」と「地方」との関係を可視化させ、その距離が縮まるような効果ももたらした。高碕との面会によって、死守会がただちに事業受け入れに傾いたわけではないが、運動の転換点となった一九五六年五月の「幸福の覚書」[9]締結において重要な役割を担ったのも、「このたびは、私も命をかけて参りました」[若山 1968]と言って現地に赴いた電発幹部の藤井崇《そう》治《じ》・副総裁(のちの総裁)であった。藤井の訪問を受けるかどうかで一三時間の討議を行った死守会だが、「その説得ぶりは何の飾気もなく、腹の底から一言、一言、吐き出しているよう」[若山 1968]だと受け取られ、こうした藤井の言動が死守会の意思決定に影響を及ぼしたのは間違いない。

御母衣のケースでは、なぜ事業者トップと予定地住民との直接対話が、大きな意味を持ったのだろうか(写真3-7)。御母衣ダムではほかに、高碕の発案によって水没予定地の桜の移植に成功したストーリーがある種の美談として語られている。これらはいずれも、事業者トップの個人的資質によるものとみなされているが、属人的要因には還元されない背景もあった。まず死守会側には、反対運動が長期化するなかで離脱者が増え、内部崩壊の恐れがあるとの認識があり、着地点を見いだそうとする力学が働いた。電発側にとっては一九五四年、田子倉ダムにおける補償交渉の経験が影響したと考えられる。御母衣とは異なり、ここで大きな役割を担ったのが大竹作《さく》摩《ま》・福島県知事であり、同知事の斡旋で一時は多数派住民との間で補償案がまとまった。しかし、佐久間などの先例と比べて補償単価および総額が高すぎるとして、他事業への波及を恐れた通商産業省が異議を唱え、電発本社も現地事務所が合意していたにもかかわらずこれを覆すことになった。この混乱の二の舞を避けようとする危機意識もあり、電発本社の経営層幹部が御母衣では直接関与したのであろう。もちろん、これらの背景には、補償制度および利益還元の仕組みが整備されておらず、事業ごとの裁量や交渉の余地があったという時代状況もあった。

6 むすび

以上、大正期から一九五〇年代を中心とする大規模発電ダム建設について、〈中央―地方〉という単純図式から、その展開を足早にみてきた。本章冒頭で挙げた会話シーンについて、石川達三は通産省や事業者の視点を次のように描写している。

残存部落だとか水没区域の住民だとかいう問題は、打算的な地元民衆の抵抗としか考えていない。国家が要求するこの有意義な事業をしない、(仕様のない連中)という風な考え方に

なり勝ちだった。〔石川 2000 (1966): 296〕

このような事業者と生活者の論理の違いは、小説の世界だけではなく、現実に開発事業に伴って生じる各種社会問題の根幹的要因でもある。開発利益を享受する事業者や下流域住民、都市住民に対して、予定地住民は圧倒的に多くの犠牲をこうむるという基本構図があり、みてきたように大正期以降、民間資本によって展開された大規模ダム建設は当初から、「外からの開発」として流域社会との摩擦を引き起こしてきた。そして戦後、国家資本である電発が開発主体として登場し、「地方」との間の距離感はさらに拡大した。それはまた、「総合開発」という看板によって予定地にも利益が共有されるかのような言説を持ちながらも、実際には都市圏への電力供給に終始することになった。佐久間から送られた電力は東京や名古屋の工業化に寄与したが、そのことは結果として、大都市圏と他地域との間の格差をより顕著なものにしていったのである〔町村 2011〕。

ただし、本章でみてきたように「中央」と「地方」の関係性はそれほど単純ではない。部分的にしか記述できなかったが、事業者と予定地住民、消費地と生産地、国と自治体など複層的であり、住民といっても流域で生業を営む住民、立ち退き住民などその立場はまた多様である。さらに、戦後の大規模ダム建設において「中央」と「地方」の隔絶が拡大したといっても、一九七〇年代以降に水源地域対策特別措置法に基づく利益還元や補償的措置がより制度化されていった時代と比較すると、この時代の「中央」と「地方」の関係はまだ可視的であったということもできる。いや、制度が未整備だったからこそ、人情味あふれる直接対話の場面がみられたというべきかもしれない。

現在でも各地の事例では、「中央」と「地方」の間には埋めがたい溝があり、事業者や行政に対する住民側の不信が根強いことも多いが、「電源開発の時代」における直接対話の経験は一考に値するだろう。

本章ではほかに、紙幅の関係で論ずべきいくつかの側面を取り上げることはできなかった。例えば、ダム竣工後の発電関連施設の税収によって自治体財政がどの程度の期間、いかなる恩恵を受けるのかを検討していないが、中長期的な「中央」と「地方」の関係性を考えるうえでは重要である。御母衣ダムにおいては、移住者の多かった荘川村は「平成の大合併」の際に高山市の一部となったが、発電施設が立地した白川村では固定資産税が村財政を支えたことで、世界遺産を有する観光地として自立を維持した側面も持つ。さらに、大規模水力発電ダムにおいて立ち退き移住者は必ずしも地区内にとどまらず、九頭竜ダムのように大半が県外移住しているケースや、御母衣ダムのように東京や名古屋などの中心部へ移住するケースが散見される。つまり、開発の舞台となった「地方」の人びとが「中央」へ吸収されていったともいえるが、ここでは言及するにとどめて本章を閉じることにしたい。

註

(1) 地方における町営や村営の公営電気事業については、西野寿章［2020］に詳しい。また、日本人文科学会編［1959］では島崎稔らが長野県北佐久郡の平根ダムにおける農村電化の実態と帰結を論じている。
(2) 橘川武郎［2021］は、現在に至るまでの電力業の変遷を四つの時代に区分している。
(3) 一九〇七(明治四〇)年に桂川の駒橋発電所から東京・早稲田変電所までの約八〇キロメートル、さらに一九一五(大正四)年には猪苗代から東京・田端まで約二二六キロメートルの長距離送電に成功した。

(4) のちに「電力王」と呼ばれる福沢桃介は、一九二一(大正一〇)年に既存三社を合併して大同電力を設立し、一九二四年には木曽川で日本初の本格的ダム式発電所となる大井発電所を稼働させた。
(5) 本章での庄川流域および御母衣ダムに関する記述は、浜本編[2011, 2014]を参照。
(6) 世界遺産で知られる岐阜県白川村の荻町地区は、これらダムの立ち退き対象ではなかったことで合掌造り家屋が「温存」されたともいえる。
(7) 米国で一九三三年、フランクリン・ルーズベルト大統領によるニューディール政策の一環として、政府設立のテネシー川流域開発公社(Tennessee Valley Authority)がダム建設とともに地域産業活性化および雇用増大を目指した景気浮揚策のことである。
(8) 一九五一年に一九地域を指定後に対馬地域が離島振興法の適用を受けることから除外され、一九五六年に東北三地域が追加されて計二一地域となった。なお、閣議決定の時期は一九五三年から五六年の間でそれぞれ異なっている。
(9) 電発は、住民が立ち退き移転を受け入れた場合には、「貴殿方が現在以上に幸福と考えられる方策を、我社は責任を以って樹立し、之を実行するものであることを約束する」として事業者の姿勢を示した。

付記

本章は、JSPS科学研究費(16H03708, 20K02095)の助成を受けた成果の一部である。

II

原子力の台頭と地域社会の葛藤

生活の場からの問いかけ

第4章

「原子力半島」はいかにして形成されたか

下北半島・六ヶ所村の地域開発史と現在

茅野恒秀

1 はじめに――「辺境」を求める原子力

「原子炉からある距離の範囲内は非居住区域であること」、「非居住区域の外側の地帯は、低人口地帯であること」、「原子炉敷地は、人口密集地帯からある距離だけ離れていること」――。これは一九六四年五月二七日に国の原子力委員会が決定した「原子炉立地審査指針およびその適用に関する判断のめやすについて」に記載された、原子炉の立地条件の適否を判断するための三条件である。

一九五〇年代に世界で実用化が始まった原子力発電は、熱エネルギーを得て水蒸気を発生させタービンを回して電気に換えるという点で、火力発電と原理は変わらない。しかし、熱を得るためにウラン燃料を原子炉内で核分裂させるため、当初より、人びとの生活環境からできるだけ遠ざけて立地する必要があった。このことは、草創期には市街地に立地し、やがて大気汚染に直面して臨海部などに移っていった火力発電や、初期の水力発電が山間地域の鉱山の動力を賄うために山村の水資源を糧に開発された経過と比べて、原子力発電の本源的な特異性を浮き彫りにする。

東京電力福島第一・第二原子力発電所が立地する福島県双葉《ふたば》郡は、かつて県内会津地方山間部の豪雪地帯である檜枝岐村《ひのえまたむら》と対比して「海のチベット」と揶揄されていた［中嶋 2014］。本章の主要な考察対象となる青森県下北《しもきた》半島の付け根に位置する上北《かみきた》郡六ヶ所村《ろっかしょむら》も、青森県に生まれたジャーナリストの鎌田慧は「集落があって生活しているひとたちがいるのを想像したことがなかった」と振り返る［鎌田 1991: 3］。これは彼が生まれ育った津軽地方からの〝穿った〟見方では決してなく、隣接する三沢《みさわ》市や野辺地町《のへじまち》の人さえ、六ヶ所村を「鳥も通わぬ村」と表していたと鎌田は説明する。

ＮＨＫの調査によれば、全国に一八ある原子力発電所（建設中を含む）と核燃料サイクル施設をあわせた一九の立地点のうち、一二か所（大間《おおま》、東通《ひがしどおり》、六ヶ所、福島第一、福島第二、東海、志賀《しか》、浜岡、大飯《おおい》、伊方《いかた》、玄海《げんかい》、川内《せんだい》）が、戦時中に満蒙開拓団へ参加した人びとが戦後に切り拓いた開拓地や、その五キロメートル以内に所在するという。[1] これは決して偶然ではないだろう。戦後開拓の対象となった土地は、その時点で人が住み着いていない「非居住地域」ないし「低人口地帯」であり、主には農業生産の条件が不利であるがゆえの結果だった。戦後の復興、高度経済成長を経てなお、入植した人びとの生活は苦しく、土地を売却し離農することはやむにやまれぬ判断であったし、開発を計画する側にとって都合のよい土地でもあったことは想像に難くない。

このように原子力発電は、その出発点から一貫して立地地域に「辺境」であることを求めてきた。「辺境」は、「中央」との関係によって初めて、その存在を定位しうる概念である。すなわち、「辺境」を問うことは、「中央」そしてこの社会の基底にある構造を問うことにほかならない。本章は、原子力関連施設の立地が、いかにして立地地域の〈辺境性〉を梃子《てこ》にして進んだかを、現代における原子力政策の焦点地域と目される青森県下北半島を事例としながら確認してみたい。

2 原子力立地地域の現在

日本の原子力開発の基本構造は、一九五四年に政府が原子力予算を新設した後、わずか三年余で固まった［吉岡 2011］。原子力基本法の成立、日米原子力協定の締結、原子力委員会と日本原子力研究所（原研、現・日本原子力研究開発機構）の設置、日本原子力産業会議（原産会議、現・日本原子力産業協会）の結成、原子力開発利用長期基本計画の策定、日本原子力発電株式会社（原電）の設立などが一九五七年までに一挙に進んだのだ。一九五六年、茨城県と東海村が原子力研究施設を誘致し、原子力委員会は原研を東海村に立地させることを決め、翌年、原電が日本初の商用原子炉を東海村に建設することを決定した。茨城県東海村は最初の原子力立地地域となった。

福井県では、一九五七年に知事を会長とする「福井県原子力懇談会」が設立され、原電の調査により敦賀《つるが》市と美浜町《みはまちょう》が候補地となった。知事の働きかけもあって、両市町の議会は一九六二年に誘致を決めた。福島県でも一九六〇年に県が原産会議に加盟、知事は双葉郡への原発誘致を表明した。こうして一九六〇年を前後する時期に立地計画が浮上し、一九七〇年代初頭までに初号機の運転を開始した原発立地のいわば第一陣が、東海と敦賀(事業者は原電)、美浜(同・関西電力)、福島第一(同・東京電力)の四地点である。この四地点に共通する特徴は、県が積極的に立地を推進し、地域がそれに呼応して誘致に動いた構図といえる。

原子力関連施設が立地することは、地域社会にとっていかなる意味を持つのだろうか。一基あたりの建設費が四四〇〇億円[2]といわれる原発をはじめ、施設には巨額の建設費が投下される。竣工後の運転期間は原発が四〇~六〇年、核燃料再処理工場や使用済み核燃料の中間貯蔵施設も四〇~五〇年程度と想定されており、運転・操業の段階でも経済効果(雇用、税収)が期待される。

表4-1は、『原子力総合年表』[原子力総合年表編集委員会編 2014]に依拠して、日本各地で原発立地計画が浮上してから、初号機が着工、運転開始に至るまでの期間をまとめたものである。ここから、二〇二二年末の時点で未完成の大間と未着工の上関《かみのせき》を除けば、すべての原発は一九六〇年代に立地計画が表面化したことがわかる。先に挙げた四地点と同じ福井県内、福島県内の三地点(高浜、大飯、福島第二)と玄海、島根、浜岡では計画浮上から一〇年以内に着工まで進んでいるが、川内や泊《とまり》、志賀のように一五年以上の時間がかかっているものも少なくない。これらは原子力固有のリスクや漁業・漁業権をめぐる反対運動による膠着が生じたことが大きい。比較的短期間で着工に至った原発でも、およそすべての地域で反対運動が組織されている。

一九七三年一〇月のオイルショックは、石油火力発電に代わる電源の必要性を強く喚起した。

表4-1　原子力発電所の立地計画浮上から初号機着工まで

発電所名	事業者名	計画浮上	初号機着工/運転開始	着工まで
東海原発（茨城県）	日本原子力発電	1957年	1959年/1966年	2年
福島第一原発（福島県）	東京電力	1960年	1967年/1971年	7年
敦賀原発（福井県）	日本原子力発電	1962年	1967年/1970年	5年
美浜原発（福井県）	関西電力	1962年	1967年/1970年	5年
伊方原発（愛媛県）	四国電力	1963年	1973年/1977年	10年
川内原発（鹿児島県）	九州電力	1964年	1979年/1984年	15年
高浜原発（福井県）	関西電力	1965年	1970年/1974年	5年
玄海原発（佐賀県）	九州電力	1965年	1971年/1975年	6年
東通原発（青森県）	東北電力・東京電力	1965年	1999年/2005年	34年
島根原発（島根県）	中国電力	1966年	1970年/1974年	4年
浜岡原発（静岡県）	中部電力	1967年	1971年/1976年	4年
柏崎刈羽原発（新潟県）	東京電力	1967年	1978年/1985年	11年
女川原発（宮城県）	東北電力	1967年	1979年/1984年	12年
志賀原発（石川県）	北陸電力	1967年	1988年/1993年	21年
福島第二原発（福島県）	東京電力	1968年	1975年/1982年	7年
泊原発（北海道）	北海道電力	1968年	1984年/1989年	16年
大飯原発（福井県）	関西電力	1969年	1972年/1979年	3年
大間原発（青森県）	電源開発	1976年	2008年/建設中	32年
上関原発（山口県）	中国電力	1982年	未定	−

出所：原子力総合年表編集委員会編［2014］をもとに筆者作成.

国際政治経済の情勢変化を受け、立地地域とその周辺の公共用施設を整備する電源三法[3]交付金制度ができたのは一九七四年のことである。一九五四年の原子力予算成立に大きな役割を果たし、その二〇年後にこの交付金創設の責任者となった通産大臣（当時）の中曾根康弘が国会審議の過程で、

原子力発電が設置されるという場合には、やはり何といっても不安感が絶えない、あるいは公害問題もある、そういうような面からずいぶん迷惑をかけておるわけでございますから、国としてそういう部分について当然何らかの手段を講ずるということは正しい態度であると思ったわけでございます。そういう意味で、これが原子力発電を推進する一つのようすがとして使われればなお幸いでありますす……[4]

と答弁しているように、交付金の基本的性格は、放射能汚染や大気汚染などのリスクや「迷惑」に対する補償というべきものであった［清水 1991; 湯浅 2018］。

以後、立地地域では、経済効果よりむしろ自治体に対する「財政効果」が存在感を増していく。それは、「原子力発電所誘致は当初の意図を超えて、地元商工業者に漠然とした、しかも巨大な期待を振りまいてしまったことは否めない」［中澤 2005: 66］と総括されるように、立地地域には実際にさほどの経済効果が現れなかったことも作用した。資源エネルギー庁が二〇一三年に野村総合研究所に委託した敦賀市と美浜町での調査結果をもとに、藤原遙が行った分析によれば、原子

炉の運転に伴う直接的経済効果の大勢を占める電力会社の事業支出のうち、地元企業に発注される割合は一六％と少ない［原子力市民委員会 2017］。このため、短期間で巨額が投下される建設費と、設備に応じて課税され時間とともに目減りする固定資産税、さらに着工から建設中に最も手厚く交付される仕組みになっている電源三法交付金という三つのマネーに共通する「一過性」という特質が、二号機、三号機と増設に動く電力会社の意向を立地地域に受け入れさせる効果を持った。なお、立地道県の条例に基づいて電力会社に法定外普通税として「核燃料税」を課す動きが、一九七六年の福井県を皮切りにすべての立地道県に広がっている。すでに制度が廃止されている福島県を除く一二道県で、創設から二〇二〇年度までに累計八九九七億円の税収がもたらされている。(5)

では、立地地域の自治体経営は、果たして順風満帆といえるのだろうか。表4−2は、原発に加えて、核燃料サイクル施設、使用済み核燃料中間貯蔵施設等の関連施設が立地する二一市町村の財政力指数と人口動態を示したものである。財政力指数は1を超えると地方交付税不交付団体となる。二〇二〇年度の地方交付税不交付団体は全国に七五市町村あり、そのうち八市町村が原子力関連施設の立地する自治体であった。すでに立地が進む地域の財政力は所在道県の市町村の財政力指数の平均値をおしなべて上回り、電源三法交付金や固定資産税などによる財政効果をうかがい知ることができる。

一方、人口動態について、原子力開発の基本構造が定まった一九六〇年から現在までの約六〇年の変化を見れば、水戸市のベッドタウンとしての地理的性格を有し、日立製作所を抱える日立市に隣接する東海村を除けば、人口増または一定の人口規模を維持できている地域は市部に限ら

表4-2　原子力関連施設立地市町村の財政と人口動態

市町村名	施設名	財政力指数（2020年）	所在道県の財政力指数平均（2020年）	1960年人口（人）	2020年人口（人）	1960年を100%とした場合の2020年人口
泊村（北海道）	泊原発	1.58	0.28	8,576	1,569	18.3%
東通村（青森県）	東通原発	0.71	0.35	12,449	5,955	47.8%
六ヶ所村（青森県）	核燃料サイクル施設等	1.79	0.35	13,523	10,367	76.7%
女川町（宮城県）	女川原発	1.04	0.56	13,405	2,093	15.6%
石巻市［旧牡鹿町］（宮城県）	女川原発	0.54	0.56	18,002	6,430	35.7%
東海村（茨城県）	東海第二原発，JAEA等	1.38	0.71	13,978	37,891	271.1%
柏崎市［旧柏崎市］（新潟県）	柏崎刈羽原発	0.69	0.50	74,139	75,424	101.7%
刈羽村（新潟県）	柏崎刈羽原発	1.36	0.50	6,594	4,380	66.4%
志賀町［旧志賀町］（福井県）	志賀原発	0.59	0.51	19,556	12,542	64.1%
敦賀市（福井県）	敦賀原発，もんじゅ等	0.92	0.59	53,493	64,264	120.1%
美浜町（福井県）	美浜原発	0.74	0.59	13,862	9,179	66.2%
高浜町（福井県）	高浜原発	1.03	0.59	11,817	10,326	87.4%
おおい町［旧大飯町］（福井県）	大飯原発	1.00	0.59	6,958	5,745	82.6%
御前崎市［旧浜岡町］（静岡県）	浜岡原発	0.99	0.79	18,723	21,655	115.7%
松江市［旧鹿島町］（島根県）	島根原発	0.58	0.25	10,065	6,056	60.2%
伊方町［旧伊方町］（愛媛県）	伊方原発	0.52	0.43	11,323	4,437	39.2%
玄海町（佐賀県）	玄海原発	1.24	0.52	8,952	5,609	62.7%
薩摩川内市［旧川内市］（鹿児島県）	川内原発	0.53	0.29	71,807	70,360	98.0%
大間町（青森県）	大間原発（建設中）	0.28	0.35	7,982	4,718	59.1%
むつ市（青森県）	中間貯蔵施設（建設中）	0.38	0.35	38,312	43,574	113.7%
上関町（山口県）	上関原発（計画中）	0.12	0.52	11,196	2,342	20.9%

＊人口動態は「平成の大合併」以前の市町村単位で算出した．
出所：筆者作成．

れる。町村部の多くでは、当時の二〜七割程度となっており、人口減少の荒波に、原子力関連施設立地をもってしても抗うことのできない現実を示している。

3 「原子力半島」の形成

青森県下北半島（図4‐1）は、原子力関連施設の立地が早くから見込まれたものの、その到来は最も遅れた地域だ。先の表4‐1に示したように、着工のめどがいっこうに立たない上関を除けば、計画の浮上から初号機の着工まで三〇年超を要した原発は、下北半島の東通、大間の二つしかなく、その特異性は明白である。

地元の誘致に端を発する両原発の計画が長らく宙に浮いたなか、六ヶ所村には一九八五年、核燃料サイクル施設の立地が決まり、全国の原発で発生する使用済み核燃料を再処理しプルトニウムとウランを抽出する再処理工場（一九九三年着工、二〇二二年時点で未完成）、ウラン濃縮工場（一九九一年より操業）、低レベル放射性廃棄物埋設センター（一九九二年より操業）、英仏に再処理を委託した高レベル放射性廃棄物の返還ガラス固化体の貯蔵管理センター（一九九五年より操業）、ウランとプルトニウムを混ぜ合わせるMOX燃料加工工場（二〇一〇年着工、建設中）が立地している。またむつ市では、開発計画が頓挫した原子力船「むつ」の使用済み核燃料を八年にわたり保管した経験があるほか、東京電力と日本原子力発電の原発から生じた使用済み核燃料の中間貯蔵施設（二〇一〇年着工、未完成）が立地する。

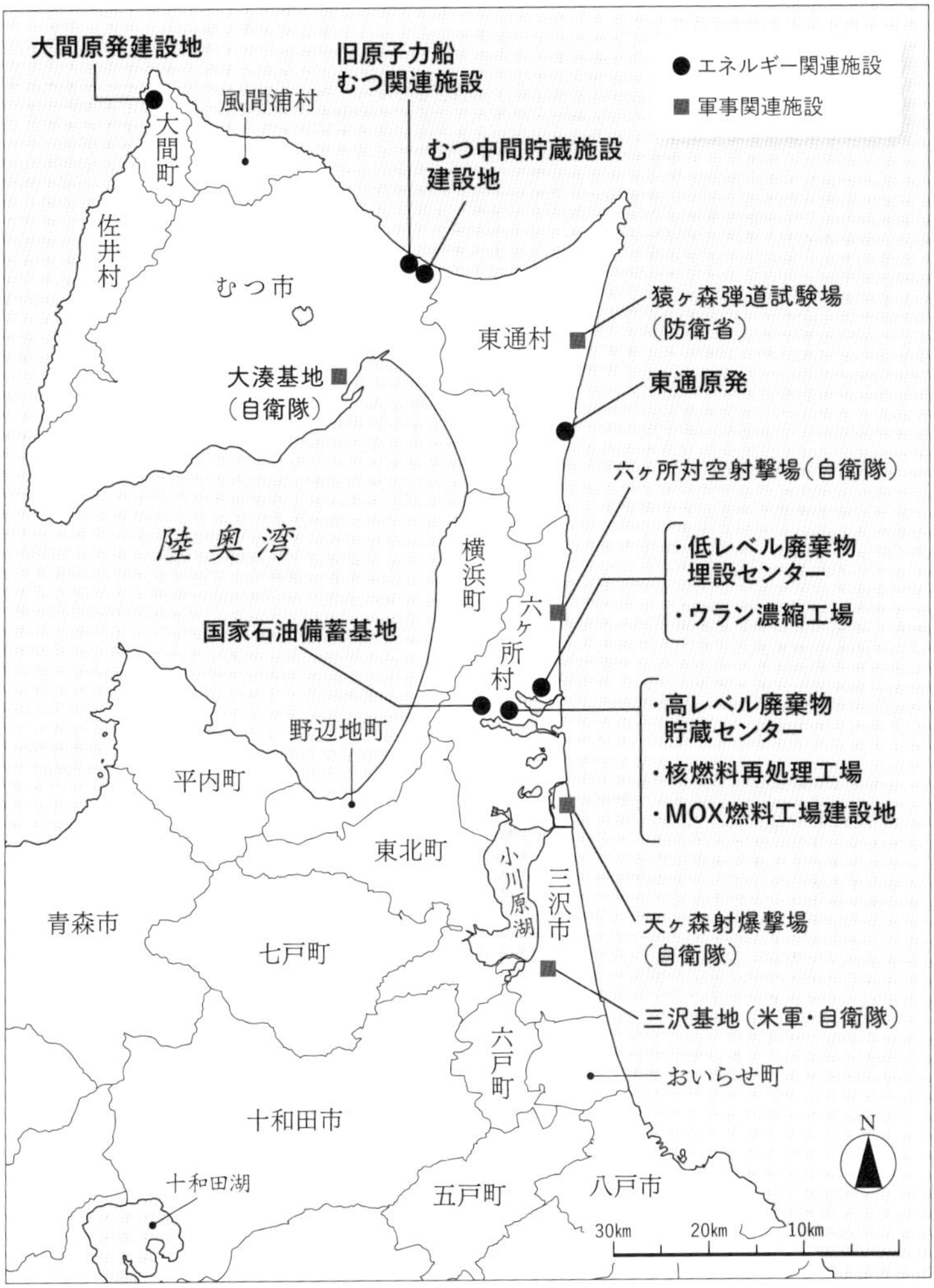

図4-1　下北半島および周辺地図

出所：筆者作成．

原研の立地にはじまり、「日本の原子力開発利用のメッカ」［吉岡 2011: 108］となった茨城県東海村や、「原発銀座」と呼ばれる福井県若狭湾と福島県相双《そうそう》地域などと同様に、後発の下北半島も「原子力半島」と呼ばれるようになった。ところが現在、原発とともに放射性廃棄物に関する諸施設の集中が際立っている［船橋ほか 2012; 船橋ほか編 2013］。

●「政治災害の銀座通り」

下北半島には、漁民と、台地で馬飼《うまかい》と畑作を営む人びとが古くから暮らしていた。江戸後期を生きた菅江真澄《すがえますみ》の遺した紀行文［内田・宮本編 1971］には、現在の六ヶ所村尾駮《おぶち》が平安時代に名を馳せた馬産地として登場し、近年、その検証も多角的に行われている［六ヶ所村「尾駮の牧」歴史研究会編 2018］。半島は日本の近代化の当初から、国策によって翻弄され続けた。古くは戊辰戦争に敗れた会津藩の移封の地として「斗南藩《となみ》」が置かれたことまでさかのぼる［星 2018］。明治期の地租改正と官民有区分によって、下北半島の多くの土地は国有化された［青森県史編さん近現代部会編 2004］。六ヶ所村立郷土館の推計によれば、現在の村の面積の八一・五％が国有地であり、「軒下まで国有地」という状況であった。古くからの集落の多くは、海岸線近くに半農半漁の生活形態で点在していたが、明治末期から漁業の不振をきっかけとして国有地の払い下げを受けて内陸部の開拓・開墾が進んだ。やがて戦中の県営集団耕地の開発や、国の戦後開拓による集団入植が中心となった。戦後開拓では、上北郡の北部とむつ市および下北郡を合わせて一六〇〇戸弱が入植した［青森県農林部農地調整課編 1976］。一九二〇年代には下北半島に大湊《おおみなと》軽便鉄道（現在のJR大湊線）が開通したが、野辺地駅から陸奥《むつ》湾沿いを通ったため、太平洋岸の「辺境」としての性格はさらに強化されることとなった。

一九五一年の国土総合開発法施行を受け、青森県は下北半島を特定地域開発の対象とすべく、国に申請した。東北では只見《ただみ》（福島・新潟）、北上《きたかみ》（岩手・宮城）、最上《もがみ》（山形）、阿仁田沢《あにたざわ》（秋田）が指定を受けたが、青森県は東北地方で唯一、指定を受けることができなかった。その後、一九五四年に下北まであえて広げた北奥羽《きたおうう》（青森・岩手）が調査地域に選定され、一九五七年に他県から六年遅れて特定地域総合開発地区に指定されるに至った。

同じ一九五七年には東北開発三法[6]が成立し、国策会社の東北開発株式会社が発足した。この会社が手がけた事業の一つが下北半島に賦存する砂鉄資源の活用だった。地元むつ市が熱心に誘致したものの、同社の経営問題によってむつ製鉄株式会社の発足は一九六三年四月まで立ち遅れた。このとき、すでに特殊鋼の価格は下落して砂鉄銑《さてつせん》の優位性は失われており、むつ製鉄はわずか二年後の一九六五年四月に閣議で解散が決まった。

静岡で創業したフジ製糖が、上北郡六戸町《ろくのへまち》に青森工場を建設したのは一九六二年のことだ。甜《てん》菜《さい》（ビート）を原料に製糖事業を営むもので、国も一九六四年、甘味資源特別措置法を制定した。これを受け、青森県は「青森県てん菜振興計画」を策定し、「てん菜奨励員」を委嘱して上北郡を中心に作付けを指導、奨励した。ところが一九六三年には粗糖輸入自由化が始まっており、フジ製糖青森工場は操業からわずか五年後の六七年に閉鎖となった。

このように度重なる国策の失敗と空回りする県政に、この頃の「東奥《とうおう》日報」には、青森県をして

「政治災害の銀座通り」と皮肉る地元住民の投書が掲載された［中村 1977; 吉田 2021］。

◆初の原子力──「むつ」の顚末

国策の空振りは、原子力においても同様だった。むつ製鉄撤退の記憶がまだ新しい一九六七年の夏、日本原子力船開発事業団が建造する第一船の定係港（母港）としてむつ市大湊港《おおみなとこう》が候補となった。政府は当初、横浜市内に定係港を建設すべく申し入れたが同意が得られず、むつ市に白羽の矢を立てた。むつ市や青森県は、原子力船の受け入れが「下北開発の引き金となることを期待し、政府も定係港受諾の飴とした」［下川 1988: 14］という駆け引きが始まり、一九六九年には大湊港が港湾法で定める重要港湾に、半島を縦断する「はまなすライン」が国道に昇格するなど一定の成果はあった。

原子力船をめぐって賛否双方の立場から論議が起きた。むつ市議会は全議員による特別委員会を設置、市は有識者による審議会と市民の声を聞く会などを開催して意見を集めた。市議会と市の審議会は相次いで立地地域の先達である東海村を視察した。このほか、事業団による広報活動、商工会や原産会議が主催する原子力に関する講演会が開かれる一方、反対運動は学習会を展開した。県も同様に、東海村視察のほか、有識者による懇談会を設置して意見を聞き、事業団と政府へ質問書を提出し見解を質しつつ、県放射能対策協議会に審議を求め、県議会全員協議会での質疑を実施するなど一連の検討手続きを進めた。これらの手続きは、その後の青森県における原子力関連施設立地の際のフォーマットとなった側面がある。事業団の立地要請から二か月後の一九六七年一一月、むつ市長と県知事は要請受諾を表明した。

原子力船は「むつ」と名付けられ、一九七二年九月に完成したが、漁業者、市民の反対運動の激化もあって出港（出力試験）は二年近くにわたり滞った。一九七四年八月二五日、事業団は出港中止を要請する市民や漁船が取り囲むなか、出港を強行、二六日未明の闇夜に紛れて大湊を離岸した。ところが太平洋上で原子炉の臨界を達成した九月一日、「むつ」の原子炉は放射線漏れを引き起こした。「むつ」は大論争の末、一〇月一五日に帰港するまで文字どおり漂流したのであった。

●むつ小川原開発の構想と帰結

原子力船むつの受け入れによって下北開発の足がかりを得た一九六〇年代末、青森県の次なる課題は半島の付け根に位置する小川原湖《おがわらこ》周辺の開発であった。県は一九六八年に日本工業立地センターに「むつ湾小川原湖大規模工業開発調査」を委託し、他方で東北経済連合会も「東北地方における大規模開発プロジェクト」（一九六八年九月）、「東北開発の基本構想」（一九六九年三月）と相次いで発表した報告書で、陸奥湾・小川原湖地区を新たな大規模工業基地の適地と位置づけた。このときすでに、

> 当地域は原子力発電所の立地因子として重要なファクターである地盤および低人口地帯という条件を満足させる地点を持ち、将来、大規模発電施設、核燃料の濃縮、成型加工、再処理等の一連の原子力産業地帯として十分な敷地の余力がある。［日本工業立地センター 1969］

と、この地が「辺境」としての条件を満たすことと、一五年後に浮上することになる核燃料サイクル施設立地が想定されていることに注目すべきである。

一九六九年五月に閣議決定した新全国総合開発計画(新全総)には、県や東北経済連合会の報告書を受け、陸奥湾・小川原湖周辺に「巨大臨海コンビナートの形成を図る」と記載された。国の〝お墨付き〟を受けた開発構想は壮大なものとなった。一九七〇年四月に県が作成したパンフレット「陸奥湾小川原湖地域の開発」には、年生産額五兆円、用地一・五万ヘクタール、従業員一〇〜一二万人という超巨大工業基地が構想された。この文書には原発の開発も盛り込まれ、一九六五年に原発を誘致していた東通村《ひがしどおりむら》の白糠《しらぬか》・小田野沢《おだのさわ》地区が構想図に「飛び地」のように含まれている。

この青写真に驚いたのは住民だった。ホタテ貝の養殖が軌道に乗り始めていた陸奥湾沿いの漁民は反対し、太平洋と陸奥湾を結ぶ運河や荷役施設の建設を県は撤回せざるをえなくなった。県は一九七一年八月に小川原湖周辺のみを開発区域とした第一次案を発表したが、三沢市と六ヶ所村で二〇〇〇世帯、一万人弱の立ち退きを必要とするものだった。これには両市村の反発が強く、わずか一か月半後に県は用地を七九〇〇ヘクタールに半減、六ヶ所村の三七〇世帯、一八〇〇人余が立ち退く第二次案を公表した。

この開発は国策だと宣伝されているがそこがいちばん嗅いところであり、あぶないところである。むかしから国策と云われたことにろくなことがあったためしはない。米をつくること、むつ製鉄、ビートの奨励、みんなそれであった。農政の長くて暗いトンネルを抜けたらそこに現れたのはこの開発だ。

これは一九七二年六月、むつ小川原開発反対六ヶ所期成同盟による声明文「〝ウソ〟で固めた開発」の一部である。村では引き続き全村的な反対運動が続いたが、第二次案で開発区域とされた集落は鷹架《たかほこ》を除けば明治期から戦後にかけての開拓集落であり、六ヶ所村の由来となった泊・出戸《でと》・尾駮《おぶち》・鷹架・倉内《くらうち》・平沼の六つの旧村から外れた、いわば村内における「辺境」であった。開発の対象をさらなる「辺境」に絞り込んだことによって、古くからの住民は経済的恩恵を期待するようになったこと、また新全総に開発計画が記載された頃から三井不動産を中心とする民間企業による土地買収が水面下で進み、開発が既成事実となっていった。国は一九七二年九月、用地を五〇〇〇ヘクタールにさらに縮小した県の基本計画を「閣議口頭了解」し、同年一二月から、県が設立したむつ小川原開発公社が開発区域の用地買収交渉を開始した。反対運動は次第に切り崩され、村内は二分されることになった。

大きな岐路は一九七三年だった。一二月の村長選挙で、開発推進を掲げた古川伊勢松が、現職で開発反対の立場を堅持した寺下力三郎を七九票の僅差で破り、村は開発推進に大きく舵を切った。ところが村長選の二か月前に起こった第一次オイルショックによって、日本経済は重工業中心の産業構造からの転換を余儀なくされる。中央経済界のむつ小川原開発に対する熱意は急速にしぼんだ。工業用地の確保(買収)は進む一方で、期待された企業立地は皆無に近く、用地分譲のために設立されたむつ小川原開発株式会社の負債は一九八三年末には一四〇〇億円近くに膨らんだ。巨額の負債から脱却するために、開発用地を活用する起爆剤が必要となっていた。

●核燃料サイクル施設の浮上

一九八四年の元日、日本経済新聞が「政府・電力業界、核燃料サイクル基地をむつ小川原に建設の方針」と報じた。電事連会長が青森県知事に「下北半島太平洋側」への核燃料サイクル施設の立地要請を行ったのは同年四月、六ヶ所村長に再処理工場、ウラン濃縮工場、低レベル放射性廃棄物埋設施設の「三点セット」の立地要請を行ったのは七月のことである。

日本の国とは思えないくらいで、よく住みついてこられたと思いますね。いい地点が本土にも残っていたな、との感じを持ちました。人口稠密地区から離れ、港湾施設なんかもできつつあるし……(7)

これは電事連会長・小林庄一郎の言葉である。まさに「辺境」であることを立地地域に求める原子力事業者の姿勢が如実に表れているとともに、むつ小川原開発の頓挫がその条件を確固たるものとしたとも読める。

一九八五年四月、北村正哉・青森県知事と古川・六ヶ所村長は電事連の立地要請の受け入れを表明し、立地基本協定を締結した。翌一九八六年に漁業集落の泊で行われた海域調査には、反対する漁民を制圧するために海上保安庁や機動隊が多数出動し、大きな社会紛争となった。地元漁協は分裂し、地域に深刻な亀裂をもたらした。

全県的な反対運動が、労働組合や農協青年部・婦人部、多くの市民を担い手として展開された。一九八九年七月には参院選で「反核燃」を掲げた農業者の三上隆雄が当選し、反対運動の盛り上がりは頂点に達した。しかし、一九九一年二月の県知事選で北村が四期目の当選を果たしたことが分水嶺となり、事業者の日本原燃によってウラン濃縮工場、低レベル放射性廃棄物埋設センターが相次いで操業を開始し、施設建設・操業が進むにつれて経済効果、財政効果が浸透していった。

❁「原子力半島」から「放射性廃棄物半島」へ

六ヶ所再処理工場（写真4-1）が着工したのは一九九三年のことである。計画当初の建設費は約七六〇〇億円で、原発よりも格段に大きな投資額である。この時期から六ヶ所村の財政は急激に肥大化し、毎年の予算が一〇〇億円を常に超える財政規模となった。

再処理工場着工の前年、電力会社がイギリス、フランスに再処理を委託して生じた高レベル放射性廃棄物の貯蔵管理センターが着工した。これは一九八四年に電事連が「三点セット」とあわせて要請した「その他の施設」の一つで、受け入れの是非をめぐって大きな論争となった。日本では、現在もなお高レベル放射性廃棄物の最終処分（地層処分）地は決まっていないため、なし崩しに最終処分地となってしまうおそれが拭えないからだ。北村知事と後任の木村守男知事は、「知事の了承なくして青森県を最終処分地にしない」という確約書を政府と交わしている。この確約と引

写真4-1　日本原燃六ヶ所再処理工場（2015年10月）
撮影：筆者

き替えに一九九五年から受け入れを始めたが、以後、下北半島には多種多様な放射性廃棄物が集積されることになる。

第一に使用済み核燃料。六ヶ所再処理工場には、再処理を行う使用済み核燃料の貯蔵プールが設けられており、完成前にもかかわらず各地の原発から三〇〇〇トン以上が運び込まれている。二〇二二年現在、国内にはおよそ一万八〇〇〇トンの使用済み核燃料が存在しているが、その二割が六ヶ所村に集中している。さらにむつ市には、使用済み核燃料の中間貯蔵施設が建設中で、最終的な貯蔵量は五〇〇〇トンを見込んでいる。第二に低レベル放射性廃棄物。六ヶ所村の埋設施設は一九九二年から操業しており、国内の原発から出た廃棄物がすでにドラム缶で三二万本近く最終処分されている。第三に海外返還低レベル放射性廃棄物。電力会社がイギリスに委託した再処理の過程で生じた低レベル放射性廃棄物について、英国セラフィールド社との取り決めにより同等の放射能濃度を持つ超ウラン（ＴＲＵ）廃棄物として今後返還を受けることになっている。二〇一〇年、電事連と日本原燃、そして経済産業省が三村申吾知事に貯蔵受け入れ要請を行い、知事は受諾している。第四に廃炉廃棄物。六ヶ所村では、原発の廃炉に伴って生じる放射能レベルの比較的高い低レベル放射性廃棄物を地下七〇メートルに埋設する「中深度処分」の試験をすでに実施し、最終処分の準備が進んでいる。

このように世界に例を見ない、多種多様な放射性廃棄物が集中する実態は、原子力半島というより「放射性廃棄物半島」と呼ぶべきかもしれない。一九六〇〜七〇年代に誘致していながら、核燃料サイクル施設立地が現実のものとなった後、ようやく着工・稼働に漕ぎ着けた二つの原発の先行き不透明な現状も、こうした呼称に説得力を持たせる。

東通村に立地する東通原発は一九九九年三月に東北電力一号機が着工し、二〇〇五年一二月に営業運転を開始しているが、二〇一一年以降は稼働を停止している。東京電力一号機は二〇一一年一月に着工したが、直後の東日本大震災・福島原発事故によって中断し、二〇二二年末時点では建設工事再開の目処は立っていない。下北半島の最北端に位置する大間町《おおままち》は一九七六年に原発誘致に動き、電源開発株式会社が新型転換炉（ATR）実証炉の建設に取り組むこととなっていたが、一九九五年に方針を見直し、改良型沸騰水型発電炉（ABWR）に切り替え、燃料をすべてMOX燃料とする「フルMOX」で二〇〇八年五月に着工した。六ヶ所再処理工場からMOX燃料加工工場を経た燃料が大間に供給される見込みだが、東日本大震災によって工事を中断し、運転開始予定は「未定」のままである。

そして肝心の六ヶ所再処理工場は、一九九三年の着工時には一九九七年に竣工・稼働の予定であったが、実に二六回にわたって完成時期を延期しているのだ。この間に再処理工場の建設費は七六〇〇億円から二・九兆円、再処理事業の総事業費も一四・四兆円に膨らんでいる。

4 「原子力半島」へのまなざし／「原子力半島」からのまなざし

◆原子力政策を左右する下北半島

二〇一二年九月、福島第一原発事故後のエネルギー転換の指針となる「革新的エネルギー・環境戦略」をまとめようとしていた政府に、六ヶ所村議会は「使用済み燃料の再処理路線の堅持を求める意見書」を提出した。意見書は、仮に政府が核燃料サイクル政策から撤退する場合には、貯蔵している海外返還高レベル廃棄物と使用済み核燃料、埋め立てた低レベル廃棄物をすべて村外に搬出するよう求めるものであった。この要求をはね返すことは、政府にはできなかったのだろう。意見書をきっかけに、同戦略における核燃料サイクル政策の内容は、現状維持に大きく傾いたとされる。村議たちは口々に「一介の村が国の政策を動かした」と力強く筆者に語った。(8)

意見書とその後の反応は、いくつもの論点を浮き彫りにした。

まずもって明らかなのは、放射性廃棄物という難問に正面から向き合わず、使用済み核燃料を利用可能な「資源」と言い繕い、事実上の中間貯蔵施設として六ヶ所再処理工場を位置づけてきた原子力政策の根本的矛盾と無責任性である。着工以来、三〇年にわたって二六回も延期を重ね、すでに老朽化が始まっているとされる再処理工場の完成への見通しは、はなはだ危ういことは明らかだが、さりとて使用済み核燃料の行き場については、現在のところ有効な打開策はない。

次いで、「中央」と「辺境」との累積的な関係がもたらす微妙な力関係の変化である。下北半島が

「原子力半島」になった今なお、青森が国策によって翻弄される「政治災害の銀座通り」である向きは本質的に変わっていないだろう。ただし、下北半島に累積した原子力関連施設は、多くがドミノのように連鎖し、寄木細工のように繊細な合意のもとに成り立っている。例えば、むつ市の中間貯蔵施設は、六ヶ所再処理工場が稼働することが当初から操業開始の前提だ。大間原発の工事再開時期が見通せないのも、六ヶ所MOX燃料加工工場の完工時期との見合いが生じているわけだが、MOX燃料のもととなるプルトニウムは六ヶ所再処理工場の稼働がなければ供給安定が図れない。こうして「中央」が〈辺境性〉を梃子に集積させた諸施設は、集積したがゆえに、「辺境」が「中央」に対して持つ固有の対抗力の源泉になった。言い換えれば、「中央」の合理的選択がやがて「中央」自身ではコントロールしがたい状況を再帰的にもたらしたことによって、立地地域からも、そして「中央」からも、つまり社会全体で政策を立ち止まって見直す契機をますます失っているのだ。

◆「原子力半島」を飛び越えようとする動きへ

とはいえ、地域社会に暮らす人びとの生活に分け入ってみれば、六ヶ所村議会が主張する使用済み核燃料再処理の堅持も、さほどの説得力と納得感を持ちえていない。いつまで経っても竣工しない再処理工場について、筆者の聞き取り調査に二〇年近く協力してくれているある村民は、「冷静に考えてみれば、だまされたということかな」と語る。(9) 別の村民は、核燃料サイクル施設が立地したことによって、「出稼ぎの村」がふつうに家族が一緒に暮らせる村になったことの恩恵を語るが、再処理工場については「六ヶ所になければならない施設だと思う」と言う一方、「現状維持（再処理工場が稼働しないまま――引用者注）でいいのになって思う」、「これ以上いろんなものが進まなかったらいいな」と率直な気持ちを述べてくれた。[10] こうした背景には、畑作農業（**写真4-2・4-3**）が盛んで生産性向上に努力を重ねていながら、「六ヶ所産」と冠した農産物販売が難しいという忸怩たる思いも存在するようだ。[11] やはり二〇年来の筆者の調査協力者である別の村民は、「この村は、村内では本音で話すことが難しい村です」と、巨大な経済・財政効果と、国策・原子力に翻弄される暮らしとの狭間に置かれた複雑な村の状況を解説してくれる。[12]

写真4-2 ナガイモ畑と風力発電（2022年6月）
撮影：筆者

だが、複雑に入り組んだ村民の意識からかけ離れて、「原子力半島」を脱原子力の抵抗勢力とみる向きや、一人あたり市町村民所得の高さをもとに「平均年収〇〇〇〇万円の村」などと村民の暮らしぶりを曲解する向きが、むしろ「中央」の側には存在している。核燃料サイクル施設の立地が一九八五年に決定してから四〇年近い年月が経とうとしている現在、かつて村が二分された苦い記憶から、村内には国策と地域社会の双方の責任完遂を求める声もあれば、先の例のように現状維持を求める声もあ

写真4-3　六ヶ所村南部の畑作（2022年6月）
撮影：筆者

るのが実態だ。

これに対して、四〇年前の地域社会の判断を尊重しながら、

> 生まれた頃にはこの事業がスタートしていて、共に育ってきているので、そこに何かを求める気持ちってないんですよね。先人の判断なので尊重するんですけど、われわれの考えのスタートがそこにはもうないのです。[13]

と突き放し、自らつくりたい地域社会を自らつくるべく、地域資源の開発に奔走している集団が生まれている。例えば、若い漁協組合員は、定置網漁業で獲れた魚を自らが買い付け、インターネットの直販サイトを通じて全国に直接販売する「尾駮《おぶち》鮮魚団」を立ち上げるとともに、魚介類を加工した商品開発に取り組んでいる。特産のナガイモを中心とする畑作農家の経営を支援し続けている村職員は、かつてむつ小川原開発に伴う用地買収で、土地を最後まで手放すことに抵抗した農家の孫にあたる。村職員となった彼を農政の推進に駆り立てるのは、祖父母が守りたかった農業への思いがあるという。地元産の木材で制作したおもちゃを新生児にプレゼントする木育事業を村が開始したことをきっかけに、村立郷土館は村に残る林業遺産の探索に取り組み、かつて国有林で操業していた森林鉄道の遺構を見学するツアーを展開している。

これらの取り組みを支えているのが、原子力立地によってもたらされた財政力であることは事実だ。しかし、これを「原子力／核燃マネー」の効果と一刀両断に片付けることは適切ではない。

写真4-4　泊漁港（2020年11月）．
核燃で生じた地区内対立を修復しようと描かれた絵が残る
撮影：筆者

写真4-5　超高圧送電線と風力発電（2015年10月）
撮影：筆者

かつて「出稼ぎの村」から脱却するために地域開発を希求し、その結果として原子力を受け入れたのは、家族が一緒に暮らせる「ふつうの村」になりたかったからだとすれば、足元の地域資源に目を向けて、ふるさとのありのままの豊かさを感じることのできる暮らしを目指そうとする動きもまた、「ふつうの村」であることを求めるがゆえと理解できるのではないだろうか。この点で、「原子力半島」と形容される原子力立地地域というカテゴリーは、その地域社会が誰かの「ふるさと」であるという視点を取りこぼしてしまいがちであることに、常に注意が必要だ。

写真4-6　むつ小川原港周辺でサーフィンを楽しむ若者たち（2009年9月）
撮影：筆者

こうした動きは、実は下北半島に限らない。「原発銀座」の中心的な存在であり、全国原子力発電所所在市町村協議会の会長を設立以来一貫して務める福井県敦賀市では、二〇二二年度当初予算案において、原発をはじめとする電力事業に由来する歳入を、ふるさと納税の寄付額が初めて上回ったという。[14] こうした「辺境」の主体的な変化に対応できていないのは、むしろ「中央」の側なのである。

註

（1）ＮＨＫ「彼らは再び村を追われた　知られざる満蒙開拓団の戦後史」、『ＥＴＶ特集』二〇一九年三月二三日。
（2）経済産業省が二〇一五年にまとめた試算では、原発の一基あたりの建設費は四四〇〇億円と想定されているが、実際にはこれを大幅に上回るコストがかかるとみられ、「実態とかけ離れた数字」（「朝日新聞Globe」二〇一九年八月七日）との批判もある。
（3）電源開発促進税法、特別会計に関する法律、発電用施設周辺地域整備法の三つの法律。
（4）国会会議録検索システム「第七二回国会 衆議院 商工委員会 第三五号 昭和四九年五月一五日」。(https://kokkai.ndl.go.jp/simple/detail?minId=107204461X03519740515)［最終アクセス日：二〇二二年一二月二〇日］
（5）「東奥日報」二〇二二年五月三日。
（6）東北開発促進法、東北開発株式会社法、ならびに北海道東北開発公庫法（北海道開発公庫の北海道東北開発公庫への改組に伴い、北海道開発公庫法を改題）。
（7）「朝日新聞」青森県版、一九八四年九月三日。
（8）二〇一三年八月、六ヶ所村議二名への聞き取り調査。
（9）二〇〇六年九月、六ヶ所村民Ａさんへの聞き取り調査。
（10）二〇二〇年九月、六ヶ所村民Ｂさんへの聞き取り調査。
（11）二〇二〇年九月、六ヶ所村民Ｃさんへの聞き取り調査。
（12）二〇一九年三月、六ヶ所村民Ｄさんへの聞き取り調査。
（13）二〇二〇年九月、六ヶ所村民Ｅさんへの聞き取り調査。
（14）「朝日新聞」福井県版、二〇二二年二月一九日。

付記

本章は、ＪＳＰＳ科学研究費（22K01832）の助成を受けた成果の一部である。

第5章

原子力施設の立地点における生活の場の再創造

茨城県東海村の事例から

山室敦嗣

1 住民間の分裂とその抑制

原子力施設の立地点で暮らす人びとは、生活の命運を左右する問題群に直面している。それらの問題は、稼働中の原子力施設の安全対策、原発の再稼働問題、放射性廃棄物の管理と処分の仕方、廃炉に伴う地域経済のあり方、原子力災害に見舞われた地域であればその復興などのように多岐にわたり、しかも連動している。立地点での生活を保全するには、それぞれの問題に対して、一定の地域性と共同の関心に基づく住民の結合体としてのコミュニティが、その発言力と影響力を行使することが欠かせない。つまり、コミュニティが問題群へ対処する主体の一つとして機能することが、立地点での生活保全の可能性を高める。

ところが現実には、コミュニティが当該問題をめぐって発言力と影響力を行使しようにも、コミュニティとしての意思を形成することがままならない。というのも、当該問題への対処にあたって住民間に分裂が生じ、それが強固になる傾向があるからだ。ここでいう住民間の分裂とは、賛否といった相いれない意見を住民相互が主張し合うという意見対立のみを指すのではない。その次元に加えて、自分の意思を表明することによる不利益を恐れて本心と違う言動をしたり、相手に応じて沈黙したりといった、明言を避ける人びとが出てくるという次元も含んでいる。すなわち本章でいう住民間の分裂とは、当該問題への対処にあたってコミュニティの人びとの言動が、率直に意思表明をする／あからさまな意思表明を避ける、というかたちに割れることをいう。

こうした分裂には、後述の研究が指摘してきたように、日本の原子力政策とそれに伴う諸制度がかかわっている。そのために、住民間の分裂はエスカレートして強固になる傾向がある。住民の意見対立は激化しやすく、そうなると各々は自らの立場に固執するので、意思表明を避ける人びとにとっては自らの事情と心情が汲み取られにくい状況が強まり、ますます表明を避けがちだ。こうして分裂が強固になるほど、当該問題をめぐる「地元の意思」が原子力事業者などの他主体によって都合よく解釈され、立地点の人びとにとって不本意な施策と対応が進行する。

しかしながら住民としては、他主体が都合よく解釈した「地元の意思」に沿って、不本意な施策と対応が一方的に進むことを座視するばかりではないだろう。顕在化している意見対立の陰で潜在化した、意思表明を避ける人びとの事情と心情をも汲み取って、コミュニティとしての意思を形成しようとする活動も生まれるのではないか。そのような活動は、意見対立によって形づくられた秩序を相対化し、住民間の分裂を抑制する転機になり、コミュニティが問題に対処する主体として機能していくことにつながる可能性を持っていると思われる。

本章では、住民間の分裂の動態に注目し、分裂抑制の転機になる住民活動の性格と、それが支持される理由について考察したい。こうした研究は、立地点における生活保全の活路をどこに見いだし、それをどう切りひらけるかという議論の地平を広げることに資するはずだ。

前述の関心のもと、環境社会学における原子力問題研究の中で、住民間の分裂をめぐって蓄積されてきた知見を検討すると、大きく二つに整理できる。第一に、日本の原子力政策の特徴とその政策の転換条件をめぐる研究の中で、住民間の分裂の生成強化にかかわる諸要因が指摘されてきた。原子力政策への住民参加機会の閉鎖性が、原子力反対派と賛成派との意見対立の激化にかかわる制度的要因として挙げられている［長谷川 2003: 224］。また、原発などの建設工事や電源三法交付金をはじめとする利益誘導、それに伴う地域有力者の地縁・血縁を通じた社会統制が、住民の意思とその表明を方向づけることも指摘されてきた［長谷川 2011: 51］。第二に、原子力災害による被害研究が、被害の表明を避ける人びとに着目し、差別への恐れや国の復興政策が被害を訴えにくい状況をもたらして被害が潜在化することを指摘している［藤川 2015］。これまでの環境社会学では、原子力問題をめぐる住民間の分裂について、その生成強化にかかわる諸要因と、意思表明を避けることによって潜在する被害についての知見が蓄積されてきたのである。しかしながら、住民間の分裂が強固にならずにコミュニティが当該問題をめぐって影響力を行使した過程を対象化し、その過程において分裂が抑制される転機になった住民活動についての研究はないように思われる。

　そこで本章では、次の事例を用いて、分裂抑制の転機になる住民活動の性格と、そうした活動が支持される理由を明らかにしたい。その事例は、臨界事故を起こして地域に甚大な被害をもたらした、茨城県東海村の核燃料加工会社、株式会社ジェー・シー・オー（以下、ＪＣＯ）による低レベル放射性廃棄物の焼却設備の設置計画と実際の焼却業務である。注目したいのは、焼却設備の設置計画をめぐって住民間に分裂が生じている状況下で出現した「住民有志」の活動だ。焼却の検証作業を住民参加で行う要求をＪＣＯに突きつけるなどの住民有志の活動を通じて、ＪＣＯに対する住民の意思表明の回路として「空間線量調査会」が創設されるとともに、ＪＣＯの周囲の自治会と住民有志が結合した形態のコミュニティが形成された。

　本章ではこの事例分析を踏まえて、立地点での生活保全をめぐる議論にとって本研究がどのような意義を持つのかに言及したい。

2　焼却計画をめぐる住民間の分裂と住民有志の活動

◆焼却計画をめぐる住民間の分裂

　東海村は茨城県の県庁所在地の水戸市から北東へ約一五キロメートルに位置し、約三万八〇〇〇人が暮らす。一九五六年に日本原子力研究所の設置が決まり、日本で最初の原子力開発が始まった東海村には、原発をはじめ一〇を超える原子力施設が立地している。

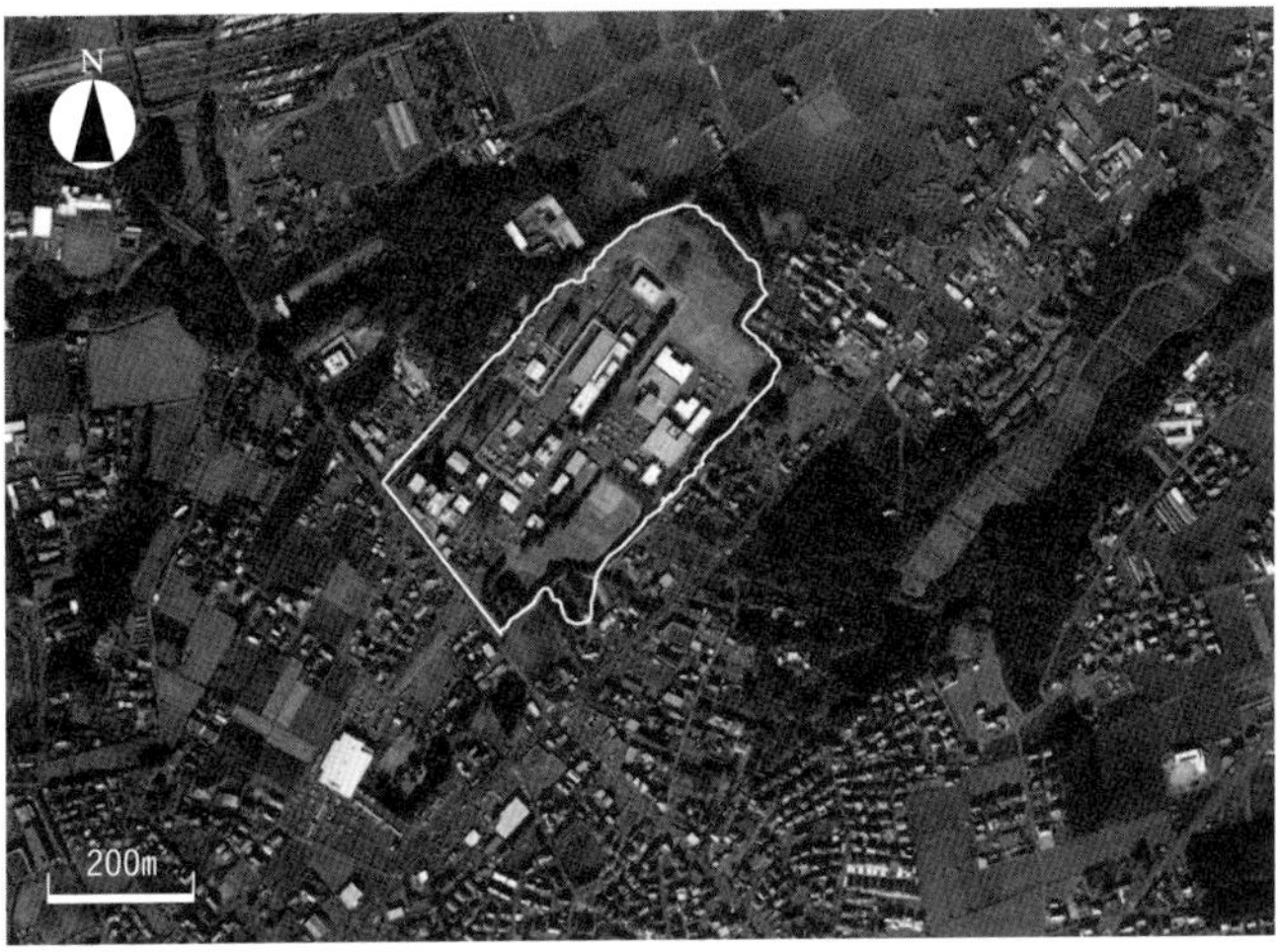

写真5-1　JCOの敷地（白線内）とその周辺地域
出所：国土地理院「地図・空中写真閲覧サービス」

その一つのＪＣＯ（写真5−1）は、一九九九年に臨界事故を起こした。その事故は、国から許可された核燃料加工の手順を逸脱したずさんな作業によって起こり、核分裂の連鎖反応が無防備な設備のもとで約二〇時間続いた。ＪＣＯの従業員二名が亡くなり、近隣住民など六六六名が被曝線量評価の対象となった。事故現場から半径約三五〇メートル内の住民避難と、半径一〇キロメートル内の約三一万人の屋内退避が行われ、日本で初めて住民が避難した原子力災害となった。ＪＣＯは二〇〇三年に核燃料加工事業を断念し、放射性廃棄物の保管管理を主な業務としている。

二〇一二年二月、ＪＣＯは敷地内に保管している二〇〇リットルドラム缶約八九〇〇本の低レベル放射性廃棄物のうち、約七〇〇〇本（油類と可燃性のウラン廃棄物）を焼却する設備を敷地内に設置する計画（以下、焼却計画）を東海村に報告した。そして文部科学省への許可申請の準備を進め、同年六月に住民へ公表した。しかし、その公表の仕方が住民に意思表明の機会の不均等をもたらした。JCOは新たな計画にもかかわらず、臨界事故のときの「避難要請区域」(事故現場から半径約三五〇メートル内)の人びとを対象に毎年行っている説明会で公表したため、直接JCOに意思表明できる人びとが限定されたのである。つまり、「JCOから半径三五〇メートル内/外」という臨界事故を契機とする既存の一分法がなし崩し的に用いられたことによって、説明対象者が約一四〇世帯とかなり限られてしまったのだ。説明会に参加した約一〇名は、放射性廃棄物を焼却することへの不安を訴え、手続きを進めたうえで公表したことを批判し、反対を唱えた。他方、人づてに焼却計画を知った「JCOから半径三五〇メートル外」の住民は、意思表明の機会を設けないJCOへの不信と建設反対を口にしたという。だが、JCOは焼却計画を撤回することなく文部科学省に許可を申請した。

同年八月、JCOは焼却計画をめぐる臨時の説明会を、これまでどおり「JCOから半径三五〇メートル内」の住民を対象に行った。参加者は、文部科学省へ許可申請した後の「事後報告」と批判し、焼却計画の撤回を求めた。説明会の対象外となった住民や村内の脱原発団体は住民感情を無視していると訴えたが、数週間後に文部科学省から核燃料物質の使用変更の許可が下りた。この状況に対して、共産党系の村会議員などがJCOに計画中止を申し入れ、脱原発団体も説明会の開催などを要求した。

一方、住民の中には焼却設備の建設が現実味を帯びたことを憂慮し、稼働後の安全対策を口にする人びとも出てきた。とはいえ、安全対策を求める意見をあからさまに表明することを避けた。

なぜなら、説明対象者を一方的に限定し、事後報告を重ねるＪＣＯの企業体質を考えると、安全対策を求める意見をあからさまに表明することがＪＣＯによって〝計画容認〟と都合よく解釈される懸念があったからである。さらに、今もＪＣＯに憤りを抱く臨界事故の被害者たちから、計画を容認したと解釈されかねない言動を避けたかったことも、その理由の一つだった。

こうして建設の手続きが進むにつれて、ＪＣＯの周囲の住民間には、建設反対を表明する人びとと、稼働後の安全対策などの議論を望みながらもその表明を避ける人びととの分裂が生まれていったのである。

❁住民有志の出現

焼却設備の建設が現実味を増したにもかかわらず、住民間に分裂が生じている状況下で、住民の中から新たな動きが起こった。二〇一二年九月、ＪＣＯから三〇〇メートルのところに住むＡさん（当時六〇歳）を責任者とする住民が、「周辺住民有志」と名乗って、ＪＣＯに要請書を手渡した。Ａさんたちが「周辺住民」というカテゴリーを用いた理由は、「ＪＣＯから半径三五〇メートルの内／外」という既存の区分をＪＣＯが一方的に用いて焼却計画の説明対象者を限定したことに抗って、内と外は地続きであり、「地べたに線は引かれていない」と常々考えていたからである。この考え方は、臨界事故の際に現場から約八〇〇メートル離れた小学校への通報が遅れて児童への対応が後手にまわった経験に裏打ちされていた。そのため、要請書の作成にあたって、ＪＣＯから半径三五〇メートル内の住民のみならず、それより広い範囲の各戸も訪問して率直な声を聞き、それらを取りまとめたのだ。

要請書には、JCOの企業体質の改善と、住民の理解を得たうえで焼却設備が建設された際の安全対策が列挙され、それらが実行されない場合は、「周辺三五〇メートル内の住民有志として、最後まで反対」という立場が明記されていた。Aさんたちは「周辺住民有志」と名乗る一方、要請の文言には「三五〇メートル内の住民有志」というカテゴリーを、あえて使った。その理由は、焼却計画の説明をJCOから直接受けた住民の要請でもあることを正式に文書で表明しなければ、JCOが都合よく「三五〇メートル内の住民は焼却計画を容認している」と解釈することを危惧したからである。

同年一〇月から一一月にかけてJCOは、東海村からの要請を受けて、自社に隣接する四つの自治会を主な対象にした説明会を三回開催した。これによって、焼却計画をめぐる説明対象の範囲がこれまでよりも広がるとともに、JCOに隣接する自治会が折衝の当事者になるなど、焼却問題に対処する主体となる気運が生まれてきた。説明会では、臨界事故で発生した放射性廃棄物が敷地内に保管されているなどの事実が参加者の質問によって発覚した。そのため、焼却計画に反対する人びとや脱原発団体はJCOへの不信を増幅させて反対の主張を強めたが、JCOは焼却業務の必要性と安全性を説明するという相互作用がくりかえされた。説明会に参加した「周辺住民有志」は、JCOの隠蔽体質を痛感し、計画反対を表明するだけでは建設が強行された場合に生じる問題に対応できないという不安を強くしたという。

約一週間後、「周辺住民有志」は、その名称を「安心安全を求める住民有志」に変更し、その立場も「反対」から「凍結、断念等を求めるものではなく」に変え、ＪＣＯに対して六項目の要求――焼却などの検証作業を住民参加で実施等――を出した。なぜこのような名称と立場に変えたのか。Ａさんは、ＪＣＯの企業体質や今後もＪＣＯが立地し続けることを念頭にこう話す。

文科省が許可してるんだから、反対だと言って決裂して建設を強行された場合に法的に止められない。すると、自分らが安心するためには何らかのかたちで自分らが安全操業の確認をとんなくちゃなんない。住民がキツイ目線をおくるということは、中で作業に従事している社員の最大の保安対策だと俺はいつも言っている。ＪＣＯと敵対関係になる必要はないんだ(1)。

住民有志は、違法操業の臨界事故による従業員の死亡と住民への甚大な被害という経験に立ち戻り、「住民／ＪＣＯ従業員」「反対／推進」という二分法を見直し、「住民と従業員の安心安全」という新しいカテゴリーを案出した。それに基づく切実な要求の一つが、住民参加の検証作業で、その実施が住民の安心できる領域を増やし、焼却設備の安全操業と従業員の安全にもつながると考えたのだ。しかしＪＣＯは、住民有志の要求に正式に回答する前に、市民団体との話し合いの席上で、「住民の安心が担保できる第三者機関を設置することなどを考えたうえで、着工について考えたい」との見解を示した。

◆住民有志と自治会の結合

二〇一三年二月、東海村の原子力担当課が主催する「住民原子力懇談会」が、ＪＣＯに隣接する自治会の一つである舟石川《ふないしかわ》一区の役員とＪＣＯの参加で開催され、この自治会に属するＡさんも出席した。懇談会では、東海村の担当課が焼却計画をめぐって「地元の理解が進んでいないと感じて」いること、そして「第三者機関によるデータ公表など」の検討をＪＣＯに求めていることなどが明らかになった。行政とＪＣＯは、焼却計画をめぐってＪＣＯに隣接する自治会を説明対象とする動きをいっそう強めていった。

では、自治会が焼却計画に対処する主体としての存在感を増すにつれて、住民有志は存在感を減じることになったのか。そうではなかった。舟石川一区自治会は、自治会役員を務めるＡさんに対して、住民有志がこれまでＪＣＯと行ってきた折衝について自治会役員に説明するよう依頼した。Ａさんは焼却計画のことのみならず、臨界事故処理をめぐるやりとり、さらに事故以前にＪＣＯが何度も起こした不祥事と対応の不十分さ、それに対して住民側もＪＣＯに関心を持って働きかけてきたとは言いがたいことなどを何度も説明した。その結果、Ａさんが舟石川一区自治会の窓口としてＪＣＯと交渉することが決まった。Ａさんは、住民有志の責任者かつ舟石川一区自治会の交渉役として、ＪＣＯとの折衝にあたることになったのである。

同年七月、舟石川一区自治会の役員会においてＪＣＯは、住民有志が八か月前に要求した六項目について正式に回答した。住民有志が最も強く要求していた項目――焼却などの検証作業を住民参加で実施――に対する回答は、「第三者会議」の設置と、そのメンバーは専門家と自治会役員というものだった。しかし、その回答は承認できるものではなかったとAさんは言う。住民参加の検証作業ではなく専門家との「会議」になっていたことと、住民の誰もが参加できるものではなかったからである。

そこでAさんは、東海村の担当課を交えてJCOと折衝を重ねた。その結果、JCO敷地内において空間放射線量率を住民参加で定期的に計測するという「空間線量調査会」(以下、線量調査会)の設置が決まった。また、JCOが住民有志の要求への代案として、かねてから示していた第三者会議も設けられることとなった。そして、線量調査会と第三者会議の実施方法などを記載した文書がJCOによって作成され、舟石川一区自治会と住民有志、東海村の担当課に配布された。

同年一〇月にJCOは、東海村とその西隣の那珂《なか》市を対象にした説明会を開き、線量調査会と第三者会議の設置について明言し、翌年一月に焼却設備の工事にとりかかった。その試運転を経て、二〇一五年三月から焼却設備は稼働したが、線量調査会は試運転の直後から始まったのである。

3 JCOに対する意思表示装置を備えたコミュニティ

◆線量調査会とコミュニティの形成

住民主導で創設された線量調査会とはどのようなものか。メンバー構成は、JCOと東海村の担当課、JCOの周囲にある四つの自治会(舟石川一区、外宿《とじゅく》一区、内宿《うちじゅく》一区、那珂市本米崎《もとこめざき》)(図5-1)か

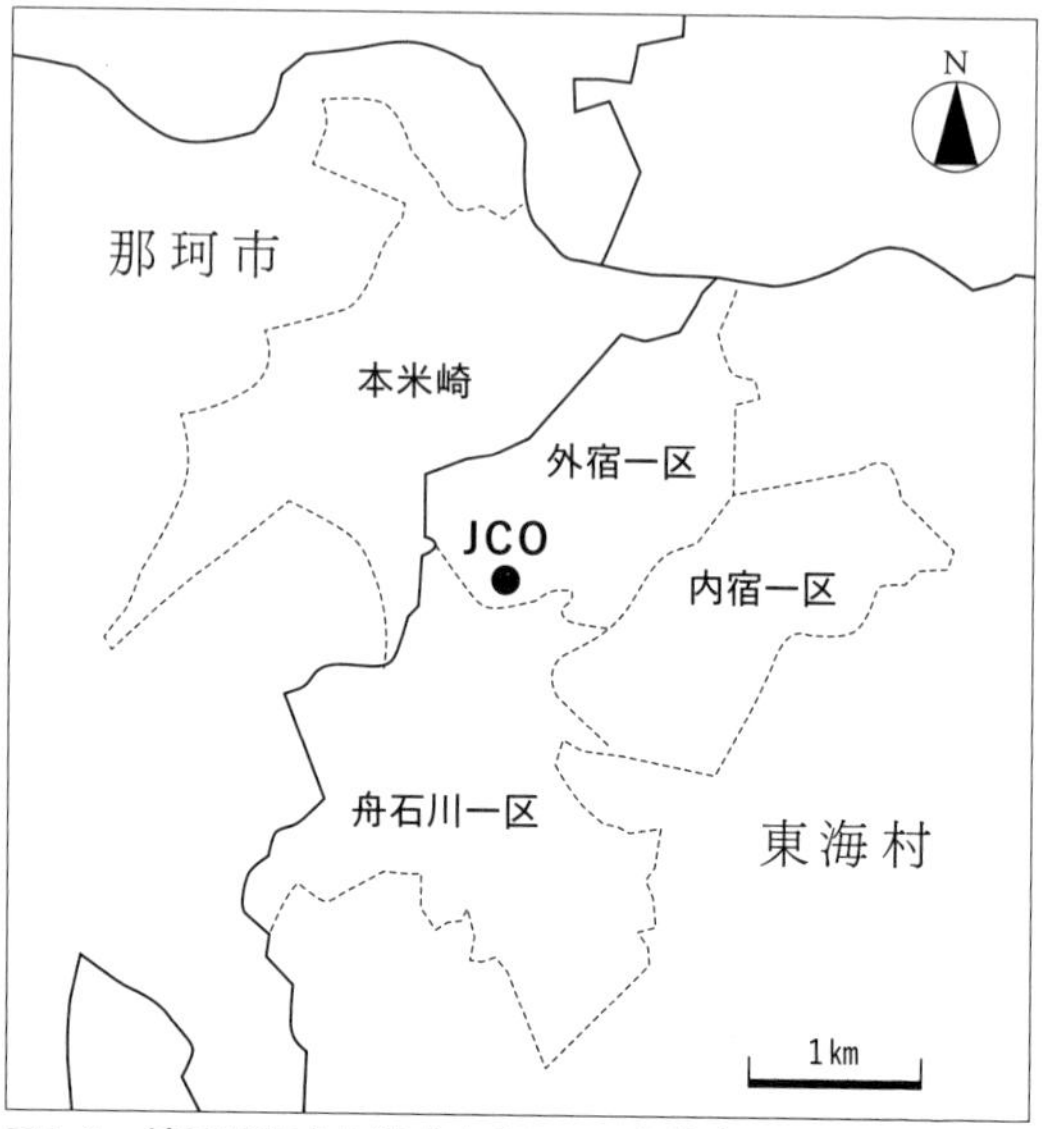

図5-1　線量調査会を構成する四つの自治会の位置関係

出所：国土地理院地図をもとに筆者作成.

らは各二名以内の合計八名で、そのうちの一名は住民有志の枠と決まった。注目したいのは、このメンバー以外に、居住地にかかわりなく所定の入構手続きをすれば線量測定に参加できる枠（最大八名）が設けられたことだ。四つの自治会の範囲に住んでいなくても、ＪＣＯや原子力に関心を持つ人びとも参加できる。つまり線量調査会は、地元住民はもちろん、それ以外の人びとも線量測定という共同作業をしながら、その場で直接ＪＣＯに意見や思いを表明できるという開かれた性格の意思表示装置である。この点が、ＪＣＯ主導で設置された第三者会議——四つの自治会から住民代表が出席して専門家と議論——とは大きく異なっているところだ。

線量測定は、参加者が敷地内の四か所の定点を順次まわり、各定点に設置された台に、東海村とＪＣＯの各々が用意したサーベイメータを置いて計測し、その値を用紙に記入する。実施回数は年四回で、その結果はＪＣＯのウェブサイトで公表されることも決まった。

ＪＣＯの周囲に暮らす住民にとって、線量調査会という開かれた性格の意思表示装置ができたことは、これまではＪＣＯに意見を述べる機会が年一回の説明会しかなく、しかもそこに参加できるのは「ＪＣＯから半径三五〇メートル内」の人びとに限られていた状況が大きく改善されたといえる。

もう一つ重要なのは、線量調査会の住民側の組織として、その設立を主導した住民有志と舟石川一区自治会に加え、ＪＣＯに隣接する他の自治会の参加も決まった点である。このことは、ＪＣＯを取り囲む四つの自治会と住民有志が結合した形態のコミュニティが形成されたことを意味している。つまり、ＪＣＯの諸問題に対処するコミュニティが新たに形成されたのだ。それまでは、「ＪＣＯから半径三五〇メートル内／外」という区分がなし崩し的に用いられてきたために、ＪＣＯの周囲に暮らす住民はＪＣＯへの対処基盤の必要性を感じつつも、自分たちを組織化できずにいた。ところが、四つの自治会と住民有志が結合したコミュニティの形成によって、焼却問題のみならず今後も生じる諸問題に応じ、意思表示装置を新たに創出するなどしてＪＣＯに対処できる基盤が生まれたのである。

これまで述べてきたことをまとめると、ＪＣＯの周辺地域が、意思表示装置を備えたコミュニティの形成によって、従来と比べて人びとが連帯してＪＣＯに対処できる場へと再創造されたといえる。では、この過程で大きな役割を果たした住民有志の言動にはどのような思考法が見いだせるのか。

◆住民有志のスペクトラム思考

住民有志の言動をふりかえると、焼却計画への意思表明をめぐって住民の思考を方向づけていた既存の二分法、すなわち「JCOから半径三五〇メートル内／外」および「住民／JCO従業員」「計画反対／推進」による対処の不全さを感受し、こうした二分法を見直したうえで、新たなカテゴリーを二つ案出していたことがわかる。一つは「周辺住民」で、もう一つは「住民とJCO従業員の安心安全」である。ここで大切なのは、既存の二分法による対処の不全さを感受した住民有志が新たなカテゴリーを模索する際に、既存の二分法で把握している対象を、一つの緩やかな連続体(spectrum)としてとらえ直すという〝スペクトラム思考〟を実践したことである［山室 2018］。その経過は、まず「JCOから半径三五〇メートル内／外」に対し、「地べたに線は引かれていない」というスペクトラム思考の実践によって「周辺住民」というカテゴリーが生み出されていた。そのうえで、次に「住民／JCO従業員」と「計画反対／推進」に対しても、「JCOと敵対関係になる必要はない」とするスペクトラム思考を介して「住民とJCO従業員の安心安全」というカテゴリーが案出された。すなわち住民有志の言動には、スペクトラム思考が見いだせるのである。

この思考を実践する住民有志が、自治会や行政やJCOに粘り強く働きかけることを通じて、「住民とJCO従業員の安心安全」というカテゴリーに基づく意味世界が人びとの間で次第に共有されていった。舟石川一区自治会の人びとが住民有志の責任者AさんをJCOとの折衝窓口に決めたこと、その後に住民有志と四つの自治会が結合したことに、それがよく示されている。

この意味世界は、焼却計画をめぐって既存の二分法に基づき構築されていた意味世界とは区別された別の領域で、既存の二分法での対処に多かれ少なかれ不全さを感じてきた人びとの感受性が母体となっている。かつて臨界事故で被害を受け、今また焼却計画への対処を迫られ、今後も引き続きＪＣＯの諸問題に直面せざるをえない地元の人びとにとって、自らの「いまだ現実化せず、語りえない感受性」[足立 2018: 17]が、住民有志の案出した「住民とＪＣＯ従業員の安心安全」というカテゴリーに基づく意味世界となって立ち上がったのだ。こうして、既存の二分法に基づく意味世界とは区別された別の意味世界の領域が構築されることによって、住民間の分裂が抑制されていったといえる。

◆コミュニティの影響力行使

ＪＣＯの周囲に形成されたコミュニティのメンバーは、「住民とＪＣＯ従業員の安心安全」という意味世界のもと、年四回ＪＣＯ敷地内に立ち入って行う線量調査会に欠かさず参加するのみならず、ＪＣＯ主導で設置された年二回の第三者会議でも焼却作業の安全性などについて積極的に質問したり改善の意見を述べたりした。コミュニティ側がＪＣＯに対してこうした働きかけを継続してきたことによって、第三者会議でのコミュニティ側の発言がＪＣＯの意思決定に一定の影響力を行使することとなった。

それは、焼却作業が始まって五年ほど経ち、予定量の焼却がほぼ終わりに近づいた頃の二〇一九年一一月に開催された第三者会議(第一二回)で、コミュニティ側がＪＣＯの事業方針についてＪＣＯから念書をとったという出来事である。その念書には、放射性廃棄物として解体された臨界事故現場の設備を収めたドラム缶の保管と、残されている事故現場の建屋にかかわるJCOの方針として、「当該ドラム缶には内容物の表示を実施し、安全の確保に万全を期しつつ確実に管理」、「今後建屋を解体する場合は、事前に地元自治会ならびに地元行政に説明を行います」など、「住民とJCO従業員の安全安心」にかかわる七項目が示され、JCOの社印が押されている。(2) コミュニティ側は、焼却作業をめぐって専門的な議論を交わす場である第三者会議を、JCOの事業方針を話し合う場に転換させて、その方針の決定に一定の影響力を行使したのである。

この経緯は次のとおりだ。第一〇回の会議で、コミュニティ側の代表の一人のAさんが、「臨界事故時の物品の保管状況等についても、過去の経緯を踏まえて今後どうしていくのか考えてほしい」と要望したことに対して、JCOが「それは本会の趣旨とは違っている」と答えたことがその発端となった。第一一回の会議で、再びAさんが「今後の方針は遅くとも次回までに回答がほしい」、「決定した方針を住民へ文書で提示してほしい」と求めたことを受けて、第一二回の会議でJCOが示した方針についての協議がなされた。その席でAさんは、合意をみた方針がウェブサイト上で公開される際に社印の押印を提案した。JCOはそれに難色を示したものの、コミュニティ側の他の代表者もAさんの提案を後押しする発言を述べたため、念書への押印が決まった。

一連のやりとりからは、JCO主導で設けられた第三者会議を、コミュニティ側が「住民とJCO従業員の安心安全」という意味世界のもとに包摂することを通じて、JCOが認めざるをえない存在として自らをJCOの意思決定過程に組み込んでいったことがわかる。JCOの周囲に形成されたコミュニティは、JCOにかかわる問題に対処する主体として有効に機能したのである。

4 スペクトラム思考による日常的実践

述べてきたように、ＪＣＯの周囲に形成されたコミュニティとそれが有する意味世界は、住民有志のスペクトラム思考による活動が契機となって構築された。しかし改めて考えてみると、そうした思考による住民活動は、ＪＣＯの周囲に暮らす人びとから「ＪＣＯにすり寄っている」「詭弁だ」などと非難され、排除される可能性も少なくなかったはずである。なぜなら、臨界事故を経験した地元の人びとにとって、焼却計画はその事故の記憶を想起させ、「住民／ＪＣＯ従業員」「計画反対／推進」という二分法思考になることが避けがたく、スペクトラム思考は受け入れがたいはずだからである。にもかかわらず、ＪＣＯの周囲に暮らす人びとから支持された。それはなぜか。Ａさんが、臨界事故後から夫婦で一五年以上続けてきた日常的実践に注目して考えたい。

Ａ夫婦はＪＣＯから三〇〇メートルの場所で食品加工業を営んでいたが、臨界事故によって、家業を息子に継がせることをあきらめざるをえなくなった。全国の取引先から一方的に取引を断られるなど、原子力施設の立地点で食品加工業を経営する困難さを実感したからだ。ところが、息子から思いがけず「東海村に住み続けたい」と言われ、その言葉を「危険な村だから」と一蹴できなかったという。また、臨界事故に遭うまではＪＣＯに関心を持ってこなかったという自省意識もあった。さらに、臨界事故の説明会では、その場が原子力への賛否を議論する場になってしまい、事故原因や今後のＪＣＯと地域のあり方をめぐって発言していた住民が口を開かなくなり、次第に顔を見せなくなった現実を目の当たりにした。

A夫婦はこうした経験を契機に、次世代にどのような地域を手渡すべきなのかについて、住民と日常のなかで一緒に模索しようと決めた。そこで臨界事故から約一年後、「いのちの環」と名付けた日常的実践を始めた。夫婦で花の苗を育て、それを近隣の学校や住民に無償で配り、その世話をするのである。園芸が趣味のA夫婦は、臨界事故以前から花の苗配りを匿名で行っていたが、氏名を明記した趣旨書(写真5-2)を苗とともに配布するかたちに変えた。活動範囲は、家業の合間に無理なく頻繁に往来できる「JCOの周辺およそ二キロメートル」とした。その範囲には線量調査会に参加する四つの自治会も含まれている。活動費は自前である。理由は、自分たちが陥っている原子力への経済的精神的な依存から少しでも脱したいという意思を明示したいからだ。住民とのコミュニケーションでは、今後の地域のあり方を幅広く思い描くために、原子力への賛否という立場にとらわれないことを心がけたという。この二分法のもとでは意思表明を避ける住民がいるからである。

「いのちの環」という日常的実践は、「加害者/被害者」「JCOから半径三五〇メートル内/外」「原子力推進/反対」という対立の陰で潜在化した、意思表明を避ける人びとの心情と事情を汲み取り、既存の二分法で想像しがちな地域像をとらえ直そうというスペクトラム思考のもとで続けられた。A夫婦は、日常的実践を通じて知り合った地元のボランティア団体と道路清掃なども始めた。舟石川一区内のパチンコ店の駐車場問題の改善などにも積極的に取り組み、自治会役員も引き受けた。JCOの周囲に暮らす住民は、A夫婦を「地元のために汗をかく人」と評し、A夫婦

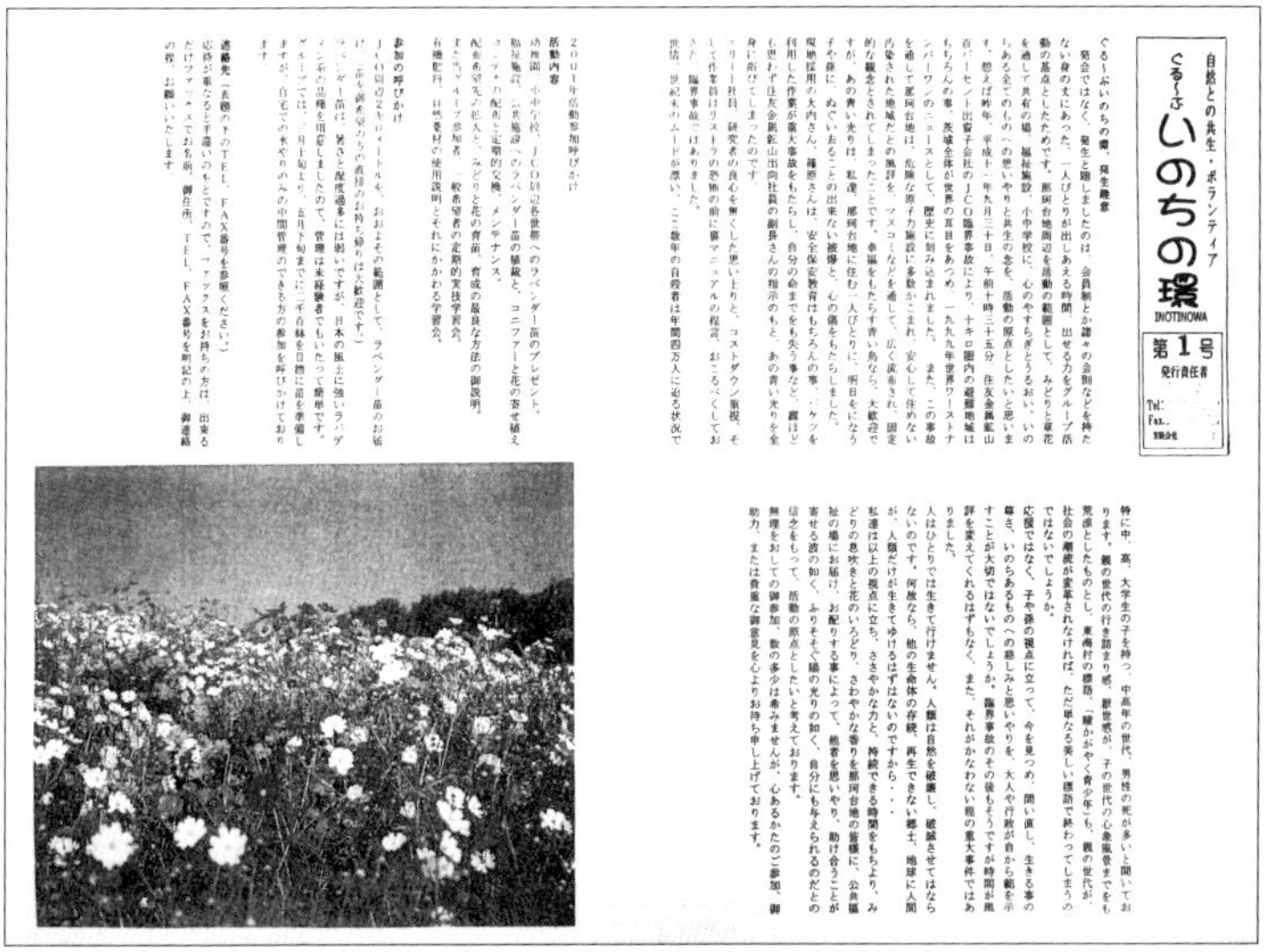
自然との共生・ボランティア
ぐる〜ぷ
いのちの環
INOTINOWA
第1号
発行責任者
Tel:
Fax.

ぐる〜ぷいのちの環、発生趣意

発会ではなく、発生と題しましたのは、会員制とか諸々の会則などを持たない身の丈にあった、一人びとりが出しあえる時間、出せる力をグループ活動の基点としたためです。那珂台地周辺を活動の範囲として、みどりと草花を通して共有の場、福祉施設、小中学校に、心のやすらぎとうるおい、いのちある全てのものへの思いやりと共生の念を、活動の原点としたいと思います。想えば昨年、平成十一年九月三十日、午前十時三十五分、住友金属鉱山百パーセント出資子会社のJCO臨界事故により、十キロ圏内の避難地域はもちろんの事、茨城全体が世界の耳目をあつめ、一九九九年世界ワーストナンバーワンのニュースとして、歴史に刻み込まれました。　また、この事故を通して那珂台地は、危険な原子力施設に多数かこまれ、安心して住めない汚染された地域だとの風評を、マスコミなどを通して、広く流布され、固定的な観念とされてしまったことです。幸福をもたらす青い鳥なら、大歓迎ですが、あの青い光りは、私達、那珂台地に住む一人びとりに、明日をになう子や孫に、ぬぐい去ることの出来ない被爆と、心の傷をもたらしました。

現地採用の大内さん、篠原さんは、安全保安教育はもちろんの事、バケツを利用した作業が重大事故をもたらし、自分の命までをも失う事など、露ほども思わず住友金属鉱山出向社員の副長さんの指示のもと、あの青い光りを全身に浴びてしまったのです。

エリート社員、研究者の良心を無くした思い上りと、コストダウン重視、そして作業員はリストラの恐怖の前に裏マニュアルの横行、おこるべくしておきた、臨界事故ではありました。

世情、世紀末のムードが漂い、ここ数年の自殺者は年間四万人に迫る状況で特に中、高、大学生の子を持つ、中高年の世代、男性の死が多いと聞いております。親の世代の行き詰まり感、厭世感が、子の世代の心象風景までをも荒涼としたものとし、東海村の標語、「輝かがやく青少年」も、親の世代が、社会の潮流が変革されなければ、ただ単なる美しい標語で終わってしまうのではないでしょうか。

応援ではなく、子や孫の視点に立って、今を見つめ、問い直し、生きる事の尊さ、いのちあるものへの慈しみと思いやりを、大人や行政が自から範を示すことが大切ではないでしょうか。臨界事故のその後もそうですが時間が風評を変えてくれるはずもなく、また、それがかなわない程の重大事件ではありました。

人はひとりでは生きて行けません。人類は自然を破壊し、破滅させてはならないのです。何故なら、他の生命体の存続、再生できない郷土、地球に人間が、人類だけが生きてゆけるはずはないのですから・・・

私達は以上の視点に立ち、ささやかな力と、持続できる時間をもちより、みどりの息吹きと花のいろどり、さわやかな香りを那珂台地の皆様に、公共福祉の場にお届け、お配りする事によって、他者を思いやり、助け合うことが寄せる波の如く、ふりそそぐ陽の光りの如く、自分にも与えられるのだとの信念をもって、活動の原点としたいと考えております。

無理をおしての御参加、数の多少は希みませんが、心あるかたのご参加、御助力、または貴重な御意見を心よりお待ち申し上げております。

2001年活動参加呼びかけ

活動内容

幼稚園、小中学校、JCO周辺各世帯へのラベンダー苗のプレゼント。
福祉施設、公共施設へのラベンダー苗の植栽と、コニファーと花の寄せ植えコンテナの配布と定期的交換、メンテナンス。
配布希望先の拡大と、みどりと花の育苗、育成の最良な方法の御説明。
また、グループ参加者、一般希望者の定期的実技学習会。
有機肥料、自然素材の使用説明とそれにかかわる学習会。

参加の呼びかけ

JCO周辺2キロメートルを、おおよその範囲として、ラベンダー苗のお届け（一部を除き希望の方の直接のお持ち帰りは大歓迎です。）
ラベンダー苗は、暑さと湿度過多には弱いですが、日本の風土に強いラバンディン系の品種を用意しましたので、管理は未経験者でもいたって簡単です。
グループでは、三月上旬より、五月下旬までに二千百株を目標に苗を準備しますが、自宅での水やりのみの中間管理のできる方の参加を呼びかけております。

連絡先（表題の下のTEL、FAX番号を参照ください。）
応募が重なると手違いのもとですので、ファックスをお持ちの方は、出来るだけファックスでお名前、御住所、TEL、FAX番号を明記の上、御連絡の程、お願いいたします。

写真5-2　A夫婦が取り組んだ「いのちの環」の趣旨書

を慕って地域のあり方を相談しようと自宅を訪ねてくる住民や村会議員も増えた。

こうしてA夫婦のまわりには、その日常的実践に共鳴してともに活動する住民や、それを支える人びとのネットワークが次第に築かれて揺るぎないものになっていった。つまり、スペクトラム思考による日常的実践を長年続けてきたA夫婦のまわりには、そのビジョンを共有した社会関係資本が蓄積されていたのである。そのため、焼却計画をめぐる住民間の分裂の只中で、Aさんを責任者とする住民有志がスペクトラム思考に基づく活動を始めても、「JCOにすり寄っている」「詭弁だ」と解釈されなかったのだ。むしろ、スペクトラム思考を具体化した〝住民参加の検証作業〟を実現する力を持っていると期待され、広く支持されたのである。

5 「生活の場の再創造論」の併置へ

これまでの考察をもとに、焼却計画をめぐる住民間の分裂抑制の転機になった住民有志の活動の性格と、その活動が支持された理由をまとめておこう。

その活動は、既存の二分法で把握している対象を一つの緩やかな連続体としてとらえ直すというスペクトラム思考と、それに基づいて意思表示装置を創出するという行動によって特徴づけられる。すなわち住民有志の活動は、スペクトラム思考に基づく意思表示装置を創出するという性格を帯びている。こうした性格の活動が、臨界事故の経験によって二分法思考が避けがたいはずのJCOの周囲の人びとに支持されたのは、住民有志代表のAさんが夫婦で長年続けてきたスペクトラム思考による日常的実践を通じて、そのビジョンを共有した社会関係資本がA夫婦のまわりに蓄積されていたからである。

最後に、立地点での生活保全の活路をどこに見いだし、それをどう切りひらけるかという変革の議論に言及しよう。環境社会学には、日本の原子力政策の問題点とその転換条件、代替政策にかかわる政策転換論的な変革の議論がある［長谷川 2011; 舩橋 2012］。原子力政策のあり方は立地点の生活保全にかかわっているので、政策転換論をさらに深めていく必要があることは疑いえない。とはいえ、次のような立地点の住民の決定的事実を考慮するならば、政策転換論とは別の変革論を併置する必要がある。立地点の住民にとって決定的な事実とは、原子力政策が転換するか否かにかかわらず、地元の原子力施設が次々にもたらす問題で現在も今後も住民間で分裂せざるをえず、生活実態とかけ離れた事態が進行しやすいということだ。この決定的事実に応答するために、本章が事例分析を通じて示したのは、変革の力を、生活の場に生じた分裂を抑制してその場を再び創りかえる住民の知に見いだす「生活の場の再創造論」とでもいえるものだ。この論が着目するのは、第一に、住民のスペクトラム思考に基づく意思表示装置の創出過程とその装置の特性、第二に、その装置の創出を通じて形成されるコミュニティの意思と持続性である。

この生活の場の再創造論は、立地点の住民が生活保全にかかわって発揮する知の中でも、政策転換を求める形で駆使される知ではなく、多様な問題に応じて弾力的に創出する意思表示装置とそれを支えるコミュニティの形成強化に発揮される知についての探究だといえる。こうした探究は、原発城下町化した地域の変革にかかわる議論に資するのみならず、原子力開発利用とそれを生み出し成立させている社会の変革にかかわる議論の地平を広げるように思われる。

註

(1) 二〇一五年九月二〇日、Aさんへの聞き取りから。
(2) 以下の第三者会議での発言の引用は、会議メンバーに配布された議事録による。JCOのウェブサイトで公開されている議事録では発言者名は伏せられている。

付記

本章は、山室[2018]で取り上げた事例の一部を残して再調査を行い、新たな視点から書き改めたものである。なお本章は、JSPS科学研究費(19K02133)の助成を受けた研究成果の一部である。

第6章

原発に抗う人びと

芦浜原発反対運動にみる住民の闘いと市民の支援

青木聡子

1 地元住民と都市市民の連携は可能か

——不均衡な関係を乗り越えるために

日本における原発立地は一九六〇年代後半から一九七〇年代にかけて本格化した。一九六六年に稼働開始した日本初の商用の原子力発電所である東海原発を皮切りに、これまでに二八の原子力発電所、五九基の原子炉が、日本各地の海辺の浦々に建設され、稼働してきた。このことから、一見すると日本では地域社会が原発を無抵抗に受容してきたように見えるかもしれない。たしかに、基幹産業（多くの場合は第一次産業）が衰退し地域社会の存続に危機感を抱いた人びとが、原発誘致という「構造化された選択肢」［舩橋 1995］に手を伸ばしたケースも少なくはない。だがその一方で、立地計画がもたらされた地域の住民たちは、それを黙って見ているだけの存在ではなかった。人びとは一九六〇年代から各地で抵抗を続け、時に原発建設計画を撤回させてきた（新潟県・巻《まき》原発計画、高知県・窪川《くぼかわ》原発計画、和歌山県・日高原発計画など）。

その手法はさまざまであるが、いずれも立地点周辺の住民、とくに漁業者や農業者が中心となって展開され、そこに近隣都市の市民運動が支援として加わった例が多い。資源動員論的な見方をすれば、都市は物的にも経済的にも人的にも資源が豊富である。立地点周辺の現場で座り込みやバリケード封鎖を行う際には数の力がものをいうため、都市部からやってくる人びとは運動にとって大いに助けとなる。加えて、原発立地をめぐる運動のように、敵手に対抗するために放射性物質や原子炉や法律に関する専門知識を要する場合、それらを扱うさまざまな分野の専門家や、彼らの専門知識を地元住民に説明する仲介者の存在が運動のカギとなる。こうして、立地点周辺の反原発運動は、地元外からの支援も動員しながら展開されてきた。

だがその一方で、本章で取り上げる事例のように、地元住民が都市部からの支援を拒んだり敬遠したりするケースも少なからず存在した。都市部の市民運動は、現場で地元住民にとって望ましくないふるまいをしかねず、ともすると住民運動を脅かしかねない存在とすらとらえられていたためである。地元外からの運動参加者を受け入れるか否かをめぐって、反原発の住民運動団体が分裂し、運動そのものが失速するケースは、海外も含め少なくなかった［青木 2013］。都市部の市民運動と連携するか否かや連携の仕方は、ネガティブな意味でも運動のターニングポイントとなりうるのである。

こうしたことを踏まえ、本章では、立地点周辺で展開された住民運動について次の二点を検討したい。①地元住民が地元外からの支援を拒むとき、そこにはどのような運動の論理が存在するのか、②地元住民からの拒絶に直面したとき、都市部の市民運動はどのようなかたちで住民運動を支援しうるのか、である。その際に本章では、当初は漁業者たちによる〝浦〟の闘いとして展開されながら、全県レベルの署名運動へと展開し、原発建設計画を中止させるに至った三重県の芦浜《あしはま》原発反対運動(一九六三〜二〇〇〇年)を事例として取り上げる。次節で事例について概説したのちに、第3節では住民運動が有した抵抗の論理を明らかにし、市民運動の参入を拒むことの意味を検討する。続く第4節では、参入を拒まれた市民運動が用いた〝つかず離れず〟の支援の手法について検討し、住民運動と市民運動の連携の可能性を示す。最後に第5節で、住民運動と市民運動の関係について考察し、地域社会の原発への抗い方を示したい。

2 芦浜原発反対運動の概要
――浦の闘いから町の闘いへ、そして市民運動との連携へ

❁事例の舞台と経緯

芦浜原発反対運動は、三重県の紀勢町《きせいちょう》(現・大紀町《たいきちょう》)と南島町《なんとうちょう》(現・南伊勢町《みなみいせちょう》)にまたがる芦浜地区を舞台に、三七年間にわたって展開された。事の発端は、中部電力が当地に一一〇万キロワット出力の原子炉二基の建設を計画したことであった。一九六三年一一月、芦浜を含む三地点を候補地と

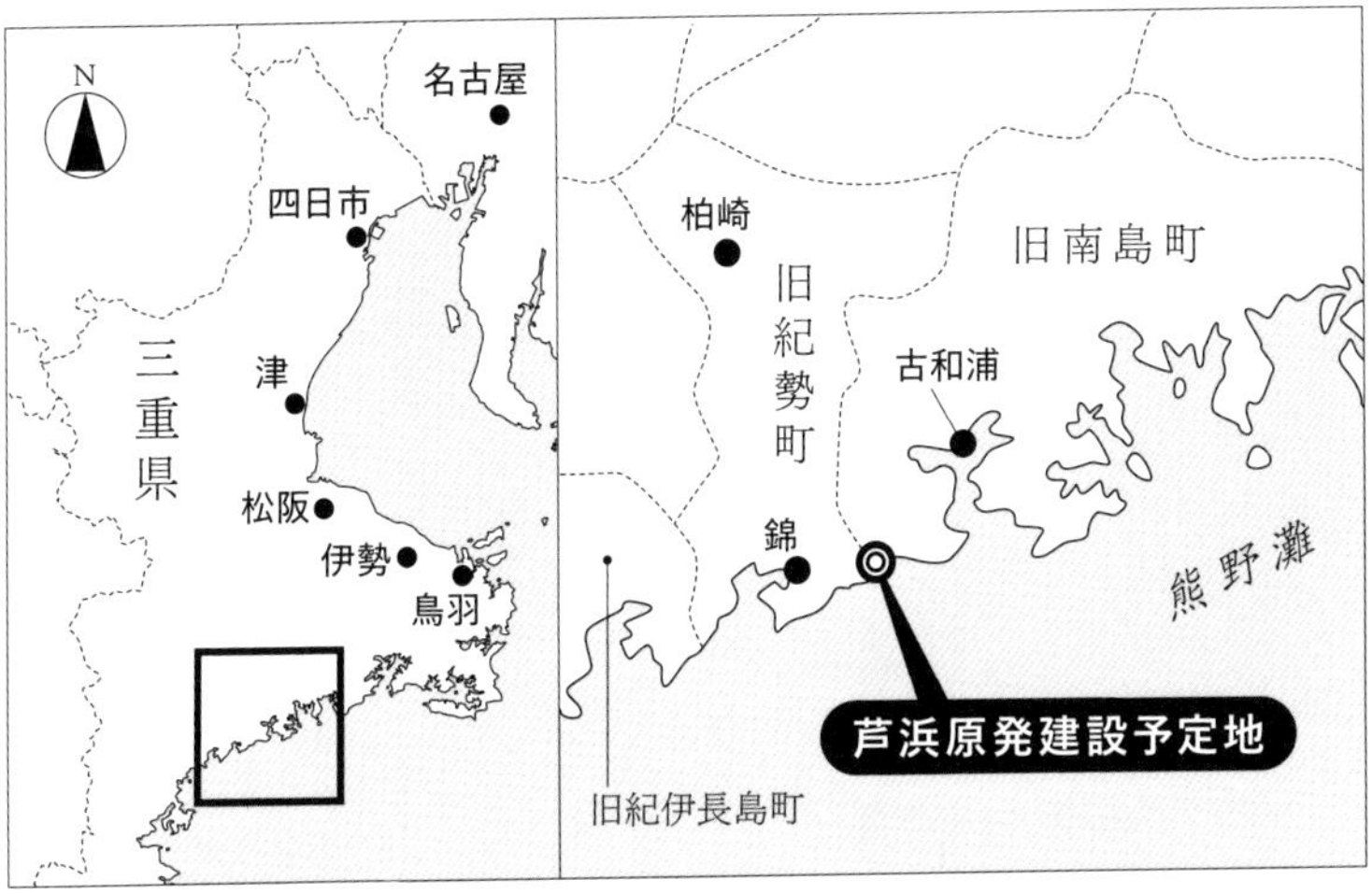

図6-1　芦浜の位置

出所：柴原［2020］を参照し，筆者作成．

した原発建設計画があることが中日新聞のスクープで明らかになったのち、一九六四年七月に県知事と中部電力が芦浜への立地計画を共同発表した。

芦浜地区がまたがる二町のうち、紀勢町は南北に長い町であり、内陸山間部の柏崎集落と海沿いの錦集落から成っていた。このうち海沿いの錦には錦漁協があり、主に沖合漁業が行われてきた。他方、南島町は東西に長い漁業中心の町であり、古和浦《こわうら》、方座浦《ほうざうら》、神前《かみさき》浦《うら》、奈屋浦《なやうら》、贄浦《にえうら》、慥柄浦《たしからうら》、阿曽浦《あそうら》の七つの浦がそれぞれ漁協を組織してきた（図6−1）。これら両町の八漁協のうち、芦浜地区沿岸の漁業権を有するのが、紀勢町の錦漁協と南島町の古和浦漁協であった。そして、この二町および二漁協は、芦浜原発計画をめぐってまったく対照的な対応を見せることになる。

紀勢町では、一九六四年七月の段階で町議

会が原発誘致の決議をし、これを受けて前述のとおり県知事と中部電力による立地計画の共同発表がなされた。錦漁協も原発受け入れの判断をし、反対運動には加わらなかった。これに対して南島町では、紀勢町議会の原発誘致の議決に先立つ同年六月に原発反対の決議を行っていた。漁業者たちも、古和浦を先頭に反対の意思表示をし、町内七漁協からなる協議会を組織し反対運動を開始していた[1](同年三月)。建設計画発表の時点で用地の大部分を中部電力が買収済みであったことから、この反対運動は、地先海域での漁業権を最後の砦に闘われることとなった。すなわち、事故など万が一の場合にはきわめて広範な悪影響をもたらしかねない原発の立地の可否が、漁業権を有する古和浦漁協の判断に委ねられ、しかも漁協での議決は多数決によるため、わずか二〇〇名足らずの漁協組合員たちの意向が焦点となったのである。そのため、古和浦漁協の漁業者たちは、反対運動の先頭に立ちながら、中部電力の執拗な切り崩しのターゲットになるという、過酷な状況に置かれることとなった。

なお、紀勢町側の錦にも、反対派の漁業者は少数ながら存在した。だが彼らは地域社会の中では圧倒的なマイノリティであり、反対を唱えて行動するには、後述するように外部からの支援が必要であった。

◆反対運動の展開

こうして南島町側の漁業者を中心に展開された芦浜原発反対運動は、一九六三年から六七年の「第一回戦」と、約一七年間の休戦期間を挟んだ一九八四年から二〇〇〇年の「第二回戦」とに大き

写真6-1　反対派漁業者の海上パレード
出所：南島町芦浜原発阻止闘争本部・海の博物館編［2002］

く分けられる。このうち「第一回戦」では、立地点沿岸の海洋調査（現在の環境影響調査に相当）が争点となり、その阻止に反対運動の力点が置かれた。

運動の主力は古和浦をはじめとする南島町の漁業者たちであり、原発反対の漁民集会や海上パレードが繰り返された（**写真6－1**）。なかでも、中曾根康弘をはじめとする衆議院議員の視察団を漁業者たちが実力行使で追い返した「長島事件」[2]（一九六六年九月）は、新聞などでも大々的に報じられ、芦浜原発問題が全国的に知られる契機ともなった［南島町芦浜原発阻止闘争本部・海の博物館編 2002; 柴原 2020］。その後、紀勢町長選挙で原発慎重派の候補が勝利したこと（一九六七年四月）を経て、県知事が「原発計画に終止符を打つ」との声明を出し、芦浜原発をめぐる闘争は表面的には一旦収束し、運動は休戦期間に入った[3]。

しばしの休戦期間ののち芦浜原発問題が再び顕在化し、運動が「第二回戦」に入ったのは、一九八四年に三重県が原発関連予算を計上したことが契機であった。だが、この頃になると南島町の漁業は以前のような活況にはなかった。もともと南島町では真珠養殖が盛んだったが、休戦期間に入った直後の一九六八年に真珠養殖に深刻な不況が到来し、ハマチ養殖への急速な業種転換が行われた。この業種転換は一時的に成功し、一九七〇年代にはハマチ景気で活況を呈したものの、一九八〇年代に入るとハマチも値崩れし始めた。追い打ちをかけるように、一九八六年末のテレビ番組をきっかけとして南島町の養殖ハマチが「薬漬け」で「危険」であるとの風評が立ち、値が大暴落すると、漁業者たちの経営は一気に苦境に立たされたのである［河野 2003］。加えて、中部電力の切り崩し攻勢が強まったこともあり(4)、漁業者を中心とした抵抗にも限界が見え始めていた。このため、反対運動は、これまで主力だった漁業者に若い世代と女性も加わった、南島町の町民総ぐるみの運動として展開されていく。具体的には、一九八五年以降、南島町の各浦に若手漁業者からなる「有志会」と女性による「母の会」が結成された。

それでも、漁業の陰りの影響は大きく、古和浦漁協の中には経営難を理由に原発受け入れに転じる組合員が出始め、次第に勢力を拡大していく。一九九〇年代に入ると、原発受け入れ派が古和浦漁協の執行部を占めるようになり、漁協貯金への中部電力からの預金の受け入れ（一九九三年一〇月）、南島町の漁協連絡協議会からの脱退（同年一二月）、原発反対決議の撤回（一九九四年二月）、海洋調査の受け入れ決定（同年一二月）を強行した。海洋調査自体、南島町長の同意を得ないと実施できないことになっていたことに加えて、町議会が「事前調査も対象とする」住民投票条例を制定した（一九九五年三月）ため、海洋調査の実施は事実上困難ではあった。それでも、漁業権を有する古和浦漁協という〝最後の砦〟の瓦解は、反対運動にとって大きな痛手であり、浦と町の抵抗に限界が見え始めていた。

こうした状況を打開すべく新たに展開されたのが、三重県下での署名運動である。一九九五年四月に初当選していた北川正恭《まさやす》知事に、知事選の得票数（約四七万票）を上回る五〇万筆の芦浜原発反対の署名を提出し、計画の白紙化を迫ろうというものであった。このとき、南島町の運動として進められてきた反対運動が初めて、近隣の都市住民の市民運動に本格的に支援を求め、住民運動と市民運動とが連携したのである。都市部の市民たちが支援して署名収集が行われた結果、最終的に八一万筆を超える署名が集まり、三重県知事に提出された（一九九六年五月）（**写真6-2**）。これを受けて、まず三重県議会が、南島町から出されていた「冷却期間設定」の請願を全会一致で採択し（一九九七年三月）、続いて県知事が一九九九年末までの立地活動休止を中部電力に要請、中部電力は要請に従い現地交渉員を引き上げた（一九九七年七月）。さらには、県知事

写真6-2　南島町役場前に積み上げられた署名
出所：南島町芦浜原発阻止闘争本部・海の博物館編［2002］

自ら現地入りしての、賛成派・反対派双方からの意見聴取(一九九九年一一月)を経て、県知事が芦浜原発計画の白紙化を宣言、中部電力も計画の断念を発表した(二〇〇〇年二月)。

3 住民による運動の論理——なぜ市民運動の参入は拒まれたのか

このような展開過程をみてくると、初めから都市部の市民運動と連携していれば反対運動はよりスムーズに建設中止を勝ち取れたのではないか、との指摘がなされるかもしれない。事実、一九六〇年代には活発でなかったものの、一九八〇年代以降は津市や名古屋市を中心に芦浜原発に反対する複数の市民運動団体が活動し、古和浦や南島町の住民運動の支援を模索していた。だが、芦浜原発反対運動を最前線で担ったのは、一貫して古和浦の漁業者をはじめとする南島町の住民であった。いや、むしろ、「南島町の反対闘争は、……発端より三〇年間、町外からの支援を拒み続け」、「外部の支援を断って孤高の闘いを続けてきた」[柴原 2020: 113, 149]。南島町出身の女性と結婚し五年間にわたり南島町の高校に勤務しながら反対運動に加わった柴原洋一さんをして、自らは「よそ者」であり、町民、とりわけ古和浦の反対派との間には「一線を画すものがあった」(1)と語らせるほど、南島町の反対運動は「孤高」だったのである。

その背景にあったのは、まず、次の語りに代表されるような、南島町住民の外部の人びとに対する評価であった。

とにかく自分のところに原発が出来るということですでね。生活してかんならんのでしょう。他所からやって来る人は、日曜日だけ、休みの日だけやって来て、見るだけですでね。私たちは、毎朝、二時、三時からの仕事をして、それとともに反対運動をしてかんならんのです。一日くらい仕事をほらくっといても〔しないでおいても〕、行かんならんときもありましたしね。仕事で体がくたくたになっても、夜遅うまで集まって話し合うことなんか、しょっちゅうでした。［南島町芦浜原発阻止闘争本部・海の博物館編 2002: 40］（傍点は筆者）

このように、仕事や生活を犠牲にし、身を削って反対運動を続けることを余儀なくされる地元住民からみれば、外部からの参加者の運動へのかかわり方は、「日曜日だけ、休みの日だけ」の、どこか〝気楽なもの〟と映り、どこまで〝我がこと〟として取り組んでくれるのかも疑問に思われた。こうして、危機感や切迫感に相違があるとみなし、地元の住民運動が都市部の市民運動を敬遠したり拒絶したりすることは、芦浜の反対運動に限らず、各所で見られた［清水 1999; 道場 2006］。加えて、都市部の市民運動が参与することによって、反対運動に党派性や〝色〟が付きかねないとの懸念も地元住民は有していたし、仮に外部の参加者を受け入れた場合に、その外部参加者の評価をめぐって地元が分裂しかねないとの懸念も有していたという(6)。

さらに、地元住民の間で強く意識されていたのが「自前主義」であった。それは、中部電力の巨大な資本力と、国策として原発建設を進める日本政府の圧倒的な権力という、途方もなく強大な後ろ盾を従えた推進派に対して、反対派はあえて誰の手も借りず「自前の闘い」を展開することで自らの正当性を担保しようという、抵抗の論理である。運動終結後に南島町が刊行した記録集には、「カネにものを言わせ」た推進派からさまざまな「工作」が仕掛けられたという、反対派住民の回想が残されている。

芦浜対策で使《つ》こた金はすごいと思うわ。国策でやったわけやでな。反対運動をしとると、嫌がらせの手紙が来たりな。郵便物がドカッと届くんやな。……嫌がらせ電話をして月に二五万円もろとったいう話ですわ。

〔他の原発立地自治体への〕視察旅行行かさ〔行けば〕、金もらえるんやでな。

右翼の嫌がらせもあったな。……政治家がからんどったんですわ。最後に右翼がこう言うとったですよ。「○○さん、賛成してくれ、あんたが賛成してくれるんやったら、わしがある先生に言うて、五千万でも一億円でも貰ろたるで」こう言うたでな。〔南島町芦浜原発阻止闘争本部・海の博物館編 2002: 30–39〕

これらは、反対派住民が経験したさまざまな「工作」の回想の一部である。今となっては事の真相を確かめることは困難だが、いずれにせよ、反対派住民はこれらの経験から、推進派の背後に存在する強大な企業や政府の力を否が応でも感じ取り、同時にそうしたやり方を「卑怯」と非難した。ひるがえって自分たち反対派は、そうした資本力や権力に頼ることなく、あくまでも自前で運動を展開することで、自らの運動の〝正しさ〟を主張しようとしたのである〔南島町芦浜原発阻止闘争本部・海の博物館編 2002〕。

だが、この「自前主義」も、前述したように、南島町の主要産業のハマチ養殖が大打撃を受け、反対運動の経済的基盤が揺らいだことで限界をみせる。前節で述べたように、一九八〇年代後半になると古和浦漁協内でも受け入れ派が増え始め、一九九〇年には受け入れ派が優勢となった。南島町の中で先頭に立って反対を貫いてきた古和浦漁協は、一九九四年までの間に形勢が逆転し、反対派が劣勢となっていたのである。そしてこの事態を受けて初めて、南島町から外部の市民運動に本格的に支援が要請された。

次節では、支援要請を受けた市民運動の側の動きを、まだ支援が敬遠されていた一九八〇年代にさかのぼってみていきたい。

4 市民運動による支援の模索——「反原発きのこの会」の活動から

◆反原発の市民運動と「反原発きのこの会」

芦浜原発をめぐっては、都市部でもさまざまな団体が活動を展開していた。とくに「第二回戦」の開始以降、「『原発いらない』三重県民会」「原発なくせ三重県民会議」「名もなき小さな会」などの市民運動団体や、当時は民間団体であった「海の博物館」が、芦浜の住民運動を支援すべく、三重県内をはじめとする中京圏で活動していた。それらの中でも本章が着目するのが、名古屋市内を中心に活動していた「反原発きのこの会」（以下、「きのこの会」）である。

「きのこの会」は、一九七八年に名古屋市で設立された運動団体である。原発および核兵器全般への反対に加えて、環境問題や労働問題、障害者問題などもカバーし、二〇〇四年までの約二六年間にわたって広範な社会問題に取り組んだ団体である。

「きのこの会」設立の契機は、一九七八年夏に名古屋ＹＷＣＡの主催で行われた静岡県の浜岡原発へのバスツアーであった。このツアーには名古屋大学理学部助教授（当時）の河田昌東《かわたまさはる》さんが参加しており、河田さんは浜岡原発サイト内での中部電力社員の発言に『あれっ？』と思った」と言う。「原発から放射能が出ることはないのでしょうか」という河田さんの質問に対して、サイト内を案内した中部電力社員が「まったく出ないというわけではない」と答えたためである。これを機に原発への疑念が確固たる危機感に変わった河田さんは、バスツアーに乗り合わせた数人に声をかけ、ともに「きのこの会」を立ち上げるに至った。(7)

設立以降、「きのこの会」は、名古屋大学から徒歩二〇分ほどの事務所で、主に週末に五、六名、多いときで一〇名ほどのメンバーが集まって勉強会やイベントの企画を行った。ニューズレター『胞子』(8)（写真6―3）の記事から確認すると、設立からの約五年間は、原発問題全般、核兵器問題、日本各地の原発立地点の情報共有、浜岡原発をめぐる活動が主であったことがうかがえる。それが、芦浜原発問題に本格的に取り組むようになったのは、「第二回戦」開始前後の一九八四年四月のことである。

きっかけは、前出の河田さんが新聞記者を通じて芦浜原発計画に反対する名古屋在住の紀勢町錦出身者と出会い、そこからさらに錦の漁業者Aさんと出会ったことである。Aさんは当時、圧倒的に推進派で占められていた錦において、単独で孤独な反対運動を行っていた。事情を聞いた河田さんは錦を訪れ、時に漁船に乗り込んで漁を体験するなどしてAさんと交流を深めながら、錦の反対運動を支援するようになった。ほどなく、こうした河田さんとAさんの関係は、「きのこの会」が錦の反対派を支援するという関係へ展開していく。『胞子』には芦浜原発に関する記事が頻出するようになり、芦浜原発の危険性を訴えるパンフレットの作成・配布（一九八五年六月）のほか、建設予定地の浜と沖合から風船を飛ばして放射性物質の拡散を可視化するイベントの実施（一九八四年八月）や「芦浜産直出荷組合」（前身の取り組みを含め、一九八六年二月から）や「SAVE芦浜基金」[9]（一九八八年九月から一九九五年五月）など、独自の活動が次々

写真6-3 「きのこの会」のニューズレター『胞子』

に展開された。これらのうち、「芦浜産直出荷組合」は、現地の漁業者を経済的に支えるユニークかつ実用的な試みであっただけでなく、地元との連携の起点となった取り組みである。次項で詳しくみていこう。

◆芦浜産直出荷組合——浜を買い支える

「芦浜産直出荷組合」(以下、出荷組合)は、先述の河田さんとAさんとの直接的な関係に端を発している。錦漁港を何度も訪れた河田さんが目の当たりにしたのは、当地の漁業の衰退ぶりであった。そして、この漁業の衰退こそ原発問題の根本であると考えた河田さんは、「きのこの会」で漁業を支える活動に取り組むことにし、「熊野灘ぐるめの会」(以下、「ぐるめの会」)を立ち上げた。「錦の魚を刺身で」を謳い文句にした「ぐるめの会」は、主に週末、朝に獲れた魚をその日のうちに都市部で販売した。河田さんをはじめ「きのこの会」メンバーが注文の電話を受け、夜までに各家庭に配送したという。名古屋生活クラブと提携してチラシや口コミで販路を広げ、毎週一〇〇件あまりの注文を受けるまでになった。

こうして「ぐるめの会」は約五年にわたって活動を続けたが、顧客のさらなる拡大を目指した際にネックとなったのは、漁業者側の負担増と、鮮度を保った輸送が困難なことだった。出荷日に一〇〇件の注文分の鮮魚を獲って箱詰めするということは、錦の有志だけでは賄うことが困難であり、また、流通システムが現在ほど発達していなかった当時は、刺身用の生魚の輸送は中京圏が限界であった。こうした漁業者の負担を軽減するため、そして大阪などの関西圏さらには関東圏への販路拡大を目指し、「きのこの会」は、刺身から干物へと商品を切り替え、干物加工までを現地で行う出荷組合を錦に新たに立ち上げた（一九八六年一〇月）。こうして設立された出荷組合は、大阪に拠点を置く「関西よつ葉連絡会」[10]と提携し、干物を中心とした海産物の販売を開始した。『胞子』には、出荷組合に先立つ「ぐるめの会」の時期から、毎号、芦浜産の海産物の販売が告知されたほか、芦浜の海産物を都市部の市民が購入することの意義について次のような説明も掲載された。

> 芦浜原発の地元、紀勢町や南島町では、汚染のないきれいな海からせっかく新鮮なイワシやアジ、カワハギなどがたくさんとれても、そのはけ口がなく漁師さんたちの生活も楽ではありません。そんな所をねらって原発がやってくるのです。……そこで私達は、身近で鮮度も良くおいしい魚貝類を芦浜の漁師さん達から直接購入し、私達都市の生活者と漁師さん達との距離を少しでもちぢめようと思います。反原発の漁師さん達には生活を、私達には安全を！（『胞子』第六三号、一九八五年三月二五日発行）（傍点は筆者）

そこには、芦浜産の海産物を都市部の市民が購入し現地の漁業者を支えるという、「きのこの会」の運動の手法が明確に示されている。さらに、この説明の掲載の四号後には、これに呼応するように、漁業者からの次のような寄稿が掲載された。

「海へ乗り出す漁民」が「その気」になれば、いまの「店頭からの魚」が……「海からの魚」となって、すばらしいままでの新鮮な「海の幸」が、直接、都市家庭までも「うるほす」〔原文ママ〕に違いない。(信頼関係の増幅で)。

しかもこのことは、消費者大衆の「よろこび」であるばかりでなく、その「よろこびの声」そのものが私たち漁民の「生き抜く力となって」、……救われていくと思われてならないのである。……市民と漁民の「ささやかな工夫」と「信頼」があれば、互の「日常生活の中」で容易に可能なことなのである。……消費者・市民の皆様に訴えたい。〃イワシ〃と「魚の真価」を知っていただいて、その「よろこび」で私たち地元漁民に「生きる力」と「明るい希望」を与えて下さることを……。(『胞子』第六七号、一九八五年七月二五日発行)

こうして、産直が漁業者側からも強く望まれていることが、漁業者の声として示されている。しかもその際に、産直が浜を買い支え地元住民の経済的な支援につながるだけでなく、漁業に対するやりがいや希望をもたらしうること、ひいては都市部市民と地元住民との間の信頼関係をもたらしうることが示されており、「きのこの会」の産直活動の意図を間接的に説明するかたちとなっている。

以上から、出荷組合は、浜を買い支えて経済的に支援することに加えて、漁業者がこの先も漁業で食べていこうと思える状況をつくり出そうとしていたことがわかる。もっとも、南島町や紀勢町の漁業や産業の振興には、彼らが展開した産直活動は微力かもしれない。だが彼らの取り組みは、都市部の市民も地元漁業者の生活を気にかけているということを、行動を伴って示すこととなった。前節を踏まえると、地元が「よそ者」を敬遠する心情として示された「生活してかんならんのです」に呼応するものとなっていたのである。

出荷組合を通じて形成された都市と地元との関係は、「SAVE芦浜基金」(以下、「芦浜基金」)、そして三重県下署名活動という本格的な参与へと展開していく。「芦浜基金」と三重県下署名活動のいずれも、発案は古和浦漁協の反対派漁業者であったが、南島町住民だけでは十分な展開ができないと判断した漁業者たちは、「きのこの会」をはじめとする複数の市民団体に支援を要請した。(11) それまでの活動を通じて、「きのこの会」は、地元住民から〝頼るに値する「よそ者」〟とみなされる存在となっていたのである。「きのこの会」はいずれも要請に応じ、「芦浜基金」では「きのこの会」メンバーが事務局を手伝ったほか、基金への預金の呼びかけを繰り返し行った。三重県下署名では三重県内での呼びかけのほか実動部隊として実際に署名を収集した。こうして、「芦浜基金」では一億二〇〇〇万円を超える入金を記録し、三重県下署名も八一万筆にのぼる署名を収集した。この署名が三重県議会と県知事を動かし、建設計画を白紙に至らしめたことは、第2節で述べたとおりである。

5 反原発の住民運動と市民運動——地域社会が原発に抗うということ

本章では、地域社会の原発への抗い方について、芦浜原発反対運動を事例に検討してきた。その際に着眼点としたのが、①地元住民が地元外からの支援を拒むとき、そこにはどのような運動の論理が存在するのか、②地元住民からの拒絶に直面したとき、都市部の市民運動はどのようなかたちで住民運動を支援しうるのか、の二点である。芦浜原発反対運動にひきつけて述べれば、地元住民は広義には南島町および紀勢町住民であり、狭義には古和浦の漁業者であった。対して、市民運動として取り上げたのは、名古屋市内で立ち上げられた「反原発きのこの会」であった。

第2節、第3節でみたように、芦浜原発反対運動は開始当初から地元の漁業者を中心に展開され、市民運動団体の参画は拒まれていた。そしてそこにあったのは、強大な後ろ盾を従えた推進派に対して、反対派はあえて誰の手も借りず自前の闘いを展開することで自らの正当性の担保を試みる、「自前主義」という抵抗の論理である。加えて、日常生活の場がそのまま闘争の場と化した自分たちに対して、反対運動を非日常として経験しているにすぎない(かに見える)都市の市民運動は、地元住民にとってあくまでも「よそ者」であり、頼ることには躊躇があった。さらに、地元住民には、市民運動と連携することによって労働組合や特定の政党とつながりがあるとみなされかねないとの危惧もあった。

このような地元住民に対して、「きのこの会」は〝つかず離れず〟の支援を粘り強く行った。その支援の発端が、会の中心メンバーと地元漁業者とのパーソナルな関係構築にあることは看過できない。こうしたケースは他の事例でもみられ、身体性を伴う直接的な相互行為が住民運動と市民運動の連携を可能にすることを示唆している。加えて、「きのこの会」に大学の若手研究者が数多く参加していたこともポイントである。具体的には、名古屋大学の理学部や工学部の研究者および学生である。彼らは、自らの専門知識を活かした支援（原発の仕組みや危険性についてのパンフレットの現地配布など）を展開したほか、人的ネットワークを活用してさまざまな企画を実施した。このように、大学都市の若手研究者がその専門的知識や資源を活かして、立地点周辺の反対運動を支援するという構図は、反原発運動だけでなく、さまざまな開発反対運動や環境運動にみられてきた。投入される専門知識は、本章で取り上げた事例のような理工学系だけでなく、法学系や医学系も含まれる。そして多くの場合、本章の産直や署名収集などのように、若手研究者たちの支援は自らの専門外の領域にも拡大していく。

本章を振り返ると、芦浜原発反対運動における「きのこの会」の貢献はほんの一部かもしれない。だが、そもそも地元住民が市民運動に支援を求めること自体が画期的であり、本章の「きのこの会」の事例は、個々の市民団体がいかに住民運動を支援しうるのかや、住民運動から「支援者」とみなされるようになる過程を示すものである。本章では「きのこの会」を取り上げたが、芦浜原発をめぐってはこうした市民団体が数多く存在し、それらの支援が集積した結果、反原発の住民運動を窮地から救うことになった。

〈都市―地方〉の不均衡な関係は、ともすると反対運動においても形成されうる。自らの健康や安全を求める都市の市民運動は、原発などの立地点周辺の住民に計画を拒絶するよう求め、反対運動を支援する。だがその際、立地地域が産業衰退などの問題に直面し、それゆえ計画が浮上しているという、事態の根本にまで意識が及ばないことも多い。そもそも、原発立地が不均衡な〈都市―地方〉の関係を反映したものである以上、反対運動はこの不均衡な関係を解消するものでなければならず、市民運動と住民運動の連携も対等であることが望ましい。そしてそのときにカギとなるのが、都市部の市民が、地元住民の生活をいかに配慮できるかであり、産業を含めた立地地域の持続性をともに模索できるかである。原発に対する立地地域の抗いのゆくえは、地元住民の抗い方のみで決まるのではなく、都市市民の立地地域との向き合い方によっても大きく左右されるのである。

註

(1) 原発計画への二町、二漁協の対照的な対応の要因については、河野[2003]が紀勢町と南島町の産業構造の相違や錦と古和浦の漁業形態の相違を指摘している。

(2) 一九六六年九月一九日、中曾根ら国会議員を乗せた巡視船「もがみ」が長島町(当時)の名倉港から出港しようとしたところを、南島町、紀勢町、長島町の漁業者たちが三七〇隻あまりの漁船で取り囲んだのち、「もがみ」に乗り込み、巡視船の出港を阻止した。その後、現場にいた三町の漁業者のうち南島町古和浦の漁協組合員のみ三〇名が逮捕、起訴され、うち二五名が有罪となった[南島町芦浜原発阻止闘争本部・海の博物館編 2002; 柴原 2020]。

(3) ただし、一九六五年の時点で中部電力は用地の九五%を買収済みであり、錦漁協も海洋調査に同意し補償金を受領していたことから、芦浜での原発計画は休戦期間の間も水面下で進められた。一九七七年には芦浜が要対策重要電源として閣議決定されている[河野 2003]。

(4) 例えば、一九八三年には中部電力の大口預金が錦漁協や紀伊長島町の漁協に入り始めていたが、一九八四年には南島町の方座浦漁協にも入った。ただし、方座浦漁協は翌年にこれを返還している[河野 2003]。

(5) 二〇二一年四月二八日、柴原洋一さんに行った聞き取り調査による。

(6) 二〇二一年四月二八日、柴原洋一さんに行った聞き取り調査による。

(7) 二〇二一年一二月二一日、河田昌東さんに行った聞き取り調査による。河田さんは、一九四〇年生まれで専門は分子生物学。一九六三年に名古屋大学理学部分子生物学研究施設（大学院修士課程）に入学し、以来、同研究施設で研究に従事してきた。実験の際に放射性物質を扱うことが頻繁にあり、その危険性について敏感だったという。

(8) 一九七九年一二月の第一号以降ほぼ毎月発行されており、一〇から二〇ページ程度のボリュームで、反原発全般、反核平和、日本各地の原発反対運動や国際的な情報、そして芦浜原発反対運動についての記事が掲載されていた。芦浜原発反対運動の支援をしていた一九八〇年代半ばから一九九〇年代にかけては、発行部数は約五〇〇部。

(9) 「SAVE芦浜基金」は、漁業情勢や漁協経営の危機を打開すべく反対派漁業者と都市の市民が共同で基金を設立し、古和浦漁協の経営を支援する活動である。詳しくは、河野[2003]を参照されたい。

(10) 有機農業運動と食品公害反対運動を母体に一九七六年に大阪に設立された、食品宅配の民間団体。関西を中心に約四万世帯の顧客を有する。

(11) 実際に、『胞子』第一〇八号（一九八八年一二月二五日発行）には、「SAVE芦浜基金」への支援を求める古和浦の漁業者からの寄稿が掲載された。

コラムA

アメリカ先住民族と核汚染

◇石山徳子

世界随一の経済力と軍事力を有する超大国であるアメリカ合衆国(以下、アメリカ)は、原爆製造を目的とした第二次世界大戦中のマンハッタン計画以降、核開発の発展を世界的に牽引してきた。核エネルギーを生産するための原料であるウランの開発から始まり、放射性廃棄物の処理や処分に至るまでの、核開発の各段階にはそれぞれ現場がある。そして、世代を超えた環境リスクを内包する核開発が実際に行われている場所は、アメリカの地理空間において周縁化され続ける、先住民族の生活圏と重なる。超大国における最大多数の最大幸福という論理のもとに、国家権力によって切り捨てられた土地には、人類を含む生きとし生けるもの、そしてさまざまな事物の営みが刻まれている。

アメリカ先住民族の周縁化の背景には、セトラー・コロニアリズム(入植者植民地主義、または定住型植民地主義)の歴史がある。その昔にヨーロッパから到来した人たちは、収奪した先住民族の土地に入植した。入植者とその子孫は、もともと生活していた人びとの存在、彼らと土地との親密な関係性を、身体的、文化的なジェノサイドを通じて抹消しながら、新国家を創設した。存在そのものを否定された先住民族は、ヨーロッパ系の入植者には不要だった「辺境」に追われた先で、もしくは先祖伝来の領土のほんの一部に設けられた居留地で生活するようになった。

主に二〇世紀の中盤以降に居留地を離れ、都市部に移住した先住民も多く、故郷の土地との相互関係のあり方はさまざまであるが、二〇二一年現在、五七四の部族が主権を有する先住民ネーションとして存続している。苛烈なジェノサイドの歴史を、先住民族はなんとか生き抜き、いまもたしかに存在しているのだ。その一方で、辺境地帯で進められる資源開発や核開発による環境破壊の最前線で、彼らの身体、そして文化は、破壊のプロセスに追い込まれてきた。

深刻な環境危機の現場の一つが、ワシントン州南東部に位置するハンフォード・サイトだ。同サイトは一九四三年、マンハッタン計画の一拠点としてプルトニウムの生産地となった。長崎に投下された原爆のプルトニウムは、この場所でつくられたものだ。ハンフォードは現在に至るまで、プルトニウム工場、商業用の原子力発電所、さらには高レベル放射性廃棄物の貯蔵の場として、核開発の重要拠点としての使命を果たしてきた（写真A-1・A-2）。

写真A-1　ハンフォード・サイト周辺のコロンビア川の風景
撮影：鎌田遵

写真A-2　ハンフォード・サイト内のB原子炉
撮影：鎌田遵

アメリカの軍事力、経済力、最先端の科学技術の象徴とみなされた同サイトの広大な敷地はもともと、複数の先住民族にとって、大事な故郷、聖地、生活圏だった。軍当局は、人里離れたハンフォードに居住していたワナパム族、および入植者の子孫である白人農家に対して移住を強いるのと同時に、周辺地域の先住民族を含む一般市民のサイト内への立ち入りを一方的に禁止した。

同サイトの環境政策の策定を主導してきたのは、主に連邦政府である。軍事目的から始まったハンフォードでの核開発は超機密事項であり、情報公開は限られていた。こうしてハンフォードの核施設は、周辺地域の住民の同意を得ることなく、また彼らにリスクを周知することもないままに、放射性物質を土壌、大気、さらにはコロンビア川に排出した。また、大量の高レベル放射性廃棄物が敷地内に貯蔵されているものの、最終処分先は決まっていない。一九八八年に全国浄化優先リストに加えられた世界最大級の核汚染の現場では、連邦エネルギー省、環境保護庁、ワシントン州環境部による除染プロジェクトが現在進行中で、これまでに巨額の予算が投入されてきた。除染作業が終了する見込みは立っていない。

この地域の先住民族であるワナパム族、ヤカマ族、ネズパース族、ユマティラ連合部族の人びとは、深刻な健康被害に苦しむだけでなく、伝統文化の継承を図り、精神的な健康を保持するにも困難が生じた。川魚や、狩猟によってとれる動物を食し、薬草を採集しながら宗教儀式を執り行うなど、地元の環境に密着した生活を送っていたからだ。例えば、冷戦期に奇形魚が目立つようになっても、先住民たちが魚を食べることを止めることは現実的ではなかった。魚を食べる習慣を止めることは、食文化や、何世代にもわたり魚たちと築いてきた相互関係、さらにはこれにまつわる世代間での伝承と民族的なアイデンティティの喪失を意味していた。

また、汚染された土地から離れる選択をするならば、セトラー・コロニアリズムの文脈において、先住民族が再び故郷を失うことになる。ワナパム族のリーダーは、現地を訪れた筆者に、「自分たちはこの地域を絶対に離れない」と断言した。先住民族にとってハンフォードは聖地であり、彼らは土地によって生かされてきたからだ。将来にわたって故郷の土地を守り続ける、という強い信念は、除染後の土地使用について、積極的な関与をしていきたいという意思表明にもつながっている。まさにこれは、環境政策決定の場に参加する作業を通じた環境正義の実現、そして究極的には、脱植民地化に向けた先住民族の闘いともいえる。

III

これからのエネルギー転換と地域社会

世代内・世代間の公正の実現

第7章

反・脱原発の市民運動によるオルタナティブの創出

生活クラブ生協の実践を事例として

西城戸 誠

1 はじめに

◆環境社会学と反・脱原発運動、再生可能エネルギーに関わる市民活動

環境社会学や地域社会学が事例研究とした環境運動の中で、反原発運動、脱原発運動は中心的な対象であったといえる。日本の環境社会学を担った第一世代の研究として、一九八六年のチェルノブイリ（チョルノービリ）原発事故に伴う反原発運動の担い手の質的な転換とされる反原発運動ニューウェーブに着目した研究［高田 1990; 長谷川 1991］、米国カリフォルニア州の脱原発に向けた住民投票を事例とし、対抗的政策提言能力の高い環境NPOの存在とエネルギー政策の転換に関する研究［長谷川 1996］、青森県六ヶ所村の核燃料サイクル施設をめぐる地域住民の動向や反対運

動に関する研究［舩橋ほか編 1998］がある。(1)

一九九〇年代に入り、新潟県巻町《まきまち》と柏崎市・刈羽村《かりわむら》で生起した原子力発電所をめぐる住民投票運動と地方政治・自治に関する研究［中澤 2005; 伊藤ほか 2005］や、巻町の住民投票をめぐる住民の意思表示の技法に関する研究［山室 1998］がなされている。これらは地方の原発立地点における住民投票を中心とした住民運動を対象としている。また、二〇一一年の福島第一原発事故後に首都圏の市民活動団体への調査票調査による脱原発を目指す市民活動の動態に関する研究［町村・佐藤編 2016］、首都圏住民約八万人に対するインターネット調査による福島第一原発事故後の大規模デモと二〇一五年安保法制反対デモの関連に関する研究［樋口・松谷編 2020］や、反原発運動ニューウェーブ前後の市民の動態を、文献や史資料と当時の関係者のインタビューから反・脱原発運動史として整理した研究［安藤 2019］がある。

一方で、反原発運動ではなく、対案提示型の運動とされた再生可能エネルギーに関する社会学的研究については、先に述べた長谷川［1996］のほかに、「環境保全的社会に向けた社会的転換は分権的、参加民主主義的な社会構造とより親和性を持つ」という環境民主主義仮説を米国カリフォルニア州やデンマークの再生可能エネルギーの事例から検討した研究［寺田 1995］がある。日本の事例については、日本初の市民出資による風力発電（市民風車）における出資者に対する計量研究や、地域社会に資する再生可能エネルギー事業と社会的受容性に関する事例研究［西城戸 2008, 2022; 丸山 2014; 丸山ほか編 2015］があるほか、町村・佐藤編［2016］でも再生可能エネルギーを推進する市民団体の動向に関する調査研究がなされている。

以上のように、日本における反・脱原発運動、再生可能エネルギーの普及を目指す市民活動の動態に対して、質的、量的なデータによる実証研究が多くあることがわかる。他方で、反・脱原発運動と再生可能エネルギー普及を目指す市民運動の連続性については、あまり論じられていない。[2] 本章では、一九八六年のチェルノブイリ原発事故後から反・脱原発運動を展開し、提案型の運動として再生可能エネルギー事業に参入した生活クラブ生協グループによるエネルギーに関わる「オルタナティブ」な活動を概観し、都市部に居住する市民とエネルギーの関わりの多様性について考察することを目的とする。[3]

◉生活クラブ生協へのまなざしと着目する理由

生活クラブ生協は一九六五年に東京で誕生した生活協同組合である。二〇二二年現在、一都一道二府一七県に三三の生活クラブ生協があり、組合員数は四〇万人を超える。生活クラブ生協は、「消費材」と呼ばれる食や生活用品の共同購入活動にとどまらず、地域福祉や助け合いの活動、地方議会に議員を輩出する代理人運動や、女性が自ら必要な資金を出し、雇う／雇われるという雇用関係ではない働き方をすることでサービスを提供するワーカーズコレクティブ運動、さらに各地域で生活に関わる多様な市民活動を展開してきた。このような生活クラブ生協のさまざまな実践は、新しい社会運動論やアソシエーション論などの理論的な検討を伴いながら一九八〇年代から研究されてきた。[4] 本章では生活クラブ生協やその組合員による反・脱原発運動、そして再生可能エネルギー事業への展開に焦点を当てる。生活クラブ生協やその組合員は、一九八六年のチェルノブイリ原発事故から、福島第一原発事故を経て今日に至るまで、多様な反・脱原発運動に関わり続けている。また、北海道の生活クラブ生協からスタートした市民出資による風力発電所（市民風車）の建設や、生活クラブ生協グループによる再生可能エネルギー事業への参入にも関わっており、単なるエネルギーの消費者だけではない、一市民のエネルギーへの関わり方を考えるうえで参照点となる対象である。

気候変動問題への対応としてエネルギー転換に不可欠な再生可能エネルギー事業は、自然資源が豊かな地方部で展開されることが多く、都市部の住民はもっぱらエネルギーを消費する側に定位されがちである。それゆえ、都市部に居住する人びとは、脱原発の理念を訴える理想主義的な運動に関わることしか選択肢がないと思われるかもしれない。しかし、生活クラブ生協のエネルギーに関わるさまざまな運動は、都市部の住民であっても、具体的かつ多様なかたちで脱原発やエネルギー転換に寄与できることを示してくれる。

以下、チェルノブイリ原発事故以降の生活クラブ生協の反・脱原発運動の実践（第2節）、東日本大震災後に生活クラブ生協が関わった再生可能エネルギー事業（第3節）の概要を述べたうえで、生活クラブ生協による「オルタナティブ」な実践とそこから導出されるエネルギーと都市住民の関わりについての論点を提示したい（第4節）。

2 チェルノブイリ原発事故後の生活クラブ生協の実践

❁放射能測定運動から反・脱原発運動への展開

一九八六年四月二六日に発生したチェルノブイリ原発事故による放射線の被害は、大気、水、土壌だけではなく農作物に広がった。安藤[2019]によれば、早い段階で海外からの食料品の放射線被害の問題に取り組み、自主的に測定を始めたのは神奈川の生活クラブ生協の組合員であった。生活クラブ生協はそれまで組織として反原発運動に関わったことはなく、組合員も原子力発電の問題点に詳しいわけではなかった。だが、当時の反原発運動に影響を与えた『危険な話』を著したノンフィクション作家の広瀬隆や、原子力資料情報室（CNIC）の高木仁三郎《じんざぶろう》、西尾漠《ばく》などを含む「脱原発知識人」による講演会や学習会で原発による食品被害を学ぶ。そして生活クラブ神奈川の組合員（横浜北部ブロックの緑支部）の一人が「脱原発知識人」の学習会に参加し、その専門家の紹介で生活クラブ生協で取り扱っていたイタリア産のスパゲッティの検査を大学に依頼したところ、スパゲッティ一キログラムに六〇ベクレルのセシウムが検出された。この結果を受けて横浜北部ブロックは、生活クラブ神奈川本部にスパゲッティの供給停止を要請し、これが生活クラブ生協全体での供給停止につながっていく[安藤 2019: 54–56]。

生活クラブ生協を統括する生活クラブ生協連合会は、一九八七年四月八日に「生活クラブのチェルノブイリ放射能汚染対策」を発表し、当時の日本政府の基準（一キログラムあたり三七〇ベクレ

写真7-1・7-2　「放射能汚染茶」の缶詰
撮影：筆者

ル)の一〇分の一に相当する同三七ベクレルを自主的基準とし、独自に食料品の検査を行うことになった。その結果、一九八六年収穫の三重県のわたらい茶の検査で最大で同二二七ベクレルのセシウムが検出され、七・六トンのお茶が供給停止となった。お茶の一部は焼却されたが、生活クラブ生協側に「生産者と痛みを分かち合いながら問題を共に考えていこう」という動きが生まれ、六トンのわたらい茶を生活クラブ生協が引き取り、各地域の生活クラブに配布して原発や放射能について考える材料としていくという活動になった。例えば、「放射能汚染茶」の共同保管をするために汚染茶の缶詰を作ったり(**写真7-1・7-2**)、マヨネーズの空き瓶に入れてお茶を保管し、三〇年後に保管をしていたお茶を放射能検査にかけたりする試みがなされた(5)。

こうした生活クラブ生協の「放射能測定運動」は、生活協同組合だけではなく、市民グループ、自治体も巻き込んだ地域住民グループによっても実施された。また、この放射能測定運動の中には、東京都小平《こだいら》市の市民による、食品の放射能測定室の設置、学校給食の食品汚染の測定と公表、国や東京都に食品の放射能管理を求めた請願運動につながり［安藤 2019: 61-64］、さらに一九八九年には東京都に対して食品安全条例制定を求める直接請求運動へと結実していく(6)。

チェルノブイリ原発事故後には、生協やフェアトレード、八百屋、リサイクルショップ、自然食レストランなど事業を通じて社会問題の解決に取り組む団体のネットワーク（「オルタナティブ」と呼ばれた）が原発問題に関与していった。「放射能測定運動」に関わった生活クラブ生協の組合員の中にも、原発問題に関する市民団体を立ち上げた者もいた。そして、こうした「オルタナティブ」たちが脱原発運動の基盤となったのである［安藤 2019: 74］。

一九八八年一月二五日、二月一一日から一二日にかけて、高松市の四国電力本社周辺で行われた伊方《いかた》原発出力調整実験への抗議活動（高松行動）は、従来型の戦後革新勢力である革新政党と労働組合による組織的な行動ではなく、大分県別府市の女性グループが呼びかけ、全国各地から集まった人びとによって担われた。「原発なくてもええじゃないか」というかけ声や、歌と踊りによる路上の抗議活動は、それまでの抗議活動のスタイルと異なるものとして「ニューウェーブ」と呼ばれるようになった［安藤 2019; 高田 1990］。この高松行動の主催者は、同年二月二九日に通産省への申し入れ行動を行い、さらに同年四月二二〜二三日の東京・日比谷公園での集会（「原発とめよう一万人行動」）では約二万人の人びとが集まった。生活クラブ生協の組合員も、この集会に参加したり、自らが脱原発デモを開催したりするようになった。

以上のようにチェルノブイリ原発事故後の生活クラブ生協の活動は、自ら「放射能測定運動」を立ち上げ、それが脱原発を求める抗議活動につながっていたといえるだろう。

◆生活クラブ生協北海道の反原発運動とその帰結(7)

一方で、全国の生活クラブ生協の中で、反・脱原発運動に組織的かつ積極的に関わったのが生活クラブ生協北海道である。チェルノブイリ原発事故後に初めて原子力発電所が新規稼働されようとした北海道の泊《とまり》原発に対して、一九八八年に生活クラブ生協北海道は、労働組合(全北海道労働組合協議会)とともに「泊原発の可否を問う道民投票条例」の制定を求める直接請求運動を展開した。地方自治法の規定による直接請求署名は、請願・要望のための一般署名とは異なり、署名収集委任者として選挙管理委員会に届け出る必要があり、署名活動自体も有権者の自署、押印が必要とされる。生活クラブ生協北海道の組合員の数は当時一万人程度であったが、三五二六人の組合員が署名活動の受任者となり、有効署名の九〇万筆のうち一五万筆を集めた。札幌圏では三二万人分の署名が集まったことを考えると、生活クラブ生協の組合員がその半数を集めたことになる。

しかし、この泊原発に関する直接請求運動は、北海道議会において条例制定の審議の結果、賛成五二票、反対五四票という僅差で否決されてしまう。この結果を受けて、生活クラブ生協北海道は「政治の壁」を打破すべく、東京や神奈川の生活クラブ生協で展開されていた代理人運動を北海道でも行うようになる(8)。

他方で、生活クラブ生協北海道は、泊原発に対する反対運動を継続しつつ、北海道幌延町《ほろのべちょう》の核廃棄物関連施設の誘致反対運動にも積極的に関与していった。札幌から自動車で六〜七時間かかる幌延町に毎年夏に「幌延サマーキャンプ」と称して赴き、幌延問題に関するビラまきを戸別に行った。サマーキャンプという名のとおり、組合員は家族連れの参加も多く、当初は現地酪農家と組合員との交流の場であったが、その後は、現地の運動家の会合の場や札幌と現地を結ぶ情報交換の場所として機能していった。

一方で、一九八九年の道民投票条例運動後、従来の反原発運動だけを継続することで、運動が自己目的化してしまうことを懸念し、より社会を変える提案型の運動の必要性を生活クラブ生協北海道のメンバーは考えるようになった。そこで、生活クラブ生協北海道は、エネルギー問題に関する対案提示型の運動として「グリーン料金運動」を展開するようになった。米国カリフォルニア州の事例(9)と生活クラブ生協が行う灯油の共同購入のシステムから考案し、月々の電気料金に五％の「グリーン料金」を加えた額を支払い、グリーン料金分を自然再生エネルギー普及(風力発電)のための「基金」にするという活動である。一般家庭で月額四〇〇〇円程度のグリーン料金は、五％分節電すれば基金に拠出する五％分は相殺され、従来の電気料金と変わらず、かつその分だけ環境負荷を下げ環境保全に貢献したことになる。同時に、自然エネルギーのためのファンドができ、風力発電を育てることもできる。このような「個」のライフスタイルを見直しながら、新しい電力源を育てていこうとする提案型の運動として、生活クラブ北海道の職員らが、NPO法人北海道グリーンファンド、北海道市民風力株式会社（現・市民風力発電株式会社）を設立し、出資者二一七人から一億四一五〇万円の出資を集め、二〇〇一年九月に北海道浜頓別町《はまとんべつちょう》に市民風力発電所第一号の「はまかぜ」ちゃんが建設された。その後、北海道グリーンファンドと市民風力発電は、二〇一〇年までに市民出資による風力発電を東日本中心に一二基建設した。また、市民風力発電株式会社は、大手に属さない独立系の風力発電事業のグループを構築し、後述する生活クラブ生協の風車をはじめ、地域社会に資するコミュニティパワーの理念に沿った風力発電建設を後押しする事業を展開するようになった。

以上のように、生活クラブ生協北海道では、反・脱原発運動による対案提示の一つとして再生可能エネルギーの事業化を実現したが、これはエネルギーに関わる日本の環境運動の一つの到達点であると総括してもよいだろう。

3　福島第一原発事故後の生活クラブ生協の実践

放射能測定運動と保養活動

二〇一一年三月一一日に発生した東日本大震災とそれによる福島第一原発事故は、生活クラブ生協に関わる生産者や組合員に大きな影響を及ぼした[10]。

福島第一原発事故による放射性物質の拡散によって、国は食品の暫定規制値を、野菜類の放射性ヨウ素131については一キログラムあたり二〇〇〇ベクレル、放射性セシウムは同五〇〇ベクレルに設定した。しかし、この値はチェルノブイリ原発事故後に生活クラブ生協が定めた自主基準値の同三七ベクレル(国の基準値の一〇分の二)を大きく超えるものであった。そして国の基準が大幅に変わったことで、チェルノブイリ原発事故後から継続してきた放射線量に関する自主管理ができなくなった。そこで、生活クラブ生協は、国の暫定基準値以下であるから問題ないとする態度ではなく、「放射能汚染が人の健康に与える影響に閾値《しきいち》はなく、より影響を受けやすい子どもや妊婦をはじめとして、できるだけ避けるのが望ましい」という考え方をベースにし、食品検査装置を導入して可能な範囲で自主検査を行い、情報を公開した。国が二〇一二年四月に定めた基準値と全品目検査に基づいて独自の自主基準を二〇一二年四月から暫定運用し、さらに二〇一六年四月に、それまでの四年間の測定結果を踏まえて新基準を設定した。

また、食品の検査だけではなく、生活クラブ生協の組合員が住む地域——家庭の周辺や通学路、遊び場など——における放射線量の定期的な測定や、除染活動の効果の測定を行っている。この放射線量の定期観測には、身のまわりの線量を知り原発に異常がないか監視をするという意味合いもあるが、国の線量測定値を鵜呑みにするのではなく、自分たちの手で知ることが重要であるとする「自主管理」という生活クラブ生協の理念や、活動を通じて福島第一原発事故を常に忘れないという思いが反映されている。

さらに、生活クラブ生協は、福島第一原発事故の放射線による子どもたちの甲状腺への影響を懸念して、甲状腺検査の活動と、リフレッシュツアー(保養活動)を行った。チェルノブイリ原発事故において子どもの甲状腺がんの多発が注目されたものの、原発事故と甲状腺がんとの因果関係ははっきりしていない。生活クラブ生協は、子どもの甲状腺の自然経過を示す基礎資料を提示するために甲状腺検査を行い、二〇一二年度から二〇一九年度までのべ五五四二人が参加している。また、子どもたちの外部・内部被ばくを減らし、家族の不安やストレスを軽減させるために、福島県や栃木県などの生活クラブ生協の組合員の子どもや家族を受け入れるリフレッシュツアーが実施されている。二〇一一年度から二〇一九年度まで一二三企画、のべ一八六一人が参加している。この二つの活動は二〇二五年度まで継続することが決まっており、活動費は生活クラブ生協の組合員からの復興支援カンパによって支えられている。

これらの活動は、生活クラブ生協の組合員に向けた活動であるが、原子力発電そのものに対する抗議活動にも生活クラブ生協は関わっている。例えば、二〇〇七年七月から青森県六ヶ所村にある核燃料再処理工場の本格稼動に反対し、中止を求める脱原発の活動を行っている「『六ヶ所再処理工場』に反対し放射能汚染を阻止する全国ネットワーク（阻止ネット）」に参画し、青森県六ヶ所再処理工場に関わる現地集会への参加、原発における安全基準・規制基準、核燃料サイクル政策、エネルギー政策に関する政府、関連省庁、原子力規制委員会への意見提出などを行っている。

そして二〇一〇年に生活クラブ生協連合会は、「原子力発電に依存しない、脱原発社会、持続可能なエネルギー社会に向けた取組みを進めます」という脱原発に向けた方針を掲げ、東日本大震災と福島第一原発事故が起きたことによって、二〇一二年六月の通常総会において特別決議「脱原発社会をめざしましょう」を採択し、脱原発運動をより進めることになった。さらに二〇一三年八月からは、原発事故被害の当事者・支援団体などと連携して請願署名や政府交渉、集会開催などの活動をしている「原発事故被害者の救済を求める全国運動」に参加し、「さようなら原発一〇〇〇万人署名」への取り組みと「さようなら原発集会」への参加、原発事故被害者の救済を求める請願活動、関連する学習会やシンポジウムの開催等を行っている。

◆コミュニティパワーとしての生活クラブ風車(11)

生活クラブ生協はチェルノブイリ原発事故や福島第一原発事故後から、原子力に対する抗議活動と原子力災害の被害に対応した活動を行ってきたが、先述した市民風車を生み出した生活クラブ生協北海道から誕生した市民風力発電株式会社のサポートによって、再生可能エネルギー事業に参入した。その最初の試みが、首都圏の四つの生活クラブ生協(東京・神奈川・埼玉・千葉)が出資をし、二〇一二年五月に秋田県にかほ市に建設された生活クラブ風車「夢風」である(写真7–3)。

だが、この生活クラブ風車「夢風」の企画段階においては、生活クラブ生協の組合員から反対の声もあがった。風力発電を地域外につくり、その電気を首都圏の生活クラブ生協が使うということは、東京電力が福島に原子力発電所をつくったのと同じ構図だからである。また、生活クラブ生協はこれまで秋田県にかほ市の生産者とのつながりはなかった。そこで、風車建設に関わった生活クラブ生協の関係者は、風車の立地点の住民やにかほ市の生産者と、生活クラブ生協との交流を深める試みを行い、生活クラブ生協とにかほ市との連携を図った。具体的には、首都圏の生活クラブ生協の組合員が風車を見学し、立地点の住民と定期的に交流したり、にかほ市の生産者が生活クラブの組合員と共同で生活クラブ独自の添加物基準をクリアした消費財「夢風ブランド」

を開発した。また生活クラブ風車「夢風」の運営主体であるグリーンファンド秋田が、年間売電量一キロワットアワーあたり〇・五円を「まちづくり基金」としてにかほ市に拠出し、立地点の地域活動をサポートすることになった。

写真7-3　秋田県にかほ市の生活クラブ風車「夢風」
写真提供：生活クラブエナジー

さらに、このような生活クラブ生協との交流や地域間の連携は、風車立地点の住民の生活クラブ風車へのまなざしも変化させている。立地点住民は生活クラブ生協の組合員との交流を楽しみにしているだけではなく、日常的に「にかほ市にたくさんの風車があるが、生活クラブの風車だけは『回っている、回っていない』って気になる」と言う。秋田県にかほ市周辺には多くの風力発電が建設されており、風車に対する反対運動も見られるが、この生活クラブ風車「夢風」は、地域社会の中で受容されているといえるだろう。

一方で、二〇一四年には、生活クラブ生協連合会と生活クラブ生協北海道が出資した風車「厚福丸《こうふくまる》」が北海道石狩市厚田《あつた》区に完成した。この風力発電に対する反対運動が存在したが、風力発電事業者である市民風力発電株式会社の担当職員による丁寧な説明によって地域住民との信頼関係が構築され、地元住民は「厚福丸」を受け入れている。また、厚田区は生活クラブ生協北海道の配達区域外であるが、厚田産の原料を使った消費材の開発がなされ、生活クラブ北海道の組合員が共同購入するようになったり、厚田区の祭りに生活クラブ生協北海道がブースを出し、多くの組合員も参加するようになっている。そして、にかほ市の事例と同様に、風力発電の売電利益が石狩市のまちづくり基金として使われている。

このように生活クラブ生協は、市民風車を生み出した市民風力発電株式会社と協働して、地域社会に資するコミュニティパワーの理念に沿った風力発電事業を展開していることがわかる。そして二〇一四年には、生活クラブ生協の組合員に電力を小売りできる「生活クラブエナジー」という組織もつくった（電力供給は二〇一六年開始）。原発や化石燃料による電力になるべく頼らず、再生可能エネルギーを自らつくり、組合員が共同購入して利用するという「エネルギー自治」に向けた実践を実現させたのである。

❁エネルギーを通じた持続可能な地域社会の構築――庄内FEC自給ネットワーク

さらに生活クラブ生協は二〇一九年に、生活クラブ生協が共同購入する米の主要産地である山形県遊佐町《ゆざまち》に、出力一八メガワット、約五七〇〇世帯分の発電が可能なメガソーラー「庄内・遊佐太陽光発電所」を建設した。大規模な太陽光発電に対しては、地域住民による反対運動が展開されることが多いが、長年の生活クラブ生協と遊佐町の生産者との産地提携の歴史もあり、他地域のような反対運動はなかった。

この庄内・遊佐太陽光発電所で発電した電気は、生活クラブエナジーを通じて、生活クラブの事業所や組合員に届けられるが、発電事業の利益のうち、年間一〇〇〇万円が「庄内自然エネルギー発電基金」になっている。そして、この庄内自然エネルギーの発電基金は、「庄内FEC自給ネットワーク」の構築に使われている。FEC自給ネットワークは、評論家の内橋克人《うちはしかつと》が提唱したFEC自給圏をもとにした発想で、F(Food)、E(Energy)、C(Care)を地域内で自給する、持続可能なコミュニティのことであり、生活クラブ生協は主に都市部でその実践を目指してきたが、それを生活クラブ生協の主要生産地でも展開しようと試みている。

山形県遊佐町に隣接する酒田市は、人口減少対策として「生涯活躍のまち構想」を掲げ、首都圏に住む人びとが移住し、まちづくりに参加し、働き、社会に貢献する暮らし方・住まい方を生活クラブ生協とともに提案した。生活クラブ生協の組合員の中には、首都圏の医療・福祉サービスの脆弱性に鑑み、高齢期の暮らし方として、長年食べてきた消費材の産地で暮らしたいというニーズがある。一方で、酒田市としては「元気な高齢者」の移住によって人口減少を食い止めることができる。酒田市は高齢者支援の総合的サービスを地域で提供する地域包括ケアシステムを充実させてきたが、そこに生活クラブ生協の組合員が参加して「生涯活躍ができる場」の拠点づくりが目指されている。そしてこの拠点の運営に、先述した遊佐町のメガソーラーによる基金が使われる。

つまり、庄内FEC自給ネットワークとは、遊佐町の太陽光発電(E)の売電利益による基金の一部が、酒田市の豚肉、遊佐町の米などの消費材（F）に魅力を持つ生活クラブ生協の組合員の移住のための福祉（C）施設や、地域の拠点づくりに使われる構想である。生活クラブ生協が食、エネルギー、福祉など多岐にわたる活動を行ってきたからではあるが、再生可能エネルギー事業が持続可能な地域社会へ向けた手段として活用できることを示している。そして、この庄内FEC自給ネットワークは、「地域循環共生圏（ローカルＳＤＧｓ）[12]」が具体化された事例であるといえる。生活クラブ生協は、一歩先を見据えて社会が必要としているものを取り入れ、活動しているといえるだろう。

4 まとめにかえて――生活クラブ生協が創出したオルタナティブ

本章では、チェルノブイリ原発事故以降の生活クラブ生協の反・脱原発運動と再生可能エネルギー事業の実践について述べてきた。最後にこれらの活動から導出される論点を提示しておきたい。

第一に、生活クラブ生協やその組合員が実践してきたエネルギーに関わる運動の多様なかたちを確認しておきたい。既存の権利の侵害に抵抗するための活動（re-active）と新しいものを獲得するための活動（pro-active）という抗議活動の類型を用いると、後者（pro-acitve な活動）であることが見いだせるだろう。そしてこの活動は、生活クラブ生協で使われる「オルタナティブ」という言葉と共鳴している。

生活クラブ生協神奈川の初代理事長の横田克巳は、一九八四年の総代会（協同組合における組合員を代表する総代が集まって開く最高の意思決定機関）で初めて「オルタナティブ」という言葉を提案した。「いくつもの可能性の中から選ぶ」「代案・代替」「もうひとつの」「等身大の」という意味だけではなく、生活クラブ生協では「いままでのようには生きない」という主体性を込めた意味としても用いているという。つまり、「既存の秩序とその価値体系がもつ強制力を相対化し、未来に現実的可能性を切り開く認識と実践の契機をつくるためのキーワードとして有効である」として「オルタナティブ」を提起している［横田 1989: 48］。

先述したように、チェルノブイリ原発事故や福島第一原発事故後の食品に対する放射線の基準に対して、生活クラブ生協は国とは異なった独自の基準を示し、自主運営・自主管理を徹底させてきた。また、政府の原子力政策、原子力発電所のあり方に対する抗議活動をチェルノブイリ原発事故後から継続する一方、甲状腺検査や保養活動を行っている。そして、生活クラブ生協北海道の反原発運動は、グリーン電気料金運動から市民出資の風力発電事業へ参入し、その後、全国各地の市民出資の風力発電事業や生活クラブ生協の再生可能エネルギー事業を事業面から支えることになった。さらに、生活クラブ生協が建設した山形県遊佐町のメガソーラーの収益を基金化し、都市部に居住する生活クラブ生協組合員の医療介護ニーズに伴う移住と、酒田市の人口減少対策をマッチさせたFEC自給ネットワークの実践は、政府の施策である「地域循環共生圏」を具体化したものである。このように、生活クラブ生協のさまざまな「オルタナティブ」な活動は、時には政府の施策への批判が含まれ、時には政府が目指す施策にも合致しているといえる。

原子力発電所や国の原子力政策に抗議していた生活クラブ生協が、市民出資の再生可能エネルギー事業に参入した事実に対して、社会運動の抗議形態の質的な変化を研究者が強調するあまり、「生活クラブ生協が反原発運動から脱原発運動へと転換した」という命題が提示されがちである。また、「市民運動ではなく市民活動。市民活動ではなくＮＰＯ活動」と社会運動の実践の呼び方が変化した背景には、「過去の運動よりも新しい運動に価値があるという無自覚の前提」によって、「類型論と段階論とが無媒介に重ね合わせられる」ためである。つまり、特定の集合行為が「古い型」のものとされ、また別のものが「新しい段階」のものへと「無媒介」に意味づけられた結果、現に生き生きと行われている活動や運動が「段階論」的に価値づけられ、選別されるという問題が発生する〔道場 2006〕。だが、生活クラブ生協の「抵抗型」の活動があったからこそ「提案型」の活動が生まれたわけであり、さらに現在も抗議活動は継続していることに十分留意する必要がある。

第二に、エネルギーと都市住民という関係性について、これまでみてきた生活クラブ生協の「オルタナティブ」な活動は、脱原発の理念を訴える理想主義的な運動を超えた、エネルギー転換に不可欠な再生可能エネルギーの普及に関わる活動であったといえるだろう。

二〇一二年に再生可能エネルギーの普及のために導入された固定価格買取制度（ＦＩＴ）によって、再生可能エネルギー事業への参入が相次ぎ、とくに大規模な太陽光発電所（メガソーラー）の開発に伴って地域住民とのコンフリクトが顕在化しつつあるが、このような事例に対しても生活クラブ生協による再生可能エネルギー事業は示唆的である。秋田県にかほ市や北海道石狩市の生活クラブ風車は、立地点地域への経済的な効果だけではなく、人的交流が進み、再生可能エネルギー事業に対する立地点住民の地域的受容性を上げることになった。山形県遊佐町のメガソーラー事業は、FEC自給ネットワークというローカルSDGsの試みにも発展している。

生活クラブ生協と同様に、再生可能エネルギーを他の事業者から調達し、再生可能エネルギーの比率を高めた事業はあり、その中には大手の生活協同組合もある。再生可能エネルギーを重視した電力を選ぶエシカルコンシューマー（倫理的消費者）の選択肢を増やすという意味では重要である。だが、生活クラブ生協は自ら再生可能エネルギーを生産し、立地点の住民や事業者、自治体と交流し信頼を重ねながら、関わる主体に対して新たな価値をつくり出している。[13] この生活クラブ生協の活動の実践の根幹には、「組合員参加」という理念、つまり一人ひとりがさまざまな実践に関わることを重要だとする考え方がある。このことは生活クラブ生協が、多様な人びとの参加によって新たな価値をつくり上げていく社会運動であることの証左でもある。[14] そして、人びと・社会とエネルギーの関係を再考し、「オルタナティブ」な実践をつくり出す主体が、エネルギー転換には不可欠であることを、生活クラブ生協の諸実践は示しているといえるだろう。

第三に、従来のエネルギーの供給システムが、「周辺」地域に発電所を設置し意思決定は中央集権的であるという〈中心―周辺〉関係であるのに対して、再生可能エネルギーの導入によってエネルギー供給システムが自立分散型になるという指摘があるが、生活クラブ生協の実践はその命題の相対化と現実的な解を示してくれる。地方部において再生可能エネルギーが普及することにより、自立分散型のエネルギー供給が広がる可能性は否定しないが、エネルギーの資源分布を考えると、都市部においては住宅用の太陽光発電の普及が大規模に進んだとしても、そもそもエネルギーの需要量が多いため、エネルギーの自立は不可能である。したがって問われるべきは、エネルギーの需給関係の非対称性を前提としたうえで、エネルギー供給をめぐる公正な分配と手続き的な正義を担保することであろう。

近年、再生可能エネルギーに対する反対運動が展開され、その論理はさまざまである。反対運動の中には非科学的な内容に基づくものもあるが、再生可能エネルギー事業そのものの是非よりは開発手続きに対する不満をもとにした抗議活動である場合もある。ここで抗議活動の是非は問わないが、例えば再生可能エネルギー施設の建設によって景観が変わったり、地元住民が重視している自然環境の改変がもたらされる可能性があったりして、「地域固有の価値」が重視されると、気候変動問題の解決策としての再生可能エネルギーの普及という大義名分があったとしても、事業の合意形成に至らない場合もある。また、形式的な説明会の開催や、懐柔策にすぎない地域貢献がかえって立地点住民の信頼を損なうケースもしばしば見られる。つまり、エネルギー供給をめぐる公正な分配と手続き的な正義の担保のためには、事業の関係者と立地点の地域住民との信頼関係の構築が重要となる。先述したとおり、秋田県にかほ市、北海道石狩市の生活クラブ生協の風力発電事業は、生活クラブの組合員と地域住民との交流から信頼が生まれた事例であり、山形県遊佐町の大規模太陽光発電事業が円滑に進んだ背景には、長年の生活クラブ生協と遊佐町の住民との信頼関係が存在した。エネルギーの需給関係が非対称であるなかで、需要側の都市部が供給側の地方を搾取していると当事者がみなさないように、分配と手続きに関わる公正さの模索を生活クラブ生協は実践している。それは、都市住民によるエネルギーへの関与のオルタナティブの一つのかたちであろう。
環境問題に限らず、社会構造の問題点を明らかにする社会学は、告発型の社会運動と同様の役割を果たしてきた。一方で、現場では「研究者は構造的な問題ばかり指摘して何も解決をしない」という声も耳にする。本章で紹介してきた生活クラブ生協のオルタナティブな活動は、エネルギーに関わる社会運動にとっては多様な行為レパートリーの提示として、地域社会の受容性を高める再生可能エネルギー事業にとっては、コミュニティパワーのグッドプラクティスの紹介としての意味を持つ。そしてさらに規範的な議論に踏み込めば、グッドプラクティスが可能になる要因は何かという問いを立てた比較研究が、構造的な問題の指摘にとどまらない実践志向の環境社会学にとっては重要であろう。

註

(1) 反核運動として、一九八二年の第二回国連軍縮特別総会に向けた署名活動の参加に関する実証的分析に、片桐[1995]がある。

(2) 佐藤[2016]は、東日本大震災後に首都圏の市民活動団体に対する調査票調査のデータを用いて震災前の活動歴に基づく団体群と震災後の活動歴に基づく団体群を比較し、震災前の「反原発団体」は震災後に「原発反対・重点型」「原発反対・多方面型」となり、震災前の「環境団体」は震災後に「エネルギーシフト・重点型」となる傾向があることを示している。これは震災前の反原発運動と、震災後の再生可能エネルギーの普及へ向けた活動に関連がないことを示唆している。また、福島原発事故後に募集された市民出資による再生可能エネルギー事業における出資者が、原発立地点や官邸周辺の原発再稼働反対デモ、地域の太陽光発電や風力発電事業に参加した経験があるかどうかを分析した結果、地域で太陽光発電や風力発電事業に参加した人は反原発運動に参加していない事例が多い(会津電力〔福島県喜多方市〕、市民風力発電〔北海道石狩市〕、ほうとくエネルギー〔神奈川県小田原市〕など)。だが、富岡復興ソーラー(福島県富岡町)の事例では、原発の立地点における原発反対運動の参加者が地域の太陽光発電事業と関わる傾向もみられる[Nishikido *forthcoming*]。

(3) 本章で紹介する生活クラブ生協の組合員の中で、チェルノブイリ原発事故後の運動に関わった組合員が、二〇一一年の福島第一原発事故やその後の運動に対してどのような思いを持っているかという点については、安藤[2019]を参照のこと。

(4) 一九八〇年代半ば以降の首都圏の生活クラブ生協に関する調査を行った佐藤慶幸らの調査研究[佐藤1988, 1996; 佐藤ほか編 1995]や、二〇〇〇年代に生活クラブ生協北海道や東京における組合員活動に関する調査を行った西城戸誠・角一典の研究[西城戸・角 2006, 2009, 2012]がある。一方で、生活クラブ生協を「持続可能な消費」を実現する媒体としてとらえる研究[藤原 2021]は、社会運動研究とは違ったかたちでの生活クラブ生協に対する研究として注目される。

(5) 生活クラブ生協連合会ウェブサイト「チェルノブイリ事故から三一年　当時のお茶を検査しました」(二〇一七年六月九日)。
(https://seikatsuclub.coop/news/detail.html?NTC=0000044055)[最終アクセス日：二〇二二年二月二六日]

(6) 生協や消費者団体などによって集められた署名は五五万筆に及んだ。条例案は否決されたものの、東京都の食品安全予算が増大した。なお、二〇〇三年に国が食品安全基本法を制定し、東京都でも二〇〇四年に食品安全条例が制定された。東京・生活者ネットワークウェブサイト「食品安全の取り組みを学ぶ」(二〇〇七年一一月二二日)参照。
(https://www.seikatsusha.me/blog/2007/11/22/3707/)[最終アクセス日：二〇二二年二月二六日]

(7) 本項は、西城戸[2008]の記述をもとにしている。

(8) 一九九〇年に市民ネットワーク北海道が結成され、翌年には札幌市、石狩町(当時)に合計四名の議員を輩出することになった。市民ネットワーク北海道は、福祉問題(介護保険、子育て支援、高齢者保健福祉計画など)や学校給食、遺伝子組み換え食品に関する問題など日常生活に関わるものから、丘珠《おかだま》空港問題、千歳川放水路問題、当別ダム建設問題など、地域社会のさまざまな問題を取り上げている。

(9) このグリーン電気料金運動のきっかけは、長谷川[1996]が紹介した米国カリフォルニア州サクラメントにおいて再生可能エネルギーを増やすためのグリーン料金制度（住民が月四ドル負担）がヒントとなっている。実践的な問題解決を志向する環境社会学の研究が現場の実践に応用された事例として高く評価されよう。

（10） 生活クラブ生協が取り扱う農産物・食品の生産者は東北地方であることが多く、被災した生活クラブとともに東北を中心に東日本にある二五の製造拠点の支援を行った。また、二〇一一年五月には、生活困窮者支援を行ってきたＮＰＯ法人ホームレス支援全国ネットワークとグリーンコープ共同体（現・グリーンコープ生活協同組合連合会）、生活クラブ生協連合会が被災者支援共同事業体として「共生地域創造財団」（二〇一二年一〇月より公益財団法人）を設立し、被災地で活動する団体へ物資支援、助成支援、復興商品の販売支援をする中間支援事業と、被災地域ごとに応じた課題への取り組み（居住支援、困窮者支援、就労支援、自宅の再建支援、買物代行、コミュニティづくりや地域食堂など）を行った。

（11） 本項と次項は、西城戸［2022］の記述をもとにしている。

（12） 「各地域が美しい自然景観等の地域資源を最大限活用しながら自立・分散型の社会を形成しつつ、地域の特性に応じて資源を補完し支え合うことにより、地域の活力が最大限に発揮されることを目指す考え方」。二〇一八年四月に閣議決定された「第五次環境基本計画」で示された。

（13） ただし、「新たな価値」が相対的に発言力の強い運動の論理を押しつける結果になってはならない。

（14） 「参加民主主義」という価値の重要性が生活クラブ生協の組合員に疎まれたとき、生活クラブ生協の運動の停滞につながる。組合員活動への忌避はその予兆かもしれない。

第8章

地域分散型再生可能エネルギーの進展とその障壁

古屋将太

1 はじめに

化石燃料および原子力から再生可能エネルギーへの転換は、エネルギー技術の置き換えにとどまらず、広範な社会システムの変化を伴う。そのプロセスでは、ガバナンスのあり方も従来の中央集中型でトップダウンのアプローチから、地域分散型でボトムアップのアプローチへの変革が必然的に求められ、これまで国内外でさまざまな取り組みが展開してきた。

本章ではまず、再生可能エネルギーと地域分散化に関する歴史的な背景と国際的な定義を踏まえたうえで、日本国内での動向を概観する。次に、国のエネルギー政策とガバナンスに焦点を当て、分散化を阻む壁についてみていく。最後に、再生可能エネルギー事業を通じてエネルギーの地域分散化の動きが集積しつつも、中央集中型との一進一退が繰り返される構造転換の困難と、その打開に向けた手がかりを考察する。

2　再生可能エネルギーと地域分散化――コミュニティパワー

地域の人びとが中心となって進める再生可能エネルギー事業は、一九八〇年代のデンマークの風力協同組合を起源として、一九九〇年代から二〇〇〇年代にかけて欧州で活性化し、日本やオーストラリアや南米、アフリカでも同様の取り組みが広がっていった。こうした取り組みは、「コミュニティパワー(Community Power)」の国際的な定義のもと、世界各地で推進されている。

◆背景と定義

地域分散型再生可能エネルギーの取り組みの起源は、一九八〇年代のデンマークの風力協同組合にある。デンマークでは、石油危機が発生した一九七三年当時、国内のエネルギー需要の九〇%以上を石油、石炭、天然ガスなどの化石燃料で賄っていたため、国全体で経済に大打撃を受けることとなった。そのため、省エネルギーと再生可能エネルギーを推進する方向性を早い段階から国レベルで模索していた。その一環として、先駆的に風力発電の技術開発が進められ、一つの到達点として、「フォルケホイスコーレ」(北欧独自の全寮制の成人教育機関)のエンジニアと学生の実践により、「トヴィン風車(Tvind Wind)」が一九七六年に稼働を開始した。

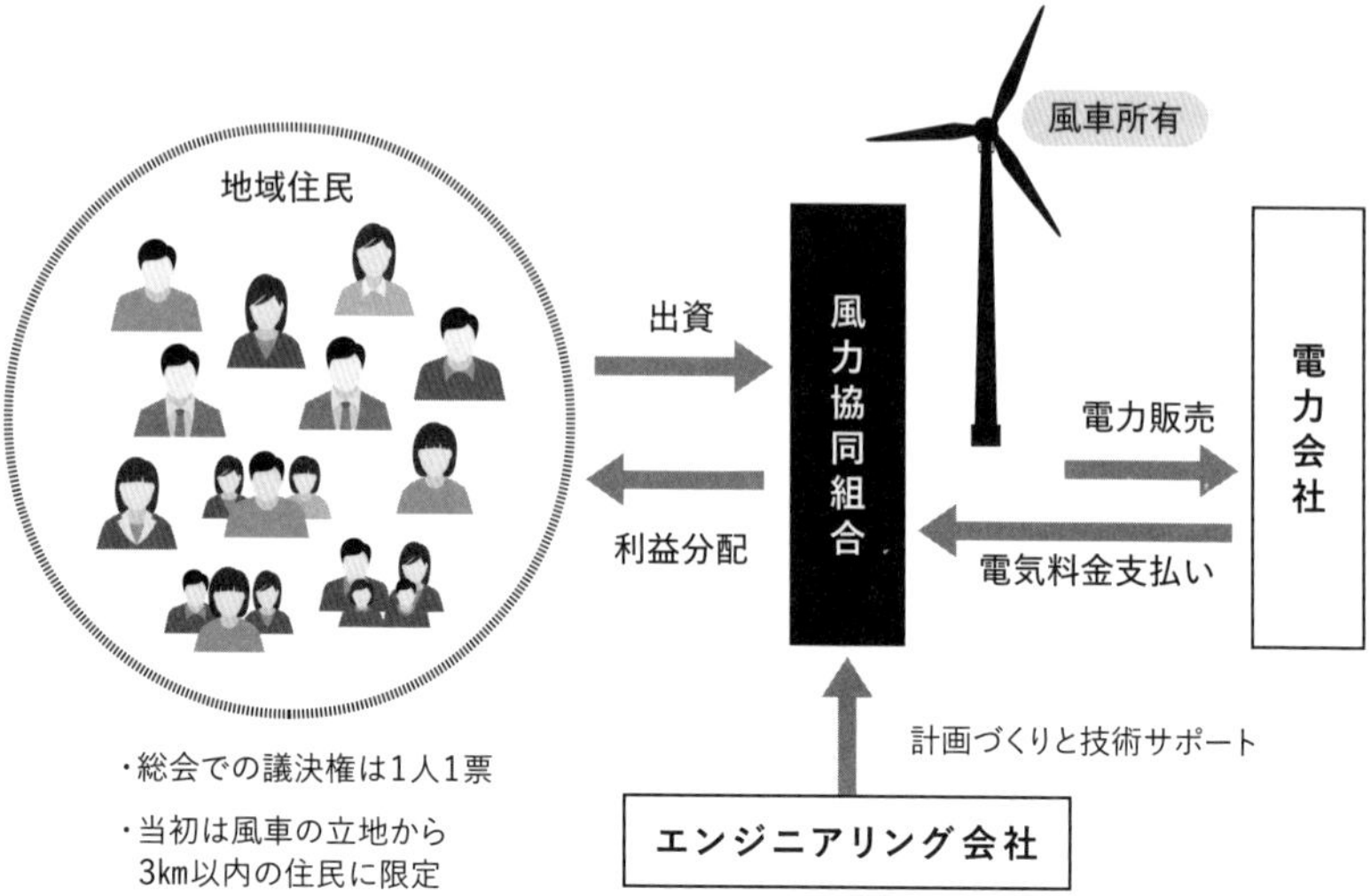

図8-1　風力協同組合の仕組み
出所：筆者作成.

一九八〇年代に入ると、こうした草の根エンジニアによる技術開発と、平坦で風の強い地理的条件の優位性、さらに協同組合を重視する文化的慣習などが組み合わされ、次第に地域住民が協同組合で風力発電事業を行う動きが活性化する（図8-1）。

風力協同組合の組合員は、総会で一人一票の議決権を持って参加し、例えば風車の立地や機種の選定、資金調達や事業計画などの意思決定にかかわる。そして、目標とする売電収入が達成された暁には、組合員には収益が分配される。この仕組みにおいて、地域住民は風力発電の影響を受ける主体であると同時に、事業の開発主体でもあるため、事前に予測されるネガティブな影響を最小化しようとするインセンティブが働くと同時に、収益性を高めるための効率化を追求するインセンティブも働く。

こうした参加型の事業モデルの普及が全般的にデンマークにおける風力発電の社会的受容性を高め、二〇一〇年代初めまでにデンマークで導入された風力発電の約八〇％が協同組合もしくは農家などの個人による所有となっていた［Gipe 2012］。また、一九九六年に最初期の洋上風力発電がコペンハーゲン沖で計画された際にも協同組合モデルが取り入れられ、二〇基のうち半分が市民による所有となり、二〇〇一年から稼働を開始したミドルグルンデン洋上風力発電は現在も民主的なエネルギー転換の象徴となっている。

地域レベルでは、一九九七年から人口約四〇〇〇人のサムソ島で再生可能エネルギー一〇〇％を目指す取り組みが始まり、ここでも地域住民と専門家、自治体などの丁寧な合意形成と参加のもとで陸上／洋上風力発電、太陽熱・バイオマス利用の地域熱供給などのプロジェクトが実現し、一〇年後の二〇〇七年には住民参加で再生可能エネルギー一〇〇％を実現し、世界的な成功モデルとなっている［Jørgensen et al. 2007］。

同じく協同組合の伝統を持つドイツでは、デンマークの風力協同組合の成功を参照しつつ、一九九〇年代に北部で風力協同組合の取り組みが始まる。二〇〇六年に協同組合法が改正され、設立の基準が緩和されたことで、太陽光発電やバイオマス／バイオガス事業でも協同組合方式の取り組みが増え、二〇一一年の福島原発事故をきっかけにその動きは加速し、二〇一九年には約八八〇のエネルギー協同組合に約二〇万人の個人が参加するに至っている［DGRV 2020］。

以上のような歴史的背景により、協同組合に代表されるような地域の住民がかかわり、地域にメリットをもたらすポジティブな再生可能エネルギーのあり方を定義し、推進していく必要があるとの観点から、デンマーク、ドイツに起源を持つ世界風力エネルギー協会（WWEA：Word Wind Energy Association）はワーキンググループを立ち上げ、世界各地で同様の取り組みを進める実践者や研究者らと議論を積み上げていった。そして、二〇一一年に「コミュニティパワー」の定義を発表している。

コミュニティパワーの三原則
(1) 地域の利害関係者がプロジェクトの大半もしくはすべてを所有している
(2) プロジェクトの意思決定はコミュニティに基礎をおく組織によって行われる
(3) 社会的・経済的便益の多数もしくはすべては地域に分配される
これら三つの基準のうち、少なくとも二つを満たすプロジェクトは「コミュニティパワー」として定義される。［WWEA 2011］

この定義のもと、日本では福島原発事故後に地域主導型再生可能エネルギーの取り組みが展開し、オーストラリアではコミュニティによる風力発電や太陽光発電の取り組みが活性化し、アフリカではマリ共和国で電力会社の送電網につながっていない「オフグリッド型」[1]の取り組みも見れるようになり、国際的なコミュニティパワー推進の運動が広がっていった。また、二〇一七年には国際再生可能エネルギー機関（IRENA）にコミュニティエネルギー・ワーキンググループ[2]が設立され、三つのレポートが発表されている［IRENA Coalition for Action 2018, 2020, 2021］。

◆エネルギーと地域の自律

このように、約四〇年にわたって世界的な広がりを持つようになったコミュニティパワーの取り組みの根底にあるのは、中央集中型で構成されてきたエネルギーの政治・経済構造を、地域の文脈の中で当事者性をもってとらえ直し、地域の自律につなげるという意思である。これに関して、オーストラリアの先住民コミュニティによる太陽光発電事業を最も象徴的な事例として見ることができる。

オーストラリアでは石炭ロビー勢力が非常に強く、長年、連邦レベルで再生可能エネルギーの推進は困難に直面してきた。一方、二〇一一年にビクトリア州で初めて住民所有の「ヘップバーン風力協同組合」が誕生し、この成功をきっかけとして全国的にコミュニティパワー推進の運動が展開し、二〇一〇年代を通じてコミュニティエネルギー・セクターが確立されている［古屋・西城戸 2021］。そして二〇一七年、ビクトリア州の支援プログラム「コミュニティパワー・ハブ」の一つであるギプスランド・コミュニティパワー・ハブに、先住民コミュニティによる太陽光発電事業の構想が持ち込まれる。

一万八〇〇〇年前から東ギプスランドを統治してきたラマユック先住民コミュニティは、近代化のもとでさまざまな困難に直面してきた。現在もアルコール依存による健康問題やドメスティック・バイオレンス、育児放棄などの家庭問題を抱えることが多く、コミュニティ支援機構であるラマユック地区先住民機構（RDAC：Ramahyuck District Aboriginal Corporation）は、こうした問題に対してさまざまな支援サービスを提供してきた。しかし、活動の財源の四〇%はビクトリア州政府、四〇%は連邦政府からの助成金で賄われており、柔軟な運用が難しく、金額も年々縮小されていく流れにあり、今後、いかにして自律的な財源を確保するかが大きな課題となっていた。

そうしたなかで、二〇一七年にRDACのCEOに就任したデヴィッド・モーガン氏は、コミュニティの知人から、ワイン製造用のブドウを生産していた一六ヘクタールの農地の水が枯れてしまい生産を中止した話を聞き、そこで太陽光発電事業ができるのではないかとのアイディアを思いつく。モーガン氏は、コミュニティパワー・ハブにプロジェクトのアイディアを持ち込み、さまざまなアクターとの協力のもとで各種調査を進めるとともに、ラマユック先住民コミュニティが所有し、自らの意思決定で便益を享受できるビジネスモデルと資金調達を模索している［古屋・西城戸 2021］。コロナ禍の影響で当初の想定よりも時間はかかったものの、技術的課題や資金調達の課題をクリアし、四・九メガワットの太陽光発電所の建設を進めている。売電収益は、歯科医療サービスや若者の雇用・訓練機会に充てられるほか、文化的に安全な医療サービス、家庭内暴力防止プログラム、薬物・アルコール管理の取り組みを地域社会に提供するためのアボリジニ医療従事者一名とメンタルヘルス臨床医二名を常勤で雇用する資金となる予定である［Costa 2021］。

3　日本の先駆的取り組みから3・11後の全国展開

日本国内では、一九九〇年代の市民フォーラム2001による「市民によるエネルギー円卓会議」とそれに続く「自然エネルギー促進法」市民立法運動〔飯田 2002〕を前史として、二〇〇一年に北海道浜頓別町で稼働を開始した市民風車「はまかぜ」ちゃんがコミュニティパワーの最初の取り組みとなった。事業主体であるNPO法人北海道グリーンファンドは、生活クラブ生協北海道を母体として一九九九年に設立され、原発も地球温暖化もないエネルギーの未来を選択する実践の一つとして、国内で初めて市民出資による風力発電事業を実現させた〔鈴木 2002〕。さまざまな専門家との協働によって開発された市民出資スキームは、グリーンエネルギー青森による「わんず」（青森県鰺ケ沢町《あじがさわまち》、二〇〇三年二月稼働）、市民風車の会あきたによる「天風丸」（秋田県潟上市《かたがみし》、二〇〇三年三月稼働）へと展開した。そして、二〇〇〇年代を通じて北海道、東北、関東で複数の後続プロジェクトが各地の主体を中心に開発されていった。

これらの初期市民風車の成功と並行して、二〇〇四年に長野県飯田市に設立されたおひさま進歩エネルギー株式会社が、市民出資スキームを活用した大規模な市民太陽光発電事業を国内で初めて実現させている。この事業は、飯田市が環境エネルギー政策研究所の支援のもとで作成した計画が、環境省「環境と経済の好循環のまちモデル事業」に採択されたことで動き出し、前例のないさまざまな課題に直面しながらも、一般市民四七六名から総額二億一五〇〇万円を調達し、市内三六か所の公共施設の屋根に太陽光発電を導入した〔おひさま進歩エネルギー株式会社 2012〕。

その後、二〇〇五年には岡山県備前市で設立された備前グリーンエネルギー株式会社が、同様のスキームを活用したバイオマスおよび太陽光発電事業を展開するなど、二〇〇〇年代を通じて市民による再生可能エネルギー事業の先駆的取り組みは、少数ながらも一定の成果を生み出していった。

◆東日本大震災・福島原発事故後の全国的展開

二〇一一年三月一一日に東日本大震災および福島原発事故が発生し、直後から全国的にエネルギー・原子力問題が政治・経済の中心課題となった。反原発デモなどの抗議運動が各地で見られるようになる一方で、自らの使うエネルギーを自らの地域で生み出すようにエネルギー転換を進めるべきではないかと考える多数の人びとが、全国各地で再生可能エネルギーについて学ぶ機会を持つようになった。こうした動きに呼応するかたちで、環境省は二〇一一年から人材育成と初期事業形成を目指す「地域主導型再生可能エネルギー事業化検討業務」を開始し、二〇一一年から二〇一三年にかけて二五地域を採択し、専門家によるコーディネーター研修会と現地のステークホルダーを巻き込んだ協議会を連動させながら、体系的に事業主体の立ち上げと初期事業の実現可能性調査が進められた。

コーディネーターたちは、再生可能エネルギー事業の基本的な知識を研修会で学び、3・11以前の先駆的事例を参考に具体的なビジネス・ファイナンスモデル構築を実践し、協議会で地域のステークホルダーとの合意形成を進めた［飯田・環境エネルギー政策研究所編 2014］。二〇一二年から固定価格買取制度（FIT：Feed in Tariff）が始まったことも追い風となり、ほうとくエネルギー（神奈川県小田原市）、しずおか未来エネルギー（静岡県静岡市）、上田市民エネルギー（長野県上田市）、徳島地域エネルギー（徳島県徳島市）など、このプログラムを通じてコミュニティパワーの成功事例が全国的に展開することとなった。また、同様の取り組みを独自に進めようとする地域が、先行する他の地域と交流・相互学習することで、次々と取り組みが広がっていった（例えば、会津電力〔福島県会津地域〕、宝塚すみれ発電〔兵庫県宝塚市〕、市民エネルギーやまぐち〔山口県周南《しゅうなん》市〕など）。その結果、各地のリーダーたちがネットワークを構築するようになり、二〇一四年五月には全国ご当地エネルギー協会が設立され、再生可能エネルギーに関する政策や市場の動向や新たなビジネスモデルなど、さまざまな情報の共有が進められるとともに、地域主導型再生可能エネルギーを推進するための政策提言が集合的に行われるようになった。

このように、3・11をきっかけに日本国内のコミュニティパワーはセクターとして基盤を確立した一方で、後述する二〇一四年の「九電ショック」をきっかけとして、エネルギー政策・市場の壁に直面し、新たな方向性を模索することとなる。

◆地域新電力の試み

3・11後に発電側のコミュニティパワーが活性化した一方、二〇一六年から電力の小売全面自由化が実施されたことにより、新たな電力小売事業者の市場参入が始まり、地域で生産された再生可能エネルギー電力の供給を重視する地域新電力[3]が「地産地消」をキーワードとして一つの潮流を形成するようになった。

先駆的に取り組みを始めた中之条パワー（群馬県中之条町）ややまスマートエネルギー（福岡県み

やま市）のように、自治体が資本出資し、域内の公共施設や事業所、一般家庭に地産再エネを重視した電力を供給し、収益の一部を地域の課題解決や活性化に充当するビジネスモデルは、急速に全国各地に広がっていった。また、やはり地産再エネの供給と収益の地域還元を積極的に行っている湘南電力（神奈川県小田原市）やひおき地域エネルギー（鹿児島県日置市）のように、自治体の資本参画なしで、地域の民間ガス会社を母体として事業展開する動きもある。

電力小売全面自由化の後に新規参入した新電力の多くが既存の大手企業の資本による価格競争型のビジネスモデルであることとは対照的に、地域新電力は地元のステークホルダーによる資本参加のもとで生まれるさまざまな地域経済効果が当初から期待されてきた。そして、稲垣［2020a］の分析が示すように、電力市場の動向と顧客の需要動向を高い精度で予測し、戦略的に最適な電源を調達することでリスクを抑えながら、絶えず変化する規制を理解し、対応するという高度な知識労働を地域の人材が担うことで付加価値が地域に留まることとなる。また、そもそも地域還元の原資を確保するうえでも電力供給事業を継続的に経済性をもって運営することが前提であり、そのためにも需給管理や電源調達のような電力供給事業の根幹をなす業務を内製化し、マネジメントすることが求められる。しかし、実際には地域新電力の多くがこうした業務を大都市圏の大手企業に委託する傾向があるため、地域新電力への期待と現実にはギャップがある(4)。

地域新電力の登場は、3・11を契機として段階的に進められてきた電力システム改革の一つの成果である。しかし、全面自由化された電力市場では既存の旧一般電気事業者が依然として支配的であり、さまざまな課題が噴出することとなった。とくに、二〇二〇年末から二〇二一年にかけて発生した電力市場価格の高騰は、未熟な中小新電力だけでなく、一定の体力のある大手新電力にまで深刻な影響を与え、市場監視機関のあり方も含めて、ガバナンスと公平・公正な市場環境の構築が問われることとなった［諸富 2021; 山家 2021］。

ここまで、日本国内での先駆的取り組みから3・11を経て全国展開したコミュニティパワーの動きと、電力の小売全面自由化を契機に広がった地域新電力の動きを概観した。これらの動きは、まさに中央集中型から地域分散型へと変容するエネルギーシステムを象徴するものであり、日本でも約二〇年かけて一定の基盤が形成されたといえる。

4 地域分散型への進展を阻む壁

前節では、国内のコミュニティパワーおよび地域新電力の取り組みについて概観してきた。それらが地域分散型エネルギーシステムへの変化を先導してきた一方で、これらの進展は既存の中央集中型システムが生み出す多くの厚い壁によって阻まれている。本節では、中央集中型エネルギーシステムを温存することが、結果として地域分散型への変化を阻む壁となっていることを政策面から概観する。

◆エネルギー基本計画にみる中央集中型の維持

エネルギー基本計画は、国の将来のエネルギー社会像とその実現に向けた道筋を示すものであり、国のエネルギー政策の中心に位置づけられている。長年、日本のエネルギー基本計画は、化石燃料と原子力を柱として、中央集中型のコンセプトに基づいて策定されてきた。

しかし、二〇一一年三月の福島原発事故を受け、当時の民主党政権は国のエネルギー政策を根本から見直すことを決め、二〇一二年九月に「革新的エネルギー・環境戦略」を閣議決定している。この戦略の策定にあたっては、既存のエネルギーシステムに深い利害を持つ専門家やステークホルダーだけで議論していては国民からの信頼を得ることができないとして、主要な論点を議論する総合資源エネルギー調査会基本問題委員会には、持続可能性や再生可能エネルギーを推進する専門家が多数入り、毎回の議論がオンライン中継されるなど、体制面でも従来と異なるアプローチがとられていた。そして、戦略の中核をなす二〇三〇年までの電源構成における原発の割合について、ゼロ／一五％／二〇〜二五％の三つのシナリオを示したうえで、特設ウェブページでの情報提供、意見聴取会、討論型世論調査、パブリックコメント（約八万八〇〇〇件）というきわめて丁寧な国民的議論を行い、最終的に世論に後押しされるかたちで、二〇三〇年代に原発稼働ゼロを目指す方針が盛り込まれた。これは、中央集中型エネルギーシステムの象徴でもある原発からの脱却を意味しており、翻ってそこには日本が幅広い国民の政治的意思のもとで地域分散型エネルギーシステムへの変革を進める契機が存在していたといえる。しかし現実には、二〇一二年一二月の衆議院総選挙で民主党が大敗し、安倍晋三内閣による自公連立政権へと政権交代が起こり、この契機は失われることとなる。

安倍政権下では、二〇一四年四月に「第四次エネルギー基本計画」が策定され、この内容を踏襲するかたちで二〇一八年七月に「第五次エネルギー基本計画」が策定されている。これらの計画では、原発が「重要なベースロード電源」として位置づけられ［経済産業省 2014, 2018］、この方針に基づく長期エネルギー需給見通しでは、二〇三〇年度の電源構成として、原子力二〇〜二二％、再エネ二二〜二四％、化石燃料（石油、石炭、LNG）五六％が設定されている［経済産業省 2015］。第四次計画に関しては、パブリックコメント約一万九〇〇〇件が寄せられたものの、それらの原発賛否意見を分類しないまま原発の位置づけを決定していたという点で、透明性や手続きの面での問題があったこともさることながら(5)［小森 2014］、「ベースロード電源」の考え方に基づいて中央集中型システムを継続するという基本的な方針が、最も根源的なところで地域分散化を妨げる要因となっている。

ここでは詳述しないが、再生可能エネルギー一〇〇％を目指すうえでは、風力・太陽光発電を中心とする変動性再生可能エネルギー（VRE：Variable Renewable Energy）の割合を高めていくこととなる。これに伴い、必然的に電力システム運営の基軸を「ベースロード」から「柔軟性」へと変えていくことが求められる［安田 2015a, 2015b, 2015c］。中央集中型で構成される既存のシステムは、自らを維持することに最適化されているため、そうした大きな変化を自ら先導することは難しく、脱原発であれ、再生可能エネルギー一〇〇％であれ、脱化石燃料であれ、国民の意思とそれに支えられた強い政治的なイニシアティブによって変化の道筋を主導するよりほかない［Hvelplund 2014］。

しかし、パブリックコメントの問題にも象徴されるように、幅広い国民の意思をエネルギー政策の政治的意思決定に反映させるための制度的回路が機能不全を起こしていることもまた根源的な問題として横たわっている。

◆再生可能エネルギー政策と電力システム改革

福島原発事故の後、再生可能エネルギーの導入を拡大するため、固定価格買取制度（FIT）が採用され、(6) 二〇一二年七月から施行されている。当初三年間は重点的に導入を加速するため、国際的にみてもかなり高い水準で売電価格が設定され、開発のリードタイムが短い太陽光発電の導入が大幅に増えた。そして、とくに急速に太陽光発電事業の開発が進んだ九州エリアでは、二〇一四年七月時点で九州電力に申し込まれた太陽光・風力発電設備をすべて接続した場合、春や秋の昼間の発電電力量が需要を上回ることが判明し、九州電力は同年九月二四日、既存・新規含め系統接続の回答をすべて、一時的に保留にすると発表した。さらに、この発表を受け、北海道、東北、四国、沖縄電力も新規接続契約保留を発表したため、再生可能エネルギー事業者と金融機関に多大な影響を与えたことから、これらの動きは「九電ショック」と呼ばれるようになった。

実際には、VREの導入拡大を前提とした柔軟性重視の系統運用に向けた政策的・制度的な見直しが電力システム改革に必要であったことは、二〇一四年一月時点で自然エネルギー財団から指摘されていた［自然エネルギー財団 2014］。また、問題への対応策については、原子力や火力等の長期固定電源の位置づけ見直しや地域間連系線のより柔軟な運用、再生可能エネルギーの優先給電の徹底といったルールと運用の見直しによって早期に対応可能な選択肢もすでに示されていた。しかし、官僚制のもとで複雑な利害の輻輳する審議会での政策形成プロセスでは、これらの知見は九電ショック以前に反映されることはなく、VREが増えていくうえで不可避となる電力システム改革への備えが不十分なまま、ショックを伴って問題が顕在化する結果となった。

さらに、九電ショックによって明らかになったもう一つの問題は、電力系統運用にかかわる情報の透明性であった。問題が発生した当初、系統運用および電力需給データは電力会社の送配電部門内部に閉じていたため、外部の専門家による検証が困難であり、太陽光発電事業者は疑心暗鬼に駆られ、メディアでも不確かな情報に基づいた憶測が飛び交う状況が生まれていた。その後、少しずつ情報が開示され、状況の検証と理解が進んでいったものの、全国のエリアごとの電力需給データが完全に開示されるようになったのは、二〇一六年四月の電力市場小売全面自由化以降であった。[7]

九電ショックは、再生可能エネルギー政策と電力システム改革が交差する領域で地域分散型への進展を阻む壁が顕在化した最も象徴的な出来事であった。

5 分散化に向けた手がかり

ここまで概観したように、日本のエネルギーシステムは中央集中型の構造を維持したまま、本来、先行する世界各国の経験と知見を踏まえれば戦略的に回避できたであろう分散型への転換に向けた課題群に直面することを繰り返しているとみることができる。そして、政府・行政は後追いかつ継《つ》ぎ接《は》ぎでルールを変えて対応せざるをえない状況に追い込まれ、その結果、多くのステークホルダーからは相当な混乱が次々と現場にもたらされているという声が発せられている(例えば、非化石証書、発電側基本料金、太陽光発電廃棄費用積立制度、ベースロード電源市場、容量市場など)。

◆テクノロジー・ディスラプションの可能性

おそらく、このような構造的問題が一夜にして解決するようなことはないだろう。一方で、近年急速に発展する電気自動車や蓄電池のような分散型テクノロジーが、政策や制度の転換に先んじて市場を席捲し、中央集中型のエネルギーシステムを破壊し、新しいエネルギー社会秩序を創出してしまう「テクノロジー・ディスラプション(Technology Disruption)」の可能性は小さくない[Arbib and Seba 2017; Dorr and Seba 2020]。

テクノロジー・ディスラプションには、旧《ふる》い技術とそれにまつわる価値体系やガバナンスが一〇年程度で完全に新しいものへと変わってしまう独自のダイナミズムがあり、個別のステークホルダーの利害や合意形成を超越して実質的なエネルギー転換が進むことになるだろう。その結果、社会全体としてエネルギー自給と安全保障が確保され、温室効果ガス排出の大幅削減が実現するかもしれない。一方、分野そのものが消滅する流れのなかで、破壊される側は生存をかけた抵抗を試み、多大な痛みを経験することとなる。また、破壊する側が生み出す新たな価値は、他の技術や分野とのシナジーにより、質・量の両面で旧い価値の単なる置き換えにとどまらず、そのリスク／便益は未知のものとなる可能性を孕んでいる。

このように、テクノロジー・ディスラプションの理論から典型的なシナリオを想定することができるのだが、ここから考えられることは、少なくとも社会的・政策的な備えを持たないまま「なし崩し」でエネルギー転換が進めば、その社会的混乱は相当なものになるということである。それゆえに、エネルギー転換は誰の何のために実行され、変革に伴うリスク／便益はどのように分配されるのか、社会的な合意に向けた道筋を描くことがますます重要になる。

テクノロジー・ディスラプションによって現実に変革がもたらされるとして、果たして日本は市民の選択・意思決定のもとで分散型エネルギー社会への移行に備えることができるのだろうか。

◆再エネ・タスクフォースによる規制改革と政策提言

この問いを考えるうえでの一つのカギは、二〇二〇年一一月に菅義偉《すがよしひで》政権下で設置された「再生可能エネルギー等に関する規制等の総点検タスクフォース」による一連の規制改革と政策提言に見ることができる［内閣府 2020］。このタスクフォースでは、河野太郎行政改革担当大臣のもと、四人の専門家が委員として参加し、二〇五〇年カーボンニュートラル(8)を実現するうえで障壁となっているあらゆる規制を担当省庁と検証し、具体的な期限を区切って迅速に改革を進めていくという構成となっていた。具体的な成果として、荒廃農地における再エネ導入の手続きの明確化、風力発電の環境影響評価規模要件の見直し、地熱発電における規制適用の明確化、バイオマスボイラー規制要件からの伝熱面積の撤廃など、数多くの規制改革を実現している。これらは、現場の当事者からすれば非効率・不合理な規制でありながら必ずしも従来の審議会では取り上げられることのなかった論点であり、オンラインライブ公開のタスクフォース会議の場で省庁担当者と事業者等のステークホルダー、委員、大臣が直接議論し、解決に向けた対応までをスケジュールを含めてその場で確定させるという、従来の審議会とは異なるアプローチがとられていた。

さらに、タスクフォースは、並行して総合資源エネルギー調査会基本政策分科会で検討が進められていた第六次エネルギー基本計画に対して、「再生可能エネルギー最優先の原則」「ベースロードよりも柔軟性を重視したエネルギーシステム改革の原則」「公正な競争環境の原則」の三つの原則を明記することを求める政策提言を行っている［内閣府 2021］。この提言は、第四七回基本政策分科会で取り上げられ、従来型のベースロードを重視する分科会委員から激しい批判を浴びたが［経済産業省 2021a］、タスクフォースはすべての論点で誤謬に対する応答を提出している［経済産業省 2021b］。最終的に、河野行革大臣および小泉進次郎環境大臣による後押しのもとで再エネ最優先の原則が盛り込まれ、二〇二一年一〇月二二日に第六次エネルギー基本計画は閣議決定された［経済産業省 2021c］。しかし、第六次計画においても依然として原子力を重要なベースロード電源として位置づけており、根源的な矛盾は温存されたままとなっている。

6　まとめ

基本政策分科会とタスクフォースの二つの政策アリーナの間で生じた対立は、本章で指摘してきた地域分散型システムへの構造転換を阻む壁が最も象徴的に顕在化したものであった。また、タスクフォースによる規制改革は、その壁にひびを入れ、変革に向けた糸口を組み込むことに成功した希少な事例として見ることができる。より詳細な政治学的分析が必要であるものの、ベースロード型に強固に依存するステークホルダーが依然として支配的な日本の政治的状況では、分散型エネルギーへの転換を国家的プログラムとして正攻法で進めることは困難である一方、局所的な変革が一定の有効性を発揮する可能性もあるということが、この事例から示唆される。

一方で、二〇五〇年カーボンニュートラルを実現するうえでは、これまでとは桁違いに大量の再生可能エネルギーを導入することが求められ、とくに二〇三〇年を中期的な目安として最大限のスピードで取り組みを進めることが必要となる。このような差し迫った状況にあって、局所的な「ハッキング」を繰り返していくだけで目標を達成することは可能なのだろうか。また、再生可能エネルギーの大量導入を、本章前半で述べたコミュニティパワーのような、地域のステークホルダーが分散型へのエネルギー転換を自ら選択・意思決定することと両立させることは可能なのだろうか。

筆者自身は、この問いに対する明確な答えは持ち合わせていないが、コミュニティパワーの担い手たちがテクノロジー・ディスラプションを先駆的に実践し、地域のステークホルダーの参加のもと、現場から分散型のエネルギー転換を加速させる可能性に期待したい。ただし、テクノロジー・ディスラプションには指数関数的に急激な変化が伴うため、一定の社会的混乱は避けられないのかもしれない。それでも、事後的な軌道修正を可能とするための「余地」をもたせ、順応的な対応を試行錯誤することには大きな意義があるだろう。

同時に、今後も継続的なコスト低下見通しのもと、家庭や事業所での太陽光発電＋蓄電池の導入が進み、電力の生産と消費の双方を担う「プロシューマー（生産消費者 prosumer）」（producer ＋ consumer）が増えていくだろう。これらの実践が集積すると、ある時点から既存の系統や中央集中型システムをバイパスして地域分散型ネットワークの自律協働的な運用が可能になるのかもしれない。

註

（1） 途上国では、そもそも送配電インフラが整備されていないことが多く、遠隔地の農村など、地域内で独立・完結する小規模な送配電網（ミニグリッド）を導入し、再生可能エネルギーを供給するシステムが普及しつつある。

（2） 英語圏では、「コミュニティパワー（Community Power）」と「コミュニティエネルギー（Community Energy）」の二つが用語として使われているが、本章では基本的な用語としてはコミュニティパワーを使い、原語で使われている場合のみコミュニティエネルギーを使う。

（3） 「地域新電力」に関して公的に合意された定義はないが、環境省は「地方自治体の戦略的な参画・関与の下で小売電気事業を営み、得られる収益等を活用して地域の課題解決に取り組む事業者」と位置づけている［環境省 2020］。

（4） とくに自治体新電力への期待と現実のギャップを象徴する例として、債務超過に端を発するみやまスマートエネルギーのガバナンス再構築［稲垣 2021］や、周辺市よりも割高な電力価格を理由として提起された、いこま市民パワー（奈良県生駒市）への住民監査請求［稲垣 2020b］がある。

（5） 小森［2014］の集計の結果、原発の廃炉や再稼働反対を求める「脱原発」が一万七六六五件で九四・四％、「原発維持・推進」は二一三件で一・一％、「その他」は八三三件で四・五％であった。

（6） 一九九八年から市民運動が議員立法で固定価格買取制度の成立を目指したものの、「旧《ふる》い政策コミュニティ」の政治力学のもと、普及効果とコスト効率性で固定価格買取制度に劣るRPS法（新エネルギー等利用法）が二〇〇二年に採用された［飯田 2002］。

（7） 二〇一六年四月分から、一〇の電力エリアごとに一時間単位の電力需給実績データが公開されるようになったが、当初は四半期ごとに三か月分のデータをまとめて公開する方式となっていたため、迅速な検証は困難なままであった。その後、二〇一八年一〇月分の供給実績データから一か月ごとの公開へと変わっていった。なお、これらの公開データを可視化する試みとして、環境エネルギー政策研究所による「ISEP Energy Chart」（https://isep-energychart.com）と、自然エネルギー財団による「電力需給・系統情報」（https://www.renewable-ei.org/statistics/electricity/）がある。

（8） 二〇二〇年九月に発足した菅義偉内閣では、一〇月二六日の臨時国会所信表明演説で二〇五〇年までに温室効果ガスの排出を全体としてゼロにする「カーボンニュートラル」を宣言した。

第9章

地域社会から見た風力発電事業の課題と社会的受容

地域と風力発電の共生に向けて

本巣芽美

1 風力発電に対する態度と社会的受容

日本においても、二〇二〇年に菅義偉政権（当時）が発表した「カーボンニュートラル宣言」（二〇五〇年までに温室効果ガス排出量を実質ゼロとする方針）やそれに伴う「グリーン成長戦略」の実現に向けて、再生可能エネルギーは国のエネルギー計画において重要な役割を担うようになった。とりわけ風力発電は他の再生可能エネルギーと比較し発電コストが低く、発電効率が高いため、化石燃料の代替エネルギーとして世界的に普及が促進されている。昨今の日本では、とくに洋上風力発電の導入拡大に向けて法律が整備され、設置場所は陸から海へと拡大しようとしている。また、国策ばかりでなく、風力発電に対する一般市民の意見も比較的好意的であった。例えば、筆者らが二〇一〇年に行った陸上風力発電に対する支持に関するインターネット調査では、「まったく支持しない」と「あまり支持しない」の割合の合計が九%であるのに対し、「やや支持する」「非常に支持する」の合計は五九%であり、支持する割合の方が高かった［本巣 2016a］。しかし、実際の風力発電所の建設においては必ずしも賛成されるとは限らない。事業が計画されると、地域住民や環境保護団体など地域のステークホルダーが事業に難色を示す例は少なくない。

　こうした背景から、地域の受け入れに関する「社会的受容」という問題のとらえ方が重視されるようになってきている。このテーマは日本だけで注目されているのではなく、世界的にその重要性が認識されており、例えば、国際エネルギー機関の風力発電技術協定（IEA Wind）では、風力発電の社会的受容性タスク（Task 28）が設置され、参加各国の情報の収集や国際比較研究などが行われている。社会的受容の定義についてはWüstenhagenらが提唱する再生可能エネルギーの受容性に関する三次元的概念がある［Wüstenhagen et al. 2007］（図9-1）。国レベル・国際

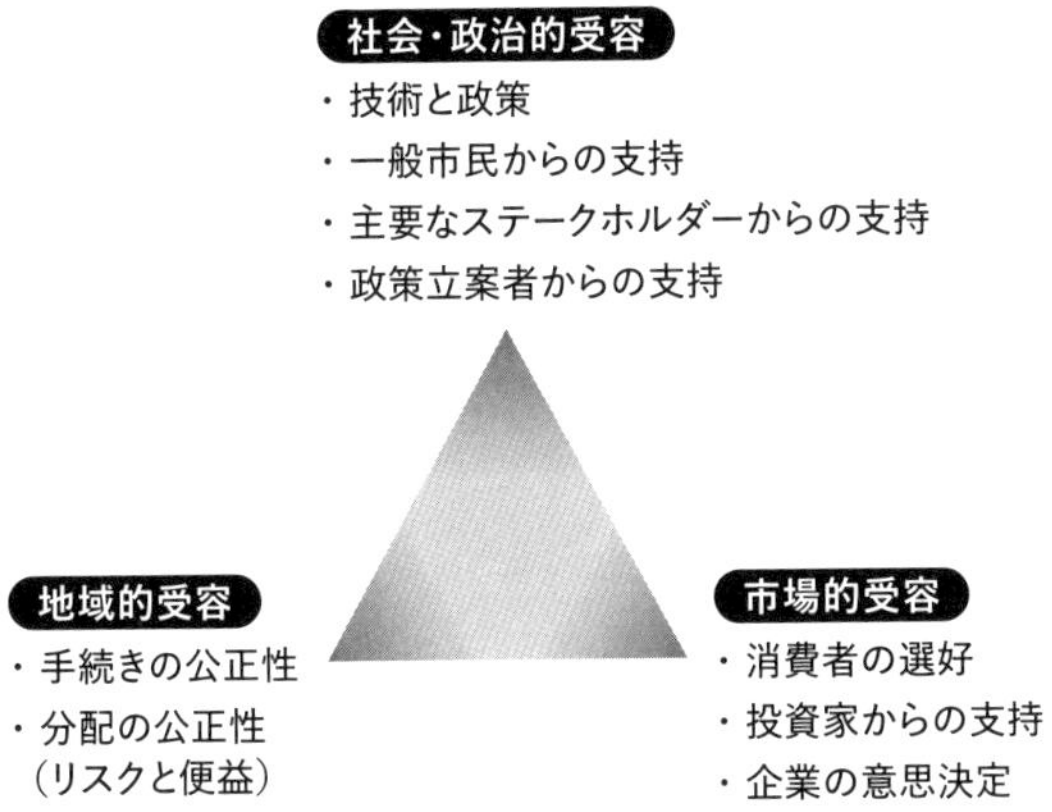

図9-1　再生可能エネルギーの社会的受容の概念

出所：Wüstenhagen et al.［2007］をもとに筆者作成.

レベルといったマクロなレベルと、実際の導入地域におけるミクロなレベルという二つに区分され、マクロレベルでは気候変動対策としての有効性をはじめとする社会政策面と経済性に依拠した技術導入の妥当性が扱われ、ミクロレベルでは地域住民との合意形成や地域社会における合理性が扱われている。したがって、本章で論じる社会的受容とは厳密にいえば地域的受容であるが、本章では社会的受容と称し、風力発電所の近くに住む人びとが風力発電に対しなぜ反対や懐疑的な態度をとるのか、もしくは、賛成や積極的な関与をするのかについて述べる。

2 風力発電事業と地域社会

立地地域で風力発電が反対される理由の一つとして、立地地域のみに起こる環境問題が挙げられる。例えば、風車の林立による景観破壊、風車の風切り音や低周波音などの音問題、風車に野鳥が衝突するバードストライク、風車の影によるシャドウフリッカーなどがあり、地域にとっては風力発電が環境保全のための手段とは必ずしもいえない。また、落雷や強風による風車の倒壊・破損事故などもこれまでには起きており、地域にとって風力発電はリスクの一つにもなりうる。その一方で、風力発電は発電時に温室効果ガスを排出しないため、国や国際レベルにおいては環境保全における最善策の一つでもある。地域住民の多くはその地球環境に対するメリットを理解しつつも、やはり立地地域に限定した環境に与える影響(「環境影響」)への懸念から、国際社会と地域社会との間で風力発電に対する認識にズレが生じる場合もある。

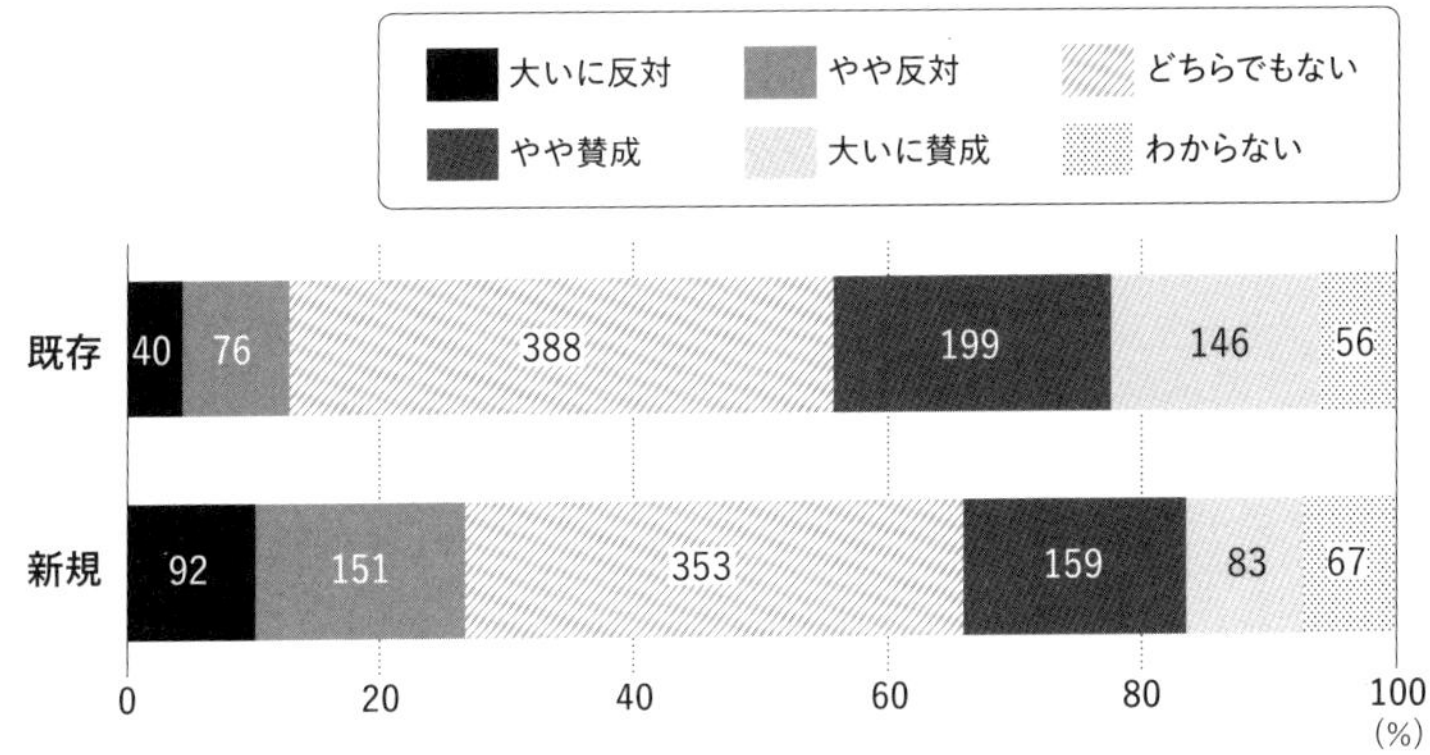

図9-2　風力発電所に対する地域住民の賛否

注：グラフ内の数字は回答者数を示す．
出所：筆者作成．

また、風力発電においてはこうした物理的に起こる問題だけでなく、地元合意の形成や地域メリットの有無など、事業の進め方に関する可視化しづらい問題も多い。例えば、筆者らが二〇一九年に行った風力発電所の近隣住民に対するアンケート調査では、風車音の不快感は風車からの距離や音の敏感さよりも、地域にすでに導入されている風力発電所に対する賛否や、建設過程の公正性などとの方が相関が強いことが明らかにされた［本巣・丸山 2020］。また、筆者らが行ってきた複数のアンケート調査では、地元に設置された風力発電所に対し賛成であっても、地元に新規に導入されることに対しては反対へと否定的な意見へと転じることも明らかにされている（図9-2）。この理由について分析したところ、住民が意見を述べる機会を事業者は設けていたと評価するか、また、住民の要望に事業者は対応したと評価するかが賛否の変化と関連することが示唆されている［Motosu and Maruyama 2016］。風力発電は一般的に、反対がないと賛成されているとみなされる傾向があるが、この結果を踏まえると、既存の風力発電所に住民が反対していないからといって、必ずしも風力発電の継続的な開発に賛成しているとは限らないといえるだろう。以上のほかにも、風力発電所の所有形態が景観評価や風力発電所の増設に対する賛否と関わりがあることを指摘する研究もあり［Warren and McFadyen 2010］、風力発電の導入問題は風力発電所の物理的な影響によるものだけでなく、社会の問題であるとも考えられる。

加えて、何が問題として認識されるかということも、科学的に決定されるのではなく、人びとの価値観や地域の生活知など社会的な要因から影響を受ける。例えば、日本では風力発電所によるコウモリへの影響はほとんど問題にならないが、海外では高い関心を集めることもあり［Weaver et al. 2020］、国や地域によってとらえる問題は異なる場合もある。また、住民自身が所有する風力発電所の場合、一般的には騒音としてとらえられる風車音が、発電によって利益を生み出すものとして嫌悪感を抱かれないこともある。

こうした風力発電事業の社会的な問題は、環境社会学では主に手続き的正義と分配的正義の観点から整理できる。手続き的正義とは事業の進め方の公正性であり、事業の早期の段階での合意形成や意思決定手続きの正当性、ステークホルダーとのコミュニケーションなどである。分配的正義とはリスクとメリットの分配であり、潜在的にリスクをこうむる可能性のある立地地域が事業によるメリットを享受できるかどうかが課題となる。とくに風力発電の場合、地域外の民間企業が発電事業を行う場合が多く、そうしたケースでは、企業が売電収入による利益を独占する一方で地域への便益は少ないことが問題となりやすい。前述の風車音のとらえ方に関しては、所有者である住民が売電による利益を得られるため、風車音は住民にとって被害を与えるものとして認識されにくく問題化しない側面もある。また、分配的正義においては、地域の特産品の開発を通して地域経済の振興を図る例や売電利益の一部を地元に還元する例もあり［西城戸 2021］、受苦受益の不均衡問題の是正を図る取り組みもある。影響に対する補償よりも、こうした発電事業を通した地域経済への貢献により、地域が自立して発展し続けられるような支援となり、地域に役立つ場合もある。

3 洋上風力発電事業と地域社会

風力発電は技術的にはすでに成熟しており、国内外に多く導入されている。洋上風力発電に関しては国内ではまだ導入事例が少ないものの、欧州では海底に基礎部を打ち込む着床式（写真9－1）がすでに多く稼働しており、浮体式もすでに商用運転を始めているものがある。しかし、技術が確立されていても、やはり導入に際しては社会的な問題が生じて合意形成が難航するケースがある。本節では、国内外の事例から洋上風力発電事業と地域社会の問題について概観するとともに、地域にとってのエネルギー開発の視点から今後の洋上風力開発のあり方について考える。

◆ステークホルダーの特定と合意形成

陸上風力発電と洋上風力発電の導入における大きな違いとして、ステークホルダーの特定の困

写真9-1　日本の着床式洋上風車（ウィンド・パワーかみす）
撮影：筆者

難さを指摘することができる。陸上においては行政、地権者、計画地の近隣住民、自然保護団体など、ある程度のステークホルダーを特定できる。その一方で、洋上においては誰がステークホルダーであるか発見しにくい。港湾区域や漁港区域のように法令で管理されている区域であれば、陸上同様にある程度はステークホルダーの特定が可能であるが、これまで法令で管理されてこなかった一般海域に関しては、再エネ海域利用法（海洋再生可能エネルギー発電設備の整備に係る海域の利用の促進に関する法律）が二〇一九年に施行される以前までは、そもそも開発の許認可をどの行政機関から得るべきであるかすら明確ではなく(1)、沖合の海域であればさまざまな漁法の漁船が操業するため、実態の把握もステークホルダーの特定もさらに困難である。また、漁業権が設定されている海域であっても、漁業権を有する個別の漁業協同組合や漁業者だけがステークホルダーではなく、隣接する漁業協同組合や漁業者、また、内水面漁業者との合意形成も必要になる場合もあり、開発する海域の先行利用者以外にも注意を向ける必要がある。この点について、青森県七里長浜《しちりながはま》沖と新潟県村上市岩船《いわふね》沖における洋上風力発電事業の計画を紹介する。

津軽半島西部の日本海に面する七里長浜沖では、二〇一二年頃から着床式の洋上風車が三基計画され、まず、計画する海域に漁業権を有する漁業協同組合（以下、漁協）との合意形成が進められた。青森県の漁業形態は青森県漁業協同組合連合会と一漁村を基盤とする単一の漁協からなるが、将来的には広域漁協組織に移行するための中間的な役割を有する四つの地区と一つの系統団体からなる五つの水産振興会が設置されている。(2) 水産振興会は広域に関連する事項を論議する一方で、「前浜のことは前浜の漁協が決める」という単一の漁協の意思を重んじる風潮も残っていた。そのため、この慣習に従えば、洋上風力発電所の計画地の前浜である漁協が洋上風力発電事業に賛成すれば、事業に着工してもよかったのかもしれない。しかし、実際は違っていた。前浜の漁協は事業に賛成していたが、水産庁や地元行政から、この漁協を含む広域の水産振興会から事業に対する理解を得て合意形成を図った方がよいのではないかという意見があり、広域で合意形成を図ることとなった。その結果、両隣の漁協は反対し、その後、計画は停滞した。

風力発電事業者にとってはこの計画は失敗であったかもしれない。しかし、社会的受容の立場からこの状況をとらえると、隣接する漁協が反対するなかで事業に取りかかる方がリスクが高く、反対の意見を踏まえて広域で合意形成を図ることの方が適切である。洋上風力発電は、建設工事や稼働時および風車撤去後に海洋環境の変化をもたらす可能性がある。たとえ洋上風車の基礎部に集魚効果があり、新たな魚種が集まるようになったとしても、その魚価が保証されるわけではない。場合によっては、その海域で漁業を営む漁業者にとっては、単に魚が多く集まることよりも、洋上風車の建設前の環境の方がむしろ良かったという、集魚効果の負の側面もありうるだろう。海外の洋上風力発電所の周辺海域の調査では、洋上風車建設後の海洋環境は魚類にとって生態学的に良くも悪くもならないという報告があるが［Gill and Wilhelmsson 2019］、発電所の設置によって海洋環境が変化することは確かであり、その変化がどのステークホルダーにとっても良いとは限らない。それゆえ、洋上風力発電所の設置海域を利用する人のみから同意を得ても、事業を開始することが必ずしもベストとはいえない。

新潟県北部の村上市岩船沖では、二〇一三年頃に洋上風力発電事業が計画された。新潟県の漁業形態は新潟県漁業協同組合連合会と一五の漁協からなり、一部の漁協には支所が設けられている(3)。村上市では洋上風力発電事業について、前浜となる広域の漁協や支所だけでなく、計画当初から風力発電に関する勉強会や漁業関係者との意見交換などが複数回行われ、風力発電事業を通した地元への便益の還元についても議論されていた。例えば、現在の洋上風力発電事業ではスタンダードとなりつつある基金についても、岩船沖の洋上風力発電事業ではすでに検討されていた。また、村上市は三面川《みおもてがわ》の鮭漁が有名であるが、明治時代には日本で初めて鮭の人工孵化《ふか》に成功し、現代においては百種類以上の鮭料理が生み出されるなど、鮭文化が根付いた地域である(4)。こうした歴史的背景からも、村上市では洋上風力発電による鮭への影響が懸念事項の一つであり、建設工事や洋上風車の稼働による振動が鮭の遡上に影響を及ぼすのではないかということや、洋上風車基礎部の集魚効果により大型魚が集まり、鮭の稚魚が捕食されるのではないかということなどが不安要素となっていた。そのため、海面だけでなく新潟県の内水面の漁協とも意見交換が行われるとともに、調査も行われた［新潟県産業労働部産業振興課 2021］。こうした多くのステークホルダーとの議論や地元での勉強会を重ねた後、村上市は地元での調整が整ったと判断し、市は開発事業者の公募を行った。選定された事業者が事業実施に向けた詳細な調査をした結果、海底地盤の理由により事業の延期を余儀なくされたが、多くのステークホルダーを巻き込み問題整理を行ったうえで開発事業者の公募へと漕ぎ着けたことは、合意形成の観点からは優良事例といえるのではないだろうか。

以上の事例からも、洋上風力発電所の設置海域で操業する漁業関係者のみがステークホルダーではないことは明白であろう。また、多くのステークホルダーと合意形成を図ることは困難であるものの、青森県七里長浜沖の例のように、当初は合意形成の対象に含めていなかったステークホルダーが事業に反対している場合もあるため、賛成するステークホルダーのみの意見から事業実施を判断するのではなく、より多くの意見を踏まえたうえで全体としての最適解を模索することが重要であろう。加えて、洋上風力発電事業ではとくに漁業者にスポットライトが当たる傾向があるが、漁業者以外のステークホルダーが存在する点にも注意が必要である。例えば、ダイビングやサーフィンなどのマリンレジャー、旅客船、貨物船、軍事などがある。軍事に関しては、静岡県の御前崎《おまえざき》港で洋上風力発電所が計画され、事業規模や発電事業者の公募条件などが検討されたが、航空自衛隊から警戒監視レーダーに悪影響を及ぼすという指摘を受け、特定の条件をクリアするまでは事業の実施が先送りとなった例もある［岩本 2015］。さらに、海だけでなく陸のステークホルダーへの配慮も必要である。例えば日本海側の場合、夕日の景観を観光資源とする地域があるため、地元の観光協会なども重要なステークホルダーとなる場合もある。洋上風力発電といえば海の利用者や漁業者が真っ先に思い浮かびやすいが、まずは、陸も含めたステークホルダーを網羅的にリストアップする作業が必要不可欠である。

◆洋上風力発電と地域との共生

再生可能エネルギー開発が地域社会と一体となり進められることの重要性が、昨今では強く認識されるようになってきた。経済産業省では、二〇一二年より「地域共生型再生可能エネルギー事業顕彰」の公募が開始された。また、地域との共生に関するさまざまな例が報告されるようになってきている。例えば、伊豆諸島（東京都）の八丈島《はちじょうじま》の地熱発電所では、発電所による臭気問題が発生していたため、発電所の建て替え工事における事業者の公募要領に、臭気のモニタリングや臭気対策に加えて地域への利益還元や経済的貢献なども含まれた［丸山 2017］。

洋上風力発電も例外ではなく、地域との共生が求められている。日本ではとくに洋上風力発電が漁業に与える影響への強い関心があり、これまでにさまざまな漁業協調策が検討され、一部はすでに実施されてきた［海洋産業研究会 2015］。また、再エネ海域利用法における促進区域での発電事業者を選定する際に定められる公募占用指針では、「周辺航路、漁業等との協調・共生」や「地域経済への波及効果」が発電事業者の入札を検討するうえでの評価項目となっている。(5) また、再エネ海域利用法のもと、促進区域に指定され発電事業者が選定された長崎県五島《ごとう》市沖、秋田県能代《のしろ》市・三種町《みたねちょう》および男鹿《おが》市沖、秋田県由利本荘《ゆりほんじょう》市沖（北側・南側）、千葉県銚子《ちょうし》市沖の事業ではすべて

写真9-2　英国シェリンガム・ショール洋上風力発電所（2014年5月）
写真提供：上田博

の公募占用指針に基金を設立することが明記されており［経済産業省・国土交通省 2020a, 2020b, 2020c, 2020d］、地域に対する配慮は以前よりも増したといえよう。しかし、千葉県銚子市沖の洋上風力発電事業では、公募条件に一一八億円の高額な出捐金《しゅつえんきん》が求められており、その大半が漁業に関する利用が計画されていることから［千葉県 2020］、漁業に偏重している点も見受けられる。

他方、洋上風力発電の導入が進む欧州では、地域全般へのメリットを想定した地域との共生が想定されており、基金の運用面も日本よりかなり広範囲に及ぶ。英国のシェリンガム・ショール洋上風力発電所（写真9-2）では、地元の財団であるNorfolk Community Foundationに、“Sheringham Shoal Community Fund”という名称でコミュニティ基金が設置され、その助成先は選出された委員によって年二回のパネルミーティングにより決定される。[6] コミュニティ基金への応募の条件は、ノース・ノーフォーク（North Norfolk）で地域活動を行う学校やNPOなどのコミュニティグループであり、[7] これまではエネルギーに対する行動変容を目的とした省エネや再エネに関する小学生向けのワークショップ、野生動物の救助のための若い世代の人材教育、ライフセーバー・トレーニングのプログラム、太陽光パネルの設置などが助成されている。[8] 基金による資

写真9-3　ロフォーテン諸島（ノルウェー）のサーフィンショップで提供された食事
撮影：筆者

金提供のほかにも、ビジター教育センターの設置(9)や学校へのAEDの寄贈(10)、そして、地元住民に対する洋上風力発電のオペレーションとメンテナンススキル開発などの人材育成(11)、大学への奨学金の給付も行われている(12)。また、英国のロビン・リグ洋上風力発電所では、地元の大学での小講義(13)や、発電事業者が行うエネルギー教育プログラム(14)なども設定されている。日本と英国では漁業の位置づけが異なる点には留意が必要であるが、日本では漁業との協調が地域との共生の主幹をなす一方で、英国では陸上の地域全般との共生が前提となっている点が日英間の違いの一つである。洋上風力発電のステークホルダーは漁業関係者に限定しないため、より視野を広げた地域のとらえ方が今後の日本では必要になるだろう。

加えて、地域との共生を検討するうえで参考となるノルウェーの事例を紹介したい。ノルウェーは日本と同様に、農村部の少子高齢化〔OECD 2015〕や都市への人口集中が問題となっており、地域の価値創出による地域づくりを目指す取り組みが行われている。その一つに、水産資源、海洋エネルギー、観光などの地域資源を活用し、地域創生に取り組む企業や研究機関などがある。例えば、洋上風力開発を行うノルウェーのエネルギー企業が、ノルウェーの沿岸地域で海洋資源の研究を行う機関と組み、洋上風力発電事業を通して地域活性化や若者の雇用創出など沿岸域の少子高齢化問題に取り組んだ例がある。また、ロフォーテン諸島のアンスタッド(Unstad)はサーフィンで有名な地であり、あるサーフィンショップでは、ロフォーテン諸島の食材を用いた料理を提供し(写真9-3)、サーフィンとロフォーテン諸島の食を結びつける取り組みを行っている。こうした点は、地域と経済活動を結びつけることや、それを通した地域貢献に強い影響力を持つものであろう。こうした地域とのつながりを重視し地域経済効果を高めようとする工夫は、洋上風力発電事業にも応用可能な点ではないだろうか。

4 風力開発と地域の持続可能性

風力発電所の立地地域は環境影響をこうむる可能性があるにもかかわらず、国や国際レベルでは気候変動対策として風力発電の導入が正当化される傾向がある。環境保全をめぐり、地域にとっての個別最適と国といった広域での全体最適は異なるため、その違いにどのように対処できるかということが、風力発電を含む再生可能エネルギー開発における重要な課題の一つとなっている。

こうした課題では、一般的には騒音や景観など物理的な影響の観点から問題解決を図ろうとされるが、地域の風力発電所に対する賛否は事業の公正性や受苦圏・受益圏の違いなどの社会的な要因からも影響を受けるため、手続き的正義や分配的正義の切り口から問題解決の糸口を探ることができる。また、事業の進め方については洋上風力発電を例に、ステークホルダー特定の困難さやステークホルダーとの合意形成のあり方、そして発電事業を通した地域貢献などが、人びとの風力発電の受け入れに影響を及ぼす可能性があることを本章では紹介した。とくに日本では、特定のステークホルダーに偏重する傾向があるため、まずはステークホルダーを網羅的にリストアップすることがとりわけ重要である。洋上風力発電は新しい海洋開発事業であることからも、ステークホルダーの範囲や発電所の影響については状況に応じて事後的に軌道修正を行い、問題に柔軟に対応するといった順応的な対応が望ましいだろう。

風力発電の導入問題においては、どのように住民を説得できるかや、どのように建設に対する同意を地域社会から得られるかといった、開発ありきの態度が見られる場合がある。しかし、社会的受容とは本来、人や社会から再生可能エネルギー技術が反発されないためにはどうすればよいかといった問題のとらえ方ではなく、技術の導入が誰にとってどんな問題であるのかを明らかにすることや、人間の生活にどのような影響を与える可能性があるのか、また、それと同時に人間と再生可能エネルギー技術がどのように共生することが可能であるのかについて議論するための枠組みではないだろうか。本章第3節で紹介した洋上風力発電事業における合意形成と地域共生のあり方は、開発への賛同を得るためのコミュニケーション手法ではない。価値観の異なる意見を洗い出すための作業であり、地域への貢献という視座から再生可能エネルギー開発をとらえ直す姿勢である。再生可能エネルギー開発においては、地域社会との関わりのなかで進めることがきわめて重要であり、社会的受容が高まれば、その結果として再生可能エネルギーの普及と気候変動対策が実現するのではないだろうか。

註

（1）一部の自治体には一般海域に関する条例があった。

（2）青森県漁業協同組合連合会ウェブサイト「県内の漁協紹介」。
(http://www.amgyoren.or.jp/about/group.php)［最終アクセス日：二〇二三年一月四日］

（3）新潟県漁業協同組合連合会ウェブサイト「ＪＦ新潟漁連概要」。
(http://www.van-rai.net/nigyoren/gyokyo.htm)［最終アクセス日：二〇二三年一月七日］

（4）村上市ウェブサイト「村上の特産品－鮭」。
(https://www.city.murakami.lg.jp/site/kanko/tokusan-sake.html)［最終アクセス日：二〇二三年一月四日］

（5）二〇二二年一月現在、入札においては、供給価格が一二〇点、事業実現性に関する要素が一二〇点で評価される。事業実現性に関する要素は事業の実施能力が八〇点、地域との調整、地域経済等への波及効果が四〇点であり、全体の評価点としては地域共生はあまり比重が高いとはいえない。

（6）Sheringham Shoal Offshore Wind Farm newsletter, "SHERINGHAM SHOAL WINDFARM," Spring 2016.
(http://sheringhamshoal.co.uk/newsdownloads/Downloads/0116-1373%20SSWOF%20Newsletter%20AWemail%204.16.pdf) [Last accessed: March 20, 2023]

（7）Sheringham Shoal Offshore Wind Farm website.
(http://sheringhamshoal.co.uk/index.php) [Last accessed: March 20, 2023]

（8）同前。

（9）同前。

（10）Sheringham Shoal Offshore Wind Farm website, "Sheringham Shoal Offshore Windfarm boosts local emergency care," July 06, 2016.
(http://sheringhamshoal.co.uk/news/news06_07_16.php) [Last accessed: March 20, 2023]

（11）Wells Harbour website.
(http://www.wellsharbour.co.uk/wfupdate.htm) [Last accessed: August 8, 2016]

（12）註（7）に同じ。

(13) E.ON Energy UK website.
(https://www.eonenergy.com/about-eon/our-company/generation/our-current-portfolio/wind/offshore/~/media/PDFs/Generation/wind/offshore/3378_ROUND%20ROBIN%20SPRING%202013-AW%205col.pdf) [Last accessed: June 9, 2017]

(14) E.ON Energy UK website.
(https://www.eonenergy.com/about-eon/our-company/generation/our-current-portfolio/wind/offshore/~/media/PDFs/Generation/wind/offshore/1723_ROBIN%20RIGG_NEWS%20AUTUMN%20AW.pdf) [Last accessed: June 9, 2017]

付記

本章は、新エネルギー・産業技術総合開発機構［2015］、本巣［2016b］、本巣・丸山［2020］の内容に、新たな知見を加えて再構成したものである。また、科学研究費(21K17932)による研究成果の一部である。

第10章

エネルギー転換を可能にする社会イノベーション

丸山康司

1 エネルギー転換と社会イノベーション

◆再生可能エネルギーの大量導入と合意形成

本章では、再生可能エネルギー(再エネ)の導入に伴う諸課題を、社会の仕組みを通じて解決する方法を紹介する。そこに通底する「社会イノベーション」という考え方を示したうえで、他の環境問題への応用について論じたい。

気候変動や資源枯渇への問題意識を背景として、脱炭素に向けた動きが世界的に加速しつつある。国連の持続可能な開発目標(SDGs)やパリ協定をはじめとして国際社会の主要政策で重視されているのが再エネの大量導入である。これは「エネルギー転換」ともいわれており、単なる技術転換にとどまらない社会の転換が謳われている。その理由は気候変動対策だけではない。エネルギー自給率の向上という安全保障上での要請や脱原子力などさまざまな動機があり、エネルギー転換は世界規模で進みつつある。日本においても二〇一一年の東日本大震災や固定価格買取制度（FIT）を契機として太陽光や風力などの利用が拡大し、再エネ利用は二〇一〇年から二〇二〇年までの一〇年間で約四倍増加し、発電電力量の約二〇％を占めるようになった。日本政府は二〇五〇年までに二酸化炭素排出実質ゼロを目標としており、今後も再エネの利用拡大が見込まれている。

その一方で再エネの大量導入にはさまざまな課題もある。自然条件による出力変動への対応といった技術的課題やその負担方法も含めた政策的課題も少なくないが、近年では社会的公正にかかわる問題が指摘されている［Sovacool and Dworkin 2014］。エネルギー転換に伴う社会的影響はさまざまであり、国レベルの産業構造や雇用といったマクロな社会経済的課題から立地地域における地域経済への影響、自然環境や生態系、あるいは健康被害のリスクなど多岐にわたっている。

なかでも複雑な価値判断を伴うという点で難しいのが立地地域における合意形成である。景観や生態系などへの影響については、評価者の主観によってそのとらえ方に差異が生じるため、同じ現象であっても人びとの反応が異なる。このため法規制のような一律の線引きが機能しにくく、各地域で固有の自然条件や社会条件を踏まえて意思決定していく必要がある。一方、原子力や火力といった既存のエネルギー技術と比較すると再エネ技術は相対的に小規模であるため、同程度の出力を得ようとすると多数の設備が多くの地域に分散的に立地することになる。二〇二一年一二月時点で再エネ事業の案件数は住宅用太陽光を含めて三六〇万件を超えているが、それぞれ固有の判断が必要となる。総論としてのエネルギー転換という社会全体での便益を認めたとしても、個別の事業における不利益が正当化されるとは限らない。そうした言説が同調圧力と受け止められ、かえって反発を招くことすらある。実際のところ、日本においても地域住民の反対を受ける例が増加しており、地方自治体における規制条例のような警戒的な対応も増えている［山下・丸山 2022］。もちろん、環境影響については環境アセスメントなどの制度も整えられているものの、予測そのものの科学的不確実性に加えて、複雑な価値判断や合意形成が「科学だけでは答えられない」トランスサイエンス問題［Weinberg 1972］となる事例も少なくない。

❁社会イノベーションの必要性

このように、エネルギー転換は単なる技術転換ではなく、付随した多様な社会的課題が発生する。問題そのものが複雑であり答えが収斂しにくいという意味で「やっかいな問題」［Rittel and Webber 1973］の典型例の一つである。科学的知見の不確実性を前提とせざるをえないという意味で独自の問題群を構成している［Brown et al. eds. 2010］。社会全体の利益による個別の不利益の正当化が難しい一方で、地域の個別性を尊重することによってエネルギー転換が進まないこともありうる。だが、その場合には次世代の不利益が正当化されてしまうかもしれない。

このような世代内と世代間のジレンマは、社会という集団における個と全体の利害の齟齬に根ざしているため、容易には解決しない。環境は社会を支える基盤であり、これを適切な状態に保つことは社会全体としては重要なはずである。少なくとも環境の変化が社会に対する脅威となることを防ぐ動機はある。ところが大気のように誰もが利用できる財やサービスの場合には、社会全体の利益と個の利益が一致しないことがある。大気のような財は誰もが無償で利用できるため、個の戦略としては維持管理の費用を負担せずに「ただ乗り」する方が合理的になってしまう。これはフリーライダー問題といわれており、公共財や公共サービス全般に起こりうる問題である。人びとが合理的に考えるからこそ発生しうるという点で、誰もが利用可能な財やサービスに共通する課題である。もちろんのこと、フリーライダーが逃げ切れるとは限らず、自らの不利益となることも多いかもしれない。だが、エネルギー利用と環境のような長期間の変化の結果として問題が顕在化するような現象では、現在世代が次世代に負担を押しつけ、ただ乗りすることも可能となってしまう。そのような課題を解決しようとしても構造的な問題があり、意思決定に参加できない将来世代の利害を反映させにくい。

フリーライダー問題を防ぐためには強制力、相互監視、誘導的選択肢のいずれかが必要とされている[Olson 1965=1996]。例えば税金のような仕組みは、公共財や公共サービスを維持するための費用を強制的に皆に負担させる方策である。誘導的選択肢は誘因の設定や負担感の軽減によって全体最適を実現するような行動を促す手法である。補助金のような動機づけや意識変革による行動変容の推進といった社会的手法以外に、技術的手法でも実現可能である。省エネルギーを例に考えてみよう。誰もが思いつくのは節約や我慢といった人びとの行動変容であり、そのための意識づけが想起されるかもしれない。もちろんそれも一つの方法であるが、省エネ家電の導入や家屋の断熱を通じたエネルギー効率の改善も実現手段である。いずれの場合も個々の主体は個別の合理性に基づいて行動するが、そのことを通じて社会全体の利益が実現することが企図されている。

本章では、こうした社会の仕組みによる全体最適の実現を社会イノベーションとしたうえで、エネルギー転換における事例を紹介する。社会イノベーションというのは比較的新しい概念であり、さまざまな意味で使われているが、提唱者であるMulgan［2006］の定義に従うと、①社会的目的、②新奇性、③社会の能力や関係性の強化の三つが要件とされている。一九九〇年代後半の英国における「第三の道」［Giddens 1998］で示されたような「新しい公共」という考え方を実現する方策として提唱されたのが始まりである。公共の福利のために規制などを通じて私権を制限するというのは近代社会における伝統的手法である。だが、多様な価値が併存している社会ではその是非が問われることも少なくない。とくに誰かの不利益につながるトレードオフ（一方を追求すると他方を犠牲にしなければならない二律背反の状態）が含まれていたり、事実認識に曖昧さが含まれているような問題では、合意そのものが困難となることもある。エネルギー問題や環境問題は典型例の一つである。問題を生み出す要因は社会に深く埋め込まれているため、トレードオフは不可避であるし、多数の人びとが影響を受ける。その一方で大きすぎる問題ゆえに科学的知見の不確実性もある。

こうした事情があるため、エネルギー転換という大きな課題の解決を強制的に進めることは容易ではない。問題が大きすぎるため、相互監視も機能しにくい。このようなことから、選択的誘因を創出する社会イノベーションが必要とされている。再エネの導入を大きく後押しした固定価格買取制度(FIT)もその一例である。再エネは既存の技術よりもコストが高く、これが普及の妨げになっていた。その一方で、太陽光パネルのような量産可能な工業製品は普及数に応じて価格が下がる学習効果という現象が存在することが知られていた。逆に、普及が進まないと価格は高止まりしたままとなる。そこで再エネ事業が成り立つように長期間の買取価格を設定し、差額は広く薄く負担しながら普及を促したのが固定価格買取制度である。補助金に似ているようにも思われるが、学習効果が確実に現実化するように買取価格を計画的に下げていく点が異なっている。

このようにマクロレベルでの社会イノベーションによって全体最適を実現することは可能である。ただし、対象とする社会単位が大きいと、善し悪しは別として固定価格買取制度のように皆が関心を持つためには金銭による選択的誘因を設定せざるをえなくなる。その結果、価値基準が経済的価値に一元化されてしまうという課題が発生する。実際には、多数の小さな単位の社会それぞれで共有されている価値に対応する選択的誘因を設定することによって、同時多発的に全体最適を実現するという方法もある。そこで必要とされるのは、相対的に小さなメゾレベルやコミュニティレベルでのイノベーションである。

以降では、事例を見ながらどのような価値を実現するためにどのようなイノベーションが存在するかをみていこう。大枠としては、分配的正義と手続き的正義の実現が具体的方策となる。前者は利益に対するリスクや受苦の適正なバランスであり、後者は多様な考え方が存在するなかでの事実認識や意思決定の方法が課題となる。いずれもエネルギー転換という社会全体の利益が立地地域にもたらす不利益を回避し、より多くの便益をもたらす可能性を拓こうとしている。その結果として当事者の合意や内発的動機づけによるエネルギー転換を促そうとしており、その意味では非強制的な手法である。

もちろんのこと、分配と手続きは相互に影響する関係にある。何が利益とされ、何が不利益とされるかは本来多様であり、各地域での人と自然の関係、文化、地理的特性、あるいは社会経済状況などさまざまな要因によって決まってくる。また、経済効果のように量的に評価可能なものばかりでもない。こうしたことを踏まえて柔軟な手続きをとりながら地域の実情に応じた利益やリスクを発見し、納得感のある意思決定を行うことが地域に資するエネルギー転換には必要である。

2 分配的正義の実現

◆直接的経済効果の配分

具体的にどのような方法があるかをみていこう。まずは分配的正義の実現である。最も単純な方法は、業務への関与をはじめとして再エネを地場産業化することである。再エネ事業では建設時だけではなく運転時にもさまざまな業務が発生する。事業用地の提供や建設の請負だけではなく、維持管理にかかわる業務を通じても利益の分配は実現できる。販売も含めた「地産地消」を実現する地域新電力という取り組みも注目に値する。化石燃料など地域外のエネルギーに依存することは地域の稼ぎがエネルギー費用として流出することになるが、地域の資源を利用することでエネルギー事業そのものが地域での経済循環の一部となる。

地域の主体が事業そのものの担い手となる方法もある。会社であれば株主になれば事業を所有できる。組合やNPO法人等の組織や自治体のような団体でも事業は可能である。日本でも比較的小規模な事例では共同所有のケースが多数存在する。ドイツのようにこうした住民所有の事業が国全体の過半数を占めている国もあるし、デンマークのように地元住民への資本参加の呼びかけを義務化しているところもある［丸山 2014］。

資金提供などの部分で間接的に関与するという方法もある。事業に必要な資金は借り入れや出資という方法で調達することが多いが、多様な人びとが出資すれば利益の分配先も多様になる。実際のところ、事業収入の大半は借り入れの返済や出資金の償還に充てられているため、分配的正義の実現という意味では所有よりも資金調達の影響が大きい。日本でも出資の仕組みを応用した市民風車の取り組みが一九九九年から始まっている。東日本大震災後は私募債やクラウドファンディングなど手法も多様化している。相対的には少数であるものの事例は増えており、二〇一六年現在、プロジェクトの件数は約一〇〇〇件、出力で約九〇メガワットの取り組みが確認されている［豊田 2016］。

出資という仕組みの効果は、利益の分配そのものだけではなく、その過程を可視化した点にもある。資金調達方法として一般的なのは金融機関からの融資であるが、その資金源は市民などの預貯金に由来している。融資を受けた側の返済金利が預金者の利息となっているという意味では、資金の流れそのものは出資の場合と同様である。ただ、預貯金をどのような融資に充てるかの運用は金融機関に一任されており、預金者の側はそれを知ることも制御することもできない。これに対して、出資の場合はその過程が明確になる。また、リスクはあるものの自分の資産を活用する対象を選べる。

波及効果を通じた多様な主体の受益

事業の仕組みの中で分配的正義を実現することには限界もある。経済的な事情などの理由で出資できない人も存在するが、そのような人びとは対象外となってしまう。受益がリスク受容に与える影響も正否両方があり、賄賂と受け取られて反発を招いた事例もある[Walker et al. 2015]。そうではないとしても、例えば一〇〇万円の出資金に対する年数パーセント程度の利益分配が補償として評価されるとは限らない。分配の問題はリスクに対する便益という点だけではなく、もともと存在する地域の社会的文脈との整合性からも評価するべきである。

この点を踏まえると、立地地域の不特定多数が受益者となるような地域貢献の意義も理解されるだろう。海外では奨学金や教育プログラム、あるいは地域ビジネスへの投資といった形で将来世代を含む地域全体が受益者となるような地域貢献プログラムを実施している例がある。

日本でも自治体やＮＰＯの実践例がある。例えば北海道寿都町《すっつちょう》は町営の風力発電所の収益を幅広く地域に還元している。年間の売り上げは約七億五〇〇〇万円であるが、運営費を除いた利益の一部は広く町民に還元されており、町民全員を対象とした水道代補助、高齢者を対象とした買い物補助、あるいは地元商店街の振興策も兼ねた商品券補助などに合計で約四五〇〇万円が充てられている(1)。

NPOによる事例としては、茨城県神栖《かみす》市の風力発電による取り組みがある。この事業は先に紹介した市民風車の一つでもあるが、事業主であるNPOはもともと海岸清掃などのボランティア活動に取り組んできた。風力発電はその活動資金源としての意味もあり、事業収益の還元先は海岸清掃や植林、さらには自警団への自動車寄付などさまざまである。菜の花を利用するバイオマスや太陽光発電など、さらなるエネルギー事業にも投資されている。

地域外の営利企業による事業であっても、収益の一部を自治体や基金に寄付したり地元地域での発注や雇用を重視するなど、積極的に地域貢献に取り組む例は増えている。分配的正義の視点からみれば、事業主体が誰であるかよりも何がどのように分配されているかが重要である。その意味でこれらの取り組みの持つ意義は少なくない。ただし、ここまで紹介してきた例は元となるエネルギー事業の収益をもとにした分配であり、そこが限界でもある。これは自治体やNPO、あるいは市民が事業主体になっても変わらない。

この限界を超えるためには、地域の持続的な発展との関連に注目する必要がある。実現する方法の一つは、再エネ事業そのものの波及効果を高めることである。もう一つは、地域にもともと存在する課題の解決や社会経済活動の強化の手段として再エネを利用するという方法である。波及効果の例が再エネ観光などであり、観光客の増加や農産物のブランド化といった効果が知られている。比較的早い時期から再エネに取り組んできた岩手県葛巻町《くずまきまち》では、大規模ウィンドファームとバイオマスの見学者が年間二〇〇〇人から最多で四五〇〇人だという(2)。農業体験なども含めた研修プログラムを目的とする訪問者数は、町の観光を支える一つの柱となっている。もちろんのこと、すべての地域でこうした効果を見込めるとは限らない。また、エネルギー転換が進むにつれて再エネそのものの希少性は低下してしまうことにも注意が必要である。

◆地域の持続性に資する再エネ

再エネ事業そのものの波及効果には限りがあるとしても、持続可能な地域づくりを主たる目的として再エネ事業を手段と位置づけることによって別の可能性が見えてくる。例えば、前述した出資の仕組みを生かした応用例がある。滋賀県湖南《こなん》市の取り組みでは、商工会が中心となった太陽光事業への出資に対する配当を地域商品券で支払っている。商品券は大型店舗などでも利用可能であり、出資者側の不便はない。現金での配当と比較すると地域での経済循環がもうひとまわりするという効果がある。類似した方法として、クラウドファンディングを利用した取り組みもある。クラウドファンディングでは、出資と配当という仕組みではなく寄付へのお礼という形式をとることが多い。これを再エネ事業に応用し、一口数千円から数万円程度の資金提供に対して地場産品などを返礼品としている。地域の側から見ると、資金調達と同時に地域や地場産品を紹介する機会にもなっている。資金提供する側にとっても、単なる現金よりも地域の人の目利きによる地場産品には特別感もあり、地域の取り組みを応援する実感を得やすいという効果があると考えられる。

本書第7章で紹介されている生活クラブ生活協同組合の取り組みのように、都市部と農村の交流が多様な効果を生み出している事例もある。風力発電所をきっかけとした交流が特産品開発に象徴される次の社会過程を生み出しており、その結果として風力発電事業そのものに比する経済効果も生み出している。消費者との交流や特産品の開発はエネルギーとは直接関係のない生産者にとっても望ましいことであり、数値には表れないものの自信ややりがいにもつながっているという。こうしたことから「ただの風車じゃない」と受け止められている。先に紹介した市民風車の取り組みも、現地への訪問や交流という意味を持たせようとしている。風車のタワーには出資者の名前が記入されている。このことによって出資にライフイベントの記念や人びとの協力の可視化という意味を込めることも可能となり、遠方に居住する出資者であってもそこに訪れる必然性が生まれている。

太陽光発電の普及手段として注目されているソーラーシェアリングも、地域の持続性という視点からとらえ直すことが可能である。農作物が必要とする太陽のエネルギーには上限があること(光飽和点)に注目し、余剰分を太陽光発電に利用するというのがソーラーシェアリングの発想である。生産者から見ると、農地からの収益に加えて太陽光からの収入も得られるため、面積あたりの生産性が向上する。その一方で架台《かだい》が農作業の支障になるといった課題もあり、気候変動や脱炭素への寄与という大義名分だけでは普及しない。そこで必要となるのは、架台や遮光が積極的な意味を持つような作付けとの組み合わせなど、生産者にとっての納得感をもたらす工夫である。水田としては条件の悪い農地にソーラーシェアリングを導入し、シャインマスカットなど付加価値の高い農業に切り替えるといった取り組みがある。兵庫県宝塚市の取り組みのように、農地の維持を目的とするソーラーシェアリングもある。市民農園と組み合わせたサツマイモ栽培と収穫祭など、交流やイベントの場としての価値も生み出されている。(3)

事例としての数は多くないものの、地域の持続性の基盤となる自然環境の維持に積極的に貢献する自然共生型といえるような事業もある。岡山県瀬戸内《せとうち》市の塩田跡地で行われている太陽光発電事業は二三五メガワット(二六〇ヘクタール)と日本最大級の規模であるが、防災や自然保護にも配慮している。老朽化した塩田の排水路の河床《かしょう》掘削拡幅や排水ポンプの増設、あるいは堤防の補強や新設が行われている。これらは設備そのものの自然災害への備えでもあるが、近隣住宅や農地への浸水を軽減するためのものでもある。自然再生の取り組みとしては塩性湿地の保全のために自然保護エリアを整備している。ヨシ原の水辺環境を残しながら水路や水深に変化をつけ、小動物が棲息しやすい環境をつくっている。また、これらを餌とする猛禽類《もうきんるい》の保護も目的としている。希少猛禽類に与える影響への懸念が残されている状況ではあるものの、能動的な自然保護への貢献という考え方は今後の選択肢となりうるだろう。事業地での取り組み以外に、資金提供を通じて自然環境の再生に貢献する方法もある。環境アセスメントなどの合意形成の場では環境への影響が許容可能か否かが論点となるが、積極的な意義も含めた価値判断を行えるようにするということ自体は合意形成のための一つの方法であろう。

3 手続き的正義の実現——ガバナンスの進化

◆合意形成のための手法

ここまで紹介してきた分配的正義と並んで手続き的正義のイノベーションも必要である。合法的であっても合意形成上の問題が発生するのは、手続きに改善の余地があることを示している。リスクや便益は地域による固有性が高いため、理想的にはステークホルダーの関心に基づいて何が問題で何が利益なのかという最初の段階から合意を積み上げていくような社会過程が望ましいだろう。

こちらも、最も単純な方法は所有になる。地域外の主体による開発事業の場合には、事業主体の利害関心と実際に影響を受ける周辺住民などの利害関心の齟齬が問題になることが多いが、住民が事業を所有することによって両者は重なりやすくなる。株式会社など、より多く出資した主体の議決権が多くなる組織形態もあるが、組合や社団法人であれば一人一票の議決権となる。このため当事者性を持つ多数の合意による意思決定が可能となる。

リスク評価のための制度として環境アセスメントがあるが、これも改善の余地がある。まず、調査結果や予測の不確実性という課題への対応である。原因者側とステークホルダーとでデータや予測結果が異なる場合、科学的議論としては膠着してしまう。これに対応する手法として共同事実確認や順応的管理がある。前者は利害関心の異なる人びとが少なくともデータの信頼性については共通認識を得ることを目的としており、調査者を含む調査方法や分析方法についてあらかじめ合意し、場合によっては調査も合同で実施する。順応的管理は予測結果の不確実性を前提としたリスク管理の方法である。ある懸念事項について予測の精度を詰めるのではなく、起こりうる事象をすべて想定し、それぞれについての対処方法をあらかじめ合意しておく方法である。再エネのリスクは騒音など事後的に制御可能なものがあるが、そのような課題への応用が可能である。例えば風車による鳥類の衝突死の場合、その地域の個体群が存続することを目標として合意できれば順応的管理の応用が可能である。個体群が存続可能な数や衝突死の予測に基づいて対策の強度を決めておき、実態に応じた対策をとるという方法である。

環境アセスメントが個別の事業に伴う影響の詳細を評価するのに対して、立地場所そのものを適正化するゾーニング（適地抽出）という手法がある。幅広く既存情報を収集したうえであらかじめ適地を決定するという政策で、土地利用制度の中に組み込まれている国もある。ゾーニングの利点は、第一に、個別の事業者の動きとは独立して地域の側での事前の合意が可能となることである。もう一つは、既存の規制だけではなく地域の実情に応じた条件を設定できることである。例えば観光地であれば、景観や自然保護について予防的に線引きをすることも可能であるし、逆に再エネを地域の基幹産業としようとする地域では緩和的に線引きするという対応が可能である。ゾーニングは合意形成の可能性をあらかじめ問題となりうる条件や場所、あるいは実現の可能性が高い場所を可視的に線引きすることであるため、事業者にとっても合意形成のための負担を軽減することになる。

◆ローカルルールの進化

事業による負の影響を制御するための手法だけではなく、地域にとって積極的に望ましいものとする社会イノベーションもある。典型例は条例などのローカルルールである。日本の制度では開発許可における市町村の権限が限られており、問題を未然に防いだり個別の案件に介入したりすることが難しい。これに対応すべく条例を策定する市町村が増えており、再エネ事業のための適地の限定や住民合意を義務づけようとしている。固定価格買取制度における再エネ設備の認定では法令遵守が要件となったため、条例化されていれば一定程度の実効性を期待できる。

こうした規制的対応とは別に、立地地域により大きな効果を導くことによって合意しやすい条件を整える取り組みも存在する。長野県飯田市では再エネを地域資源と位置づけ、地域の持続的発展に結びつける趣旨の条例を定めている。条例では自然環境と地域住民の暮らしとが調和する形で生存する権利を「地域環境権」とし、この権利の行使に必要な支援を行政の責務としている。市は「地域公共再エネ活用認定事業」を実施し、エネルギーの専門家や地域金融機関などの協力も得ながら地域に資する事業を選定し、支援している。事業者は認定を受けると調査費用の無利子融資などを受けることが可能となる。また審査の過程そのものは専門家とのコミュニケーションの場となっている。協議を通じて事業の初期段階から事業のあり方が共有されるため、事業内容や計画に対する信用が高まる。二〇一九年現在、一二の事業が認定されている。

このような理念を事業の趣旨や内容を選ぶ仕組みと組み合わせた施策として、東京都八丈町《はちじょうまち》の地熱発電の事例がある。町は条例によって地域に資する再エネ事業を定義し、そのような事業への支援を行政の責務としたうえで、協定を結ぶ相手方を提案公募によって選定している［丸山2017］。

日本で本格的な導入が進められようとしている洋上風力発電でも、地域貢献や合意形成を評価する仕組みがある。海域は国有財産であるため、洋上風力発電の事業者は国から占有許可を得る必要がある。事業者は公募によって選ばれるが、評価項目には電力の価格や実現可能性以外に地域貢献や合意形成などが含まれている。配点の比率次第ではあるが、立地地域と協力しながら多様な主体の利益を実現する事業者が選ばれやすい仕組みとなる可能性がある。規制ではなく基準に対する事業者の競争を通じた課題解決を図ろうとしている点で、こうした社会イノベーションも注目に値する。

4 新しい公共サービスとしての再エネ事業

ここまで、社会イノベーションの諸事例を分配と手続きという枠組みで整理してきた。この点を踏まえて、立地地域にとって再エネが持つ意味について考えてみよう。エネルギー転換を是とする考え方に基づくと、立地地域における異論や紛争は地域のエゴであるかのように見える。だが、全体最適のみを重視して個別性を軽視してしまうという視点の取り方には問題がある。こうした進め方そのものがエネルギー転換の停滞の一因となっているし、個別性を無視すること自体が不正義とみなしうるからである。

むしろ、地域の持続性という視点からエネルギー転換を再構成するという発想が必要になる。本章ではそのためのさまざまな工夫をみてきた。必要なのは単なる分配ではなく、何かを生み出す源泉であるストックの蓄積に寄与することであろう。金銭や設備はストックの一つであるが、それ以外に人の育成、知識や技能、社会関係、そして自然環境の形成など、将来にわたって地域に便益をもたらす資本に注目する必要がある。その一方で再エネ設備は土地というストックを一定期間占有するし、自然環境の改変を伴う開発は自然資本を毀損することになる。もちろん、災害や健康といった懸念事項への配慮も必要となる。こうしたバランスを踏まえたうえで、より多くのストックをもたらすのが「良い事業」といえるだろう。

「良い事業」を実現するためには適切なガバナンスの仕組みも必要である。単なる住民参加だけではなく、再エネ事業のさまざまな局面でステークホルダーの参加や関与を実現する方法がある。その中には「良い事業」を選ぶ仕組みなど、適切な政策を導入することによって実現するものもある。

これらを実現することによって、再エネ事業は新たな公共サービスというべき取り組みになりうるだろう。地域の資源を適切に利用しながら生活基盤であるエネルギーを地域内外に供給し、そのことが地域の持続的な発展の推進力となる。こうしたボトムアップの動きと整合させることによって、再エネ導入という社会的要請と多様な人びととの福利を両立させるエネルギー転換が可能となるのではないだろうか。

環境問題は社会そのものの基盤にかかわる課題であるため、程度の差はあってもすべての人びとを当事者にする。環境問題の解決という大義名分は容易に否定しがたいものとなり、時として人びとに対して抑圧的に作用したり、同調圧力を生み出すことがある。そこに息苦しさを感じたとしても、環境問題が社会の存続にかかわるという認識自体はおおむね事実であり、全否定することは難しい。その一方で、現実に人やモノが動いている場において必要なのは、具体的な行動やそれを通じた環境保全の実現である。選択的誘因を創造する社会イノベーションによって、かかわる主体の内在的動機に則した行動を通じた問題解決も可能となる。

本章で示したのはエネルギー問題における社会イノベーションの必要性と可能性であるが、生物多様性など同時多発的に発生している課題に通じる解決策となる。環境問題という総括はあくまで多様な問題を共通の問題として認識するための方便であり、実際の現場では個別具体的な現象が存在する。それぞれの問題解決は環境問題の解決という論理とは異なっていてもかまわない。むしろそれは環境問題における個と全体の緊張を解消するうえで望ましいことでもあるだろう。

註

(1) 『広報すっつ』寿都町、二〇一三年八月号。
(2) 「毎日新聞」岩手版、二〇一二年七月三日。
(3) 『季刊地域』第三六号、二〇一九年一月。

コラムB

クリーンエネルギーとは何か

◆立石裕二

何をもって「クリーン」とするのか

深刻さを増す気候変動問題や国連のSDGsなどに関連し、「クリーンエネルギー」にかかわる議論が盛んになされている一方で、その定義と解釈には混乱がみられる現状がある。二〇二二年現在、日本では「クリーンエネルギー戦略」の策定に向けた検討が進められている。しかし、現時点で公表されている「中間整理」をみても、「社会全体で脱炭素に向けた歩みを加速」といった大まかな方向性はわかるものの、「クリーン」が何を意味するかははっきりしない［経済産業省産業技術環境局・資源エネルギー庁 2022］。

クリーンエネルギーとはいったい何を指すのだろうか。

日本において、クリーンエネルギーという言葉が注目を集めるきっかけになったのは、一九七四年に始まった「サンシャイン計画」である［工業技術院サンシャイン計画推進本部 1974］。一九七三年のオイルショックを受けて始まったこの計画では、数十年後のエネルギー需要の相当部分を賄いうるクリーンなエネルギーの供給を目標とし、後続のニューサンシャイン計画が二〇〇〇年に終了するまで、さまざまな新エネルギーの研究開発が進められた。サンシャイン計画における「クリーン」は当初、大気汚染問題を想定しており、地球温暖化の原因となる二酸化炭素の排出削減が重視される今日とは異なるが、「クリーン」が明確な定義のないまま使われている点は現代と共通している。

「クリーン」という表現は、マスメディアでもしきりに使われている。

ばしば使われてきた。読売新聞記事データベースを用いて、一九八六〜二〇二一年の期間で「クリーン」「エネルギー」の二つを含む記事を検索し、同じ段落中で使われている一九五九件に絞り込んで分析を行った(二〇二二年一月四日アクセス)。KH Coder[樋口 2020]を使って集計したところ、「クリーン」「エネルギー」と一緒に言及されることが多かったエネルギー源は、太陽光(五四七件)、風力(四三九件)、水素・燃料電池(計五五五件)であった。

注目したいのは、原子力・原発(計三六四件)の扱いである。発電時に二酸化炭素を排出しない「クリーンなエネルギー」としての言及と、放射能汚染や放射性廃棄物の問題を抱えた「クリーンでないエネルギー」としての言及が拮抗していた。また、石炭(一三四件)、石油(一一九件)に関しては、基本的にクリーンでないエネルギーとしての言及だったが、従来よりも二酸化炭素の排出を抑制できる技術を「クリーン石炭」(「クリーン・コール」)と呼ぶ記事もあった。このように、何をもって「クリーン」とするかという定義において幅があることが読み取れる。

なぜ「クリーン」という言葉は使われ続けてきたか

科学技術史家の吉岡斉《ひとし》は、一九八〇年代前半に未来のエネルギー源として話題になっていた核融合技術について論じるなかで、次のように指摘している。「クリーンという宣伝文句は、状況の変化につれてどうにでもなる美辞麗句にすぎず、実質的な価値判断の決定的基準とされてきたことは過去にはなく、今後もないであろう」[吉岡 1985: 47]。

この「状況の変化につれてどうにでもなる」曖昧さこそが、エネルギー政策の分野において「クリーン」という言葉が長い間使われてきた理由だと思われる。科学的な裏付けがある言葉ではなく、特定の価値観に結びついた言葉でもない。「クリーン」と似た響きを持つ言葉として「グリーン」があるが、こちらは、環境保全という価値へのコミットメントをより強く押し出す文脈で使われることが多い。それに対して「クリーン」は、政治献金の規制やごみ処理などの文脈でも使われており、環境対策に対するスタンスによらず使いやすい言葉なのである。

「クリーン」という言葉が便利に使われてきたのは日本国内にとどまらない。二〇一五年に採択された気候変動対策に関するパリ協定では、各国がクリーンエネルギー分野の研究開発に対する投資を増やすことが盛り込まれた。しかし、そこでいう「クリーンエネルギー」の定義は国によって異なることが指摘されている[Georgeson et al. 2016]。定義が曖昧なまま政策文書で使われる点、原子力を含めるかどうかが焦点になっている点など、日本国内の状況と重なる部分が大きい。

「クリーン」という言葉でエネルギーが語られることの問題点は、「何となく良さそう」というイメージが先行し、議論を深めるきっかけになりにくいことである。クリーンエネルギーに関する記事が増えた一九八〇年代末から一九九〇年代にかけての日本では、石油中心のエネルギー構造からの転換として、主要なエネルギー源の中で最も二酸化炭素の排出量が多い石炭火力発電の増設が進められていた。サンシャイン計画においても、重点技術の一つは石炭であった(他の三つは太陽、地熱、水素)。また、原子力発電については、一九八六年のチェルノブイリ原発事故により安全性や経済性に関する主張が揺らぐなかで、発電時に二酸化炭素を排出しない「クリーン」さが強調され、推進の方針が維持された。しかし、こうした足下の動向が「クリーン」な未来に資するかどうか、何をもって「クリーン」とするのか、踏み込んだ議論は行われなかった。

クリーンエネルギーに関する論調が持つもう一つの問題点は、技術革新によってエネルギーが近い将来、クリーンになりうるという幻想を与えかねないことである。新聞記事の分析において「クリーン」という言葉は、「研究」「開発」「計画」「期待」といった未来志向の語句とともに使われていた。しかし、どんなエネルギー源であれ、現代の社会生活を支える規模で利用すれば、環境への影響は無視できない。その意味で、まったく「クリーン」なエネルギーは存在しないし、近い将来に実現する見込みもない。吉岡[1985]は、「クリーン」に対する期待の背後にある、科学技術が発達すればエネルギー問題の解決が可能だという「テクノトピア論」的な発想を批判している。そして、一般の人びとが勝手に幻想を抱いているのではなく、科学技術の専門家が研究資源の獲得を狙って、新技術に対する過剰な期待を煽っていることを指摘している。

どんなエネルギー源を選択しようとも、何らかの被害・リスクや地域の負担は生じてくる。そのなかで、どのような影響を重く受け止めるかは価値判断がからむ問題であり、科学的知見だけに基づいて決めることはできない。クリーンという言葉の持つ「何となく良さそう」なイメージに流されず、どんなエネルギー源でも必ず抱える「クリーンでない」部分に目を向けて、議論を深めていくことが重要なのである。

コラムC

欧州のエネルギー協同組合

——市民とコミュニティ主導のエネルギー転換

◆寺林暁良

オランダは、エネルギーのほぼ一〇〇％を化石燃料に頼ってきました。この古い体制を変えたい、エネルギーの持続可能な循環を実現したい、という想いを持つ人びとが集まり、この協同組合を設立しました[1]。

明日のグリーンエネルギー協同組合（ＭＧＥ：Coöperatie Morgen Groene Energie UA）は、二〇一一年にオランダ北ブラバント州東部の市民有志によって設立された協同組合である。定年退職者を中心とした二〇人のボランティアによって運営され、組合員は二五〇人を数える。主な事業は、再生可能エネルギー由来の電気やカーボン・オフセット付きガス（ガスの使用による二酸化炭素排出量に応じて植樹などが行われる）の共同購入で、ほかにも三か所の太陽光発電所への出資や一五〇戸の住宅への太陽光パネル設置を推進してきた。また、一般市民向けには、拠点施設の「エネルギーの家」でエネルギー効率を高める住宅リフォームや再生可能エネルギーの導入をコンサルティングしている（写真C－1）ほか、定期的に環境問題の啓発イベントを開催している。

このように、欧州では二〇〇〇年代以降、エネルギー問題に関心を持つ市民やコミュニティが協同組合を設立して再生可能エネルギー事業やエネルギー効率化に取り組むというスタイルが急激に拡大してきた。これらはエネルギー協同組合（REScoop：Renewable Energy Source Cooperative）と呼ばれ、その数は欧州全体で三〇〇〇組合以上にのぼっている。とくに、ドイツ（八七〇組合）やオランダ（四〇〇組合)、イギリス(二五〇組合)などで設立数が多い。協同組合の設立方法や法人としての位置づけは国によって異なるが、「組合員が一人一票で民主的に運営する」など、世界協同組合同盟(ICA:International Cooperative Alliance)の「協同組合原則」に沿っていることは共通である[寺林 2018]。

写真C-1
明日のグリーンエネルギー協同組合の「エネルギーの家」.
一般住宅のエネルギー効率化に関する最新技術が展示されている
撮影:筆者

エネルギー協同組合が拡大した背景には、各国がこぞって再生可能エネルギーの投資を促進する政策を導入したことがある。とくに、日本でも再生可能エネルギー普及策としてお馴染みの固定価格買取制度(FIT)は、ドイツやイギリスなどの欧州各国で先行して導入され、再生可能エネルギーの普及に大きく寄与してきた。ただし、オランダのように固定価格買取制度を導入していない国もあり、政策によって経済的利益が保証されていることだけがエネルギー協同組合の設立の理由になっているわけではない。

それでは、ほかにどのような理由があるのだろうか。一つは、エネルギー協同組合にはエネルギー転換を求める市民運動を組織化した側面があることである。欧州では、一九八六年のチェルノブイリ原発事故などへの反発が市民運動として展開してきた。その市民運動を経験した世代には、原発由来の電気や東欧からパイプラインを通じてやってくるガスに生活が握られることへの危機感や違和感が根強く残っている(そして二〇二二年に起きたロシアのウクライナ侵攻によってパイプラインは遮断され、この懸念の

写真C-2
ドンサイド・コミュニティ水力発電組合の市民水車
撮影：筆者

写真C-3
ドンサイド・ビレッジ・コミュニティ公益法人が取り組む，新たな産業づくりの一環である養蜂事業
撮影：筆者

一部は現実のものになった）。このような世代の人びとが定年退職後、改めてエネルギー協同組合の活動に想いを託すことがある。また、世代を問わず、気候変動問題に関心を寄せる市民は多い。このように、個々人のエネルギーや気候変動問題への関心が活動の原動力の一つになっている。

もう一つの理由は、エネルギー協同組合の活動がコミュニティの再生やまちづくりに役立てられている事例が数多くあることである。例えば、スコットランドのアバディーンで活動するドンサイド・コミュニティ水力発電組合（Donside Community Hydro Limited）（写真C-2）は、九九・九キロワットの水車で発電し、その売電収益から組合員への配当を除いた分（平均で年間四四・九万ポンド）を、非営利まちづくり会社であるドンサイド・ビレッジ・コミュニティ公益法人(Donside Village Community SCIO)に寄付している。公益法人は、自分たちで管理・運営する公園の整備や地域産業づくりにその資金を役立てている[寺林 2019](写真C–3)。コミュニティに利益をもたらすこともまた、エネルギー協同組合の活動の大事な動機になっている。

なお、欧州各国ではすでに固定価格買取制度の縮小や廃止が進んでいるため、エネルギー協同組合の取り組みも、再生可能エネルギーによる発電にとどまらず、エネルギー効率化や蓄電池の活用、電気自動車の導入など、多様化する方向にある。ただし、エネルギー協同組合は市民やコミュニティが主導するため、必ずしもこうした新しい事業モデルに取り組むノウハウがあるわけではない。そこで重要になるのが、エネルギー協同組合の事業導入を助ける中間支援組織の存在である。例えば、ドイツのビュルガーヴェルケ(Bürgerwerke eG)やイギリスのシェアエナジー(Sharenergy)は、エネルギー協同組合の設立や運営、新規事業開発を支援するために草の根から立ち上がった協同組合である。また、オランダではエナヒーサーメ(Coöperatie Energie Samen UA)という全国レベルの協同組合が個別のエネルギー協同組合の運営や事業開発を支援している。さらに、欧州レベルでも、一二か国三〇の中間支援組織などが集まり、二〇一四年にベルギーで欧州エネルギー協同組合連合(REScoop.eu)を設立し、情報共有や共同技術開発に取り組んでいる。

以上のように、欧州のエネルギー協同組合は、経済的利益、環境問題への関心、コミュニティ再生などの多様な動機づけによって人びとの参加を促し、地域・国・欧州に連なる中間支援組織とともにさまざまな事業モデルに挑戦している。欧州におけるエネルギー協同組合の軌跡は、日本において市民やコミュニティ主導でエネルギー転換を進める際にも大きなヒントを与えてくれるだろう。

註

(1) 二〇一七年九月一六日、MGE代表理事へのヒアリングより。

これからのエネルギー転換に向けて

公正でタンジブルなエネルギーをつくり、使っていくために

青木聡子

1 エネルギーの環境社会学

ここまで本書では、人びととエネルギーとのかかわりの歴史や現在の実践を検証することを通じて、私たちの社会の姿を描出し展望してきた。本書を締めくくるにあたり、ここで今一度、環境社会学の視点からエネルギーを論じるとはいかなることなのかを確認したうえで、望ましいエネルギー転換のあり方とその方法について、各章の議論を踏まえて答えを探りたい。

その際に前提となるのが、環境社会学が「〈環境〉社会学」と「〈環境—社会〉学」という二つの側面を有することである。前者は、社会学の一分野としての環境社会学であり、ゆえに、自然環境を媒介にして形成されたり変化したりする人びとの関係性に着目して研究する学問分野である。例

えば公害問題では、被害者と加害者という関係や、被害当事者と支援者という関係が生成されるだけでなく、地域社会の中で被害を受けた人びとと受けなかった人びととの間の関係が変化する。被害者同士でもさまざまな関係の形成や変化が起こるし、同じ支援者の間にもさまざまに関係が生成され、変化する。こうした点に着目するのが、環境の社会学(「〈環境〉社会学」)である。

これに対して後者の「〈環境―社会〉学」は、人びとから自然環境への働きかけや、それによって生じる自然環境の変化や、自然環境から人びとへの反作用といった、人間社会と自然環境との相互作用をとらえようとするものである。「環境社会学会というアソシエーションには、社会学者に加えて、社会的な側面を視野に入れた森林科学、生態学などの自然科学や倫理学、民俗学、人類学など『環境』に関わる人文科学の研究者も関わ」るようになり、「環境社会学とは、広く『環境と社会』の関連を考える領域横断的な視野を持つ学際的な学問」ととらえた方がよいという指摘[西城戸 2012: 7]にもあるように、社会学の枠を超えた「環境と社会」の学(「〈環境―社会〉学」)である。

これら環境社会学の二側面を踏まえれば、エネルギーにかかわる諸課題を環境社会学の視点から検討するということは、エネルギーをめぐって生成されたり変化したりする人と人、集団と集団のあり方や関係性に着目しながら、エネルギーやその源たる自然環境への人間社会の向き合い方を検討するという作業といえる。このことを踏まえ、以降では、①人びとの関係性の生成・変化、②人間社会と自然環境の関係の変化という二点に即して、各章を振り返り、望ましいエネルギー転換のあり方について検討したい。

2 これまでのエネルギー転換による人びとの関係性の生成・変化

これまでのエネルギー転換とは、第Ⅰ部、第Ⅱ部で取り上げてきた、薪から木炭へ、木炭から石炭、石油へ、そして原子力へという転換と、それらと並行して進められた巨大ダムによる水力発電の大規模化を指す。それらによってもたらされたのは、単なる発電施設の動力源の変化ではなかった。環境の社会学(「〈環境〉社会学」)の観点からは、度重なるエネルギー転換に伴う、人びとの関係性の生成と変化が明瞭に浮かび上がる。

例えば薪から木炭へ、木炭から石炭へという燃料の転換に伴う木質バイオマス利用の変化を描いた第1章では、薪利用によって近世までに形成されていた、農山村を含む小都市周辺の燃料自給圏が、大都市における木炭利用の急増に伴い大規模なエネルギー供給圏へと再編されたことが指摘されている。さらに、エネルギー源が木炭から石炭、また石油・ガスへと切り替わったことに伴い、この需給関係は解消され、「里山はエネルギー供給からほぼ切り離され」ることとなった。これらのことは、マクロな視点で見たときに、農山村の人びとと都市部の人びととの関係が次のように変化したことを示している。すなわち、近代化に伴うエネルギー利用の変化が、「都市と農山村の関係を、都市の需要に農山村を従属させるものへと変化させ」たということである。

石炭利用の時代を描いた第2章では、木炭に代わるエネルギー源たる石炭の生産地が新たに形成され、都市部との需給関係に組み込まれていったことに加えて、産炭地域において形成された炭鉱夫コミュニティの紐帯の強さが指摘されている。「地上から深く潜った暗闇で文字どおり互いの命を預けて働く」人びとの間には、「仲間としての人間的信頼」関係が形成された。そしてこうした関係性を基盤に、劣悪な労働環境を改善したり家族の健康や生活環境を守ったりするための活動が、豊かな文化活動を伴って育まれた。石炭から石油へのエネルギー転換に伴い炭鉱夫自体が不在となり、産炭地域における連帯や豊かな関係性が失われたことは、いうまでもない。加えて、かつての産炭地域はエネルギーの供給地という役割を終えて都市部との関係性から切り離され、新たな地域のあり方を自ら模索することになった。

第3章で論じられる大規模ダムによる水力発電においても、エネルギーの供給地としての山間地域と消費地としての都市という地域間の関係が描かれる。だが、それは単なる地域間の関係ではない。前の二つの章で描かれていたように、山間地域と都市の関係は、山間地域に住む人びとと都市の人びととの関係でもあった。その際に、第3章で描かれた一九五〇年代の両者の関係で特徴的だったのは、高冷地稲作の工夫を重ねて収穫量を高めてきた荘川村《しょうかわむら》のかけがえのない土地を、産業用の電力需要のために水没させんとする、都市部の人びととの暴力的ともいえる態度である。ただし、立地地域の人びとは一方的に従属させられるだけの存在でもなかった。抵抗や交渉を通じて、事業者側との不均衡な関係の改善を試みる存在でもあった。こうした地域を超えた関係性に加えて、山間地域内部の人間関係の変化も示唆される。電源開発によって山間地域に大型資本が投下され、近代化が進んだことによるものである。「むすび」で指摘されているように、この近代化は地域の人びとに均等にもたらされたわけではない。恩恵に与《あずか》った人びととそうでなかった人びととの間に格差が生じ、地域社会の人間関係に少なからぬ影響を与えたことは、想像に難くない。

第4章から第6章およびコラムAは、原子力発電への転換に伴うさまざまな関係の変化を描いている。第4章でまず指摘されるのは、原発や核燃料サイクル施設のリスクを引き受ける立地地域と、電力を享受する都市との間の隔絶であり、不可視化されていく辺境の立地地域である。対して第5章では、立地地域内部の人びとの営みに目が向けられる。サイト内への新たな施設の建設への姿勢をめぐり住民間で生じた分裂と、それを修復しようとする模索からみえてくるのは、原発関連施設に対する住民の態度が、経済合理性や事業者との関係性のみによって決まるのではなく、態度表明によって想定される身近な他者との関係の変化を加味していること、そして新たな施設をできる限りコントローラブルなものにしておく取り組みの過程で、住民間の分裂も修復されうることであった。立地地域においては、施設をめぐる事故や事件が発生すると、それがたとえ小規模なものであっても、そのたびに人間関係に劇的な変化が起こりうる。そうした変化はコミュニティの形成や連帯強化の契機ともなりうるが、そうなるためには、地域住民は常に原子力施設と主体的に向き合い続けなければならない。第6章でも、原子力施設と積極的に向き合うことを強いられた人びとが描かれている。原発に抗い、拒絶した人びとである。原発に抗う時点で、受け入れ派の住民と反対派の住民が対立することになり、地域社会の人間関係には深刻な影響がもたらされる。さらには、反対派の地元住民と、彼らを支援しようとする都市の人びととの間にも不均衡な関係が生じやすく、その是正は重要であると同時に困難な課題でもある。

こうしてみてくると、これまでのエネルギー転換は、ナショナルレベルの「合理的な機能分化」のプロセスであったといえよう。ある特定の地域には資源の供給地としての役割を、また別の地域には消費地としての役割を集中的に担わせるようにするプロセスである。こうして地域ごとに役割分担させることが、ナショナルレベルでは効率的かつ合理的なやり方であったし、各地域も与えられた役割に適応することで発展してきた。だが、こうした「合理的な機能分化」は、それ自体が地域に脆弱性をもたらした。とくに、資源の供給地は、その盛衰を外部からの需要に依存することになった[青木 2022]。このことは、同じ時代を生きる人びとの間で不公正が生じているという点で、世代内不公正の問題として表せる。ある人びとが自分たちの便益や利益を追求することが、ここではないどこかにいる同時代の人びとを不幸にするという問題である。さらに、化石燃料での発電による気候変動や原子力発電に伴う放射性廃棄物問題のように、その影響が、まだ生まれておらずそれゆえ意思決定にも参加できないような将来世代にまで及ぶ場合、世代間での不公正が生じることになる。すなわち、これまでのエネルギー転換は、世代内不公正の拡大に加えて、世代間不公正の発生と拡大のプロセスでもあったのである。したがって、「〈環境〉社会学」が着目する人びとの間の関係性には、世代内のそれだけでなく、世代間のそれも含まれる。すなわち、同じ時代を生きる人びととの間の不公正の解消や軽減に加えて、まだ見ぬ将来に生きる人びととの間の不公正を未然に防いだり軽減したりするようなエネルギー転換が、いま求められている。

3 これまでのエネルギー転換にみる〈環境―社会〉関係の変化

変わって、〈環境―社会〉関係の変化、すなわち私たちの自然環境とのかかわり方の変化に目を向けてみよう。本書の第I部、第II部で描出されたのは、これまでのエネルギー転換が、エネルギー源を「タンジブル（tangible）なもの」すなわち「手触《てざわ》り感のあるもの」からそうでないものへと変化させていった過程であり、人びとが自然環境とのかかわりを失っていった過程であった。「タンジブル」とは、触知可能であることを意味し、もともとは情報工学において提唱された概念である［石井 2002］。形のない情報に直接触れることを可能にする、より実体感あるインターフェースの開発などについて論じる際に用いられてきた。これをエネルギーの議論に援用して第1章、第2章で指摘されているのは、自然と人間の関係を想起しやすく、どこからどのようにもたらされたのか由来が見え、現場で工夫や応用を加える余地があったタンジブルなエネルギーが、その手触り感を失っていったことである。

近世以前、人びとは里山から薪や柴を得て燃料にしていたが、それは同時に里山への手入れを意味するものでもあった。そうやって自然環境に働きかけながらエネルギーを利用してきた。近世以降、都市部で木炭が燃料として使われるようになると、人びとは燃料を自ら直接確保するのではなく、購入または物々交換によって入手するようになる。こうして、都市の消費者は里山との直接的な関係を持たずとも燃料を手に入れられるようになったものの、それでも自分の使っている木炭がどこからどのようにもたらされたものかは、のちの時代に比べればまだ可視的であった。木炭は文字どおり「触《さわ》る」ことができたので、質の良し悪しも直接見極めることができ、場合によっては購入元を変えることもできた。

こうした状況は、石炭へのエネルギー転換によって変化する。明治期以降、人びとはまず、石炭ストーブや練炭を用いた調理器具（七輪）を通じて家庭内で石炭・練炭を使うようになった。それらは手触り感を残し、使用に際しては創意工夫の余地を残してはいたものの、一律に「燃料」として扱われ、産地にこだわった購入も少なくなった。さらに、家庭内の電化が進むとともに、国内の主要なエネルギー源が石炭から石油へと転換すると、エネルギーの由来はますます不可視化されたし、利用のための人びとの自然環境への働きかけも、小水力発電などにおけるきわめて限定的なものとなった。そして、その限定的だった働きかけも、水力発電の大規模化に伴って失われていき、むしろ自然環境へのネガティブな影響が増大していくのである。

原子力の時代になると、自然と人間の関係を想起させるような要素や、エネルギーの産地や利用方法に関するユーザー側の選択の可能性は完全に失われ、自然環境へのネガティブな影響はますます増大した。原子力発電は、発電過程においては二酸化炭素を排出しない「クリーンなエネルギー」であるとの主張もあるものの、コラムBが指摘するように、そもそも何をもってクリーンとするのかについての議論が日本では欠落してきた。スリーマイル、チェルノブイリ（チョルノービリ）、福島において繰り返されてきた原発事故の被害をみれば、発電時の二酸化炭素排出量以外の評価軸が必要なことは明白だろう。

こうして〈環境—社会〉関係の観点からこれまでのエネルギー転換を振り返ると、それは、自然環境が有してきた豊かで多面的な性質の中から私たちが人間社会の生活や産業活動に役立つ機能のみを切り出し、自然環境を資源（resource）として扱うようになった過程であったことがわかる。そして、自然環境を資源として扱うということは、コモンズとして自然環境に働きかけてきた人びとの営みが損なわれるということでもあった。それゆえ、これからのエネルギー転換の議論においては、こうした〈環境—社会〉関係の回復や、自然環境に付随していたコモンズ的な営みの回復も視野に入れることが望ましい。

4 公正でタンジブルなエネルギーのために

第Ⅲ部では、今後のエネルギー転換、すなわち化石燃料と原子力によるエネルギーから再生可能エネルギーへと移行する際の、課題や望ましいあり方について論じられている。これらのうち、ここまでの議論を踏まえれば、これからのエネルギー転換の望ましいあり方とは、単にエネルギー源を変えることではない。「〈環境〉社会学」の視点からは世代内公正と世代間公正を達成するようなエネルギー転換が、「〈環境—社会〉学」の視点からはエネルギーを再びタンジブルに、資源としての自然環境をコモンズとしてのそれに戻すような転換が望ましい。

これらの論点のうち、世代間公正に関しては、再生可能エネルギーの導入それ自体によって、ある程度は達成されうる。というのも再生可能エネルギーは、化石燃料による発電とは異なり、二酸化炭素の排出削減に大きく寄与し将来の気候変動を防止しうるためである。原子力発電と異なり、一〇万年先まで悪影響を及ぼしうる廃棄物も出ない。事故や不具合が生じた場合でも、その影響の程度は比較的軽微であると想定されている。仮にその想定を超える事態が起こりうることが新たにわかった場合には、原子力発電とは対照的に、事業の停止や軌道修正を行いやすい。だがその一方で、ある地域で再生可能エネルギー事業を行うことは、その地域の自然環境や社会環境に変化を生じさせうる開発行為でもあり、その点では他の開発事業と同じ文脈にある。すなわち、再生可能エネルギーも、立地地域に悪影響や不利益をもたらしかねないという点で、世代内公正を損なう恐れを有するのである。

この課題について検討した第9章では、発電事業の副次的効果と公正な合意形成によって、発電施設と地域社会との共生を模索する方途が例示されている。一つは、単なる売電益の地域還元にとどまらない、地域活性化事業の展開や少子高齢化対策にまで及ぶ副次的効果の創出である。もう一つは、ある一時点での合意形成にとどまらず、ステークホルダーの範囲や発電施設がもたらす環境への影響の事後的な評価を繰り返し、場合によっては軌道修正をしていく、順応的な事後対応までを含む合意形成である。第10章でも、地域の持続性に資する再生可能エネルギー事業の例が示されており、そこでは地域の社会環境だけでなく自然環境にも波及効果がもたらされうることが指摘されている。

こうした発電事業者と立地地域との関係に加えて、第7章で論じられているのは、都市の電力消費者と地方の生産者(立地地域)との関係である。第8章でも指摘されているように、今後のエネルギー転換においては、これまでの中央集権的な需給構造から脱却し、分散型のそれへと切り替えることが求められている。究極的にはエネルギーの地産地消ということになるが、莫大な電力を消費する都市部において使用するすべてのエネルギーを自ら賄うことは非現実的である。都市の人びとは、他地域で生産されたエネルギーを消費せざるをえない、消費者という立ち位置にならざるをえない人びとであり、地方のエネルギー生産に頼らざるをえないのである。こうしたなかで、それでもなお、従来の消費者とは異なる消費者であろうとする人びとの模索が第7章では描かれており、それを通じて「エネルギーの需給関係の非対称性を前提としたうえで、エネルギー供給をめぐる公正な分配と手続き的な正義を担保する」ことの重要さが指摘されている。

加えて第Ⅲ部が示すのは、公正なエネルギーを追求する人びとの模索が、同時に、エネルギーを再びタンジブルなものに、自然環境を資源からコモンズへと位置づけ直す試みにもなっているということである。第8章やコラムCで紹介されているエネルギー協同組合はその顕著な例である。だが、いずれにおいても紹介されているのは主に海外での事例であり、日本国内でこうした取り組みを展開する際の障壁が第8章では指摘されている。

その障壁を乗り越える足がかりとして、第8章では「テクノロジー・ディスラプション」による新しいエネルギー社会秩序創出の可能性が、第10章では「社会イノベーション」が提示される。このうち前者は、換言すれば、市場の転換を通じた技術先行型の社会秩序創出である。「近年急速に発展する電気自動車や蓄電池のような分散型テクノロジーが、政策や制度の転換に先んじて市場を席捲し、中央集中型のエネルギーシステムを破壊し」うるという。ただし、それは「社会的・

政策的な備えを持たないまま」の「なし崩し的」な転換でもあり、社会的な混乱を引き起こしかねない。それゆえ、立地地域のステークホルダーによる合意形成の場合と同様に、ここでも事後的な軌道修正を可能にするための仕組みや仕掛けが重要となってくる。

これに対して第10章で、マクロレベルでの大がかりな社会イノベーションと並んで挙げられているのは、多数の小さな単位の社会での実践を積み上げていくことによって同時多発的に全体最適を実現するという方法である。そしてその際に重要となってくるのが、個々の小さな社会単位内で共有されている価値に基づいた〝適正〟な選択的誘引の設定である。小さな単位の社会が地域コミュニティである場合、何が〝適正〟なのかは、その地域コミュニティの持続性に資するかどうかで判断されることが想定される。ただし、どのような形での持続が望ましいのかについては、それぞれの地域コミュニティ内での合意形成が必要である。そしてその際には、まだ見ぬ将来世代の存在も視野に入れることが必要だろう。

世代内においても世代間においても公正なエネルギーを達成するには、同時代に生きる人びとの人間関係や自然環境との付き合い方に加えて、まだ見ぬ将来に生きる人びととのそれらも考える必要があるということである。私たちには、よりいっそうの、他者への想像力が求められているといえよう。

編者あとがき

誰かの健康を害してしか成り立たぬような文化生活であるのならば、その文化生活をこそ問い直さなければならぬ。［松下 2012: 125］

これは、豊前《ぶぜん》火力発電所建設反対運動をはじめとしてさまざまな住民運動に寄り添い、数々のルポルタージュを残した作家、松下竜一の著作『暗闇の思想を』（一九七四年）の一節である。このように、「誰かの健康を害し」、誰かの生活を犠牲にすることで自らの生活が成り立ってきたのではないかという直感を、私たち（少なくとも編者たち）はなんとなく抱き、にもかかわらずその問題の直視を避けてきた。そして福島第一原子力発電所事故を目の当たりにしてやっと、そのなんとなくの直感が正しかったことと、直視を避けてきたことの罪深さを思い知らされた。

そこで、東日本大震災および福島第一原発事故後初の、本格的な環境社会学の講座テキストのシリーズとして刊行される『シリーズ 環境社会学講座』の第2巻としての本書が、望ましいエネルギー転換のあり方を問うにあたってまず行ったのが、これまでの私たちのエネルギー利用が誰のどのような犠牲の上に成り立つものであったのかを直視し直すことであった。そしてそれと同時に、犠牲を強いられがちな人びとがエネルギー資源や施設といかに向き合い、主体的に関わったり拒んだりコントローラブルなものとすべく模索してきたのかについて、歴史をさかのぼりながらとらえ直す作業であった。

それらの結果を踏まえれば、脱炭素という点でも脱原発という点でも望ましいとされる再生可能エネルギーも、立地地域にとってはある種の開発行為であり、ともするとどこかの誰かを不幸にしかねないことが示唆される。本書では、そうした事態を避けるべく取り組まれている試みや人びとの模索を取り上げているが、それは冒頭の松下の言葉を借りれば、既存の「文化生活」を問い直す実践といえよう。それらはいまだ模索の繰り返しではあるが、軌道修正をしながら実践を積み重ね、既存の「文化生活」を問い直し続けていく地道な歩みに、誰の健康も生活も犠牲にしない「公正なエネルギー」への転換の希望が見いだせるのではないか。

松下には「蜂《はち》の巣《す》城事件」で知られる下筌《しもうけ》ダム（大分・熊本県境）反対運動を描いた『砦《とりで》に拠《よ》る』（一九七七年）という作品もある。同書の「あとがき」にかえたエッセイの中で、彼は、

どのような闘争にせよ、それを報道などがとらえてニュースとするのは、絵になる戦闘的な場面でしかないのであって、それがいわば闘争の公的な〝顔〟になっていくのだが、そしてまさにその〝顔〟こそが闘争には違いないのだが、そういう公的な〝顔〟でない、日常的な陰の部分に、いつも私の思いはひそんでゆくのだ。［松下 2000: 374］

と書いている。何らかの自然に働きかけて「資源」を切り出し、それらを電気や熱に変換してようやく活用することができるエネルギーを、誰の健康も生活も犠牲にせず生み出すことは容易ではない。だからこそ、「公正なエネルギー」への転換は、世代内と世代間の双方において「公正な社会」への転換を要請する。そのためには、松下が言う「日常的な陰の部分」を切り捨てることなく、さまざまな明度を持つ多面的な姿としてエネルギーと地域社会の関係の実像をとらえていくことが今後も欠かせないだろう。

ここまで思い至ることができたのも、各章・コラムの執筆者をはじめ、各章・コラムのもととなる調査にご協力いただいた方々、本書に関わってくださった皆様のおかげであり、この場を借りて心よりの御礼を申し上げたい。また、新泉社編集部の安喜健人さんには、第三の編者ともいうべき貢献をしていただいた。安喜さんの細やかかつ鋭いご指摘のおかげで、学生向けのテキストという側面も保ちながら、広く社会に向けて投げかける書物として最前線の尖《とが》った議論も盛り込むという、本書の絶妙なバランスが可能となった。心からの感謝を申し上げたい。

二〇二三年五月

青木聡子
茅野恒秀

浜岡原子力発電所と御前崎風力発電所（静岡県御前崎市）

文献一覧

◆序章

青木聡子［2013］『ドイツにおける原子力施設反対運動の展開――環境志向型社会へのイニシアティヴ』ミネルヴァ書房.

飯島伸子［2000］『環境問題の社会史』有斐閣.

帯谷博明［2004］『ダム建設をめぐる環境運動と地域再生――対立と協働のダイナミズム』昭和堂.

菊地直樹［2017］『「ほっとけない」からの自然再生学――コウノトリ野生復帰の現場』京都大学学術出版会.

栗原東洋編［1964］『現代日本産業発達史 III　電力』現代日本産業発達史研究会.

盛山和夫［2011］『社会学とは何か――意味世界への探究』ミネルヴァ書房.

中澤秀雄［2005］『住民投票運動とローカルレジーム――新潟県巻町と根源的民主主義の細道，1994–2004』ハーベスト社.

中澤秀雄・嶋﨑尚子編［2018］『炭鉱と「日本の奇跡」――石炭の多面性を掘り直す』青弓社.

西城戸誠［2008］『抗いの条件――社会運動の文化的アプローチ』人文書院.

西野寿章［1988］「国家管理以前における電気事業の性格と地域との対応――中部地方を事例として」，『人文地理』40(6): 24–48.

西野寿章［2020］『日本地域電化史論――住民が電気を灯した歴史に学ぶ』日本経済評論社.

長谷川公一［2011］『脱原子力社会の選択――新エネルギー革命の時代』増補版，新曜社.

長谷川公一・品田知美編［2016］『気候変動政策の社会学――日本は変われるのか』昭和堂.

浜本篤史編［2014］『発電ダムが建設された時代――聞き書き 御母衣ダムの記憶』グローバル社会を歩く研究会（新泉社発売）.

舩橋晴俊・長谷川公一・飯島伸子［2012］『核燃料サイクル施設の社会学――青森県六ヶ所村』有斐閣.

舩橋晴俊・長谷川公一・飯島伸子編［1998］『巨大地域開発の構想と帰結――むつ小川

原開発と核燃料サイクル施設』東京大学出版会.
保坂稔［2022］『再生可能エネルギーを活用したドイツの地方創生とその理念――バイオエネルギー村における「価値創造」』新泉社.
丸山康司［2014］『再生可能エネルギーの社会化――社会的受容性から問いなおす』有斐閣.
丸山康司・西城戸誠・本巣芽美編［2015］『再生可能エネルギーのリスクとガバナンス――社会を持続していくための実践』ミネルヴァ書房.
丸山康司・西城戸誠編［2022］『どうすればエネルギー転換はうまくいくのか』新泉社.
三上直之［2022］「無作為抽出型の気候市民会議――『民主主義のイノベーション』を通じた課題解決の試み」,［丸山・西城戸編 2022: 334–350頁］.
本巣芽美［2016］『風力発電の社会的受容』ナカニシヤ出版.
湯浅陽一［2018］『エネルギーと地方財政の社会学――旧産炭地と原子力関連自治体の分析』春風社.
Beck, Ulrich [1986], *Risikogesellschaft. Auf dem Weg in eine andere Moderne*, Frankfurt am Main: Suhrkamp Verlag.（＝1998, 東廉・伊藤美登里訳『危険社会――新しい近代への道』法政大学出版局.）
Humphrey, Craig R. and Frederick H. Buttel [1982], *Environment, Energy, and Society*, Belmont, California: Wadsworth Publishing.（＝1991, 満田久義・寺田良一・三浦耕吉郎・安立清史訳『環境・エネルギー・社会――環境社会学を求めて』ミネルヴァ書房.）

●第1章

青木健太郎・植木達人編［2020］『地域林業のすすめ――林業先進国オーストリアに学ぶ地域資源活用のしくみ』築地書館.
泉桂子・小田中文哉・大塚生美［2018］「岩手県紫波町における薪利用の実態と今後の利用可能性」,『林業経済研究』64(3): 26–35.
岡惠介［2008］『視えざる森の暮らし――北上山地・村の民俗生態史』大河書房.
小椋純一［2006］「日本の草地面積の変遷」,『京都精華大学紀要』30: 159–172.
鬼頭秀一［1996］「科学技術倫理としての環境倫理学の構想――環境問題の社会的リンク論」,『現代生命論研究』9: 255–272.
四手井綱英［1993］『森に学ぶ――エコロジーから自然保護へ』海鳴社.
須賀丈・岡本透・丑丸敦史［2012］『草地と日本人――日本列島草原1万年の旅』築地書館.
鈴木淳［2013］「家庭生活の変容」,『新技術の社会誌』中公文庫, 251–294頁.

立見淳哉［2022］「新しい地域発展理論」，小田切徳美編『新しい地域をつくる――持続的農村発展論』岩波書店，1–20頁．

千葉徳爾［1991］『はげ山の研究』増補改訂，そしえて．

土屋俊幸［1991］「山村」，日本村落史講座編集委員会編『日本村落史講座 3　景観 II――近世・近現代』雄山閣，181－197頁．

西城戸誠［2015］「再生可能エネルギー事業における内発的発展の両義性――日本版・コミュニティパワーの構築に向けて」，丸山康司・西城戸誠・本巣芽美編『再生可能エネルギーのリスクとガバナンス――社会を持続していくための実践』ミネルヴァ書房，211–249頁．

畠山剛［2003］『炭焼きの二十世紀――書置きとしての歴史から未来へ』彩流社．

深澤光［2001］『薪割り礼賛』創森社．

守山弘［1988］『自然を守るとはどういうことか』農山漁村文化協会．

養父志乃夫［2009］『里地里山文化論』上・下，農山漁村文化協会．

山本信次・佐藤恵利・小笠原碧・村上唯・髙田乃倫予［2022］「エネルギー転換に向けた薪利用の意義と課題」，丸山康司・西城戸誠編『どうすればエネルギー転換はうまくいくのか』新泉社，225–244頁．

吉田伸之［2015］『シリーズ 日本近世史 4　都市――江戸に生きる』岩波新書．

Totman, Conrad [1989], *The Green Archipelago: Forestry in Pre-Industrial Japan*, Berkeley, California: University of California Press.（＝1998, 熊崎実訳『日本人はどのように森をつくってきたのか』築地書館.）

◆第2章

飯島伸子編［2007］『公害・労災・職業病年表　索引付』新版，すいれん舎．

熊谷博子［2012］『むかし原発　いま炭鉱――炭都［三池］から日本を掘る』中央公論新社．

栗原彬［1982］『管理社会と民衆理性――日常意識の政治社会学』新曜社．

産炭地研究会編［2016］『炭鉱労働の現場とキャリア――夕張炭田を中心に』第2版，産炭地研究会．

嶋﨑尚子［2011］「石炭産業の終焉過程における常磐炭砿KK閉山タイミング――産炭地比較研究にむけて」，『早稲田大学大学院文学研究科紀要』56: 33–46.

島西智輝［2021］「代用燃料の模索――資源制約緩和の試み」，平井健介・島西智輝・岸田真編『ハンドブック日本経済史』ミネルヴァ書房，230–233頁．

石炭業界のあゆみ編纂委員会編［2003］『石炭業界のあゆみ――日本石炭協会の50年を中心にふりかえる』石炭エネルギーセンター石炭技術会．

炭都と文化研究会［2018］『炭都と文化――昭和30年代の三池・大牟田』炭都と文化研究会.
筑豊石炭鉱業会編［1935］『筑豊石炭鉱業会五十年史』筑豊石炭鉱業会.
土井仙吉［1957］「筑豊炭田地帯における鉱害の地理学的研究（1）」，『福岡学芸大学紀要』7（第2部）: 35–55.
中澤秀雄・嶋﨑尚子編［2018］『炭鉱と「日本の奇跡」――石炭の多面性を掘り直す』青弓社.
原田正純・三村孝一・高木元昭・藤田英介・住吉司郎・宮川洸平・堀田宣之・藤野糺・小鹿原健一・本岡真紀子［2010］「三池三川鉱炭じん爆発から40年――一酸化炭素中毒の長期予後」，『社会関係研究』15(2): 1–42.
藤野豊［2019］『「黒い羽根」の戦後史――炭鉱合理化政策と失業問題』六花出版.
フランス鉱山試験協会編［1958］『日本石炭鉱業に関するソフレミン報告書』通商産業省石炭局・日本石炭協会訳，日本石炭協会.
牧野文夫［1996］『招かれたプロメテウス――近代日本の技術発展』風行社.
三菱大夕張炭鉱労働組合編［1973］『未来にむかってたくましく歩もう――三菱大夕張炭鉱労働組合解散記念誌』三菱大夕張炭鉱労働組合.
山田泰蔵［2015］「認知症の人と共に暮らすまちづくり――先進地・大牟田市の取材から」，『生活協同組合研究』472: 43–46.
湯浅陽一［2018］『エネルギーと地方財政の社会学――旧産炭地と原子力関連自治体の分析』春風社.
Geller, Walter, Martin Schultze, Robert Kleinmann and Christian Wolkersdorfer eds. [2013], *Acidic Pit Lakes: The Legacy of Coal and Metal Surface Mines*, Berlin: Springer.
Illich, Ivan [1973], *Tools for Conviviality*, New York: Harper and Row.（＝2015，渡辺京二・渡辺梨佐訳『コンヴィヴィアリティのための道具』ちくま学芸文庫.）

●第3章

石川達三［2000 (1966)］『金環蝕』岩波現代文庫.
太田康夫・有馬良行［2012］『戦後復興秘録――世銀融資に学ぶ日本再生』日本経済新聞出版社.
橘川武郎［2021］『災後日本の電力業――歴史的転換点をこえて』名古屋大学出版会.
小寺廉吉［1963］『庄川峡の変貌――越中五カ山の今と昔』ミネルヴァ書房.
佐伯宗義［1958］『水力と電力――電気事業は如何にあるべきか　国民生活環境の開眼』共存民主々義研究所.

島崎稔［1973］「歴史をふりかえる　電源開発促進法――佐久間ダムの場合」，『ジュリスト』533: 61–66.
高橋明善［2004］「編集にあたって」，高橋明善編『島崎稔・美代子著作集 第7巻　ダム建設と地域社会』礼文出版，3–29頁.
電源開発株式会社［1971］『九頭竜川九頭竜ダム水没移住者の生活実態調査報告書』.
電源開発のあゆみ編纂委員会編［1968］『電源開発のあゆみ』日本電気協会.
富山県議会事務局［1953］「なぜ発電施設の復元を要求せねばならないか」.
中谷福次［1986］『庄川水系の電源開発――上平村他用地買収補償交渉』誠文社.
西野寿章［2020］『日本地域電化史論――住民が電気を灯した歴史に学ぶ』日本経済評論社.
日本人文科学会編［1958］『佐久間ダム――近代技術の社会的影響』東京大学出版会.
日本人文科学会編［1959］『ダム建設の社会的影響』東京大学出版会.
浜本篤史［2015］「戦後日本におけるダム事業の社会的影響モデル――被害構造論からの応用」，『環境社会学研究』21: 5–21.
浜本篤史編［2011］『御母衣ダムと荘白川地方の50年』まつお出版.
浜本篤史編［2014］『発電ダムが建設された時代――聞き書き 御母衣ダムの記憶』グローバル社会を歩く研究会（新泉社発売）.
浜本篤史・佐藤裕［2012］「『開発社会学』の研究系譜とアプローチ――国内外の社会学における蓄積にもとづいて」，『国際開発研究』21(1・2): 11–29.
藤田弘二［1962］「世界銀行の援助活動――日本の場合」，『アジア経済』3(7): 14–29.
町村敬志［2011］『開発主義の構造と心性――戦後日本がダムでみた夢と現実』御茶の水書房.
町村敬志編［2006］『開発の時間　開発の空間――佐久間ダムと地域社会の半世紀』東京大学出版会.
若山芳枝［1967］「ふるさとはダムの底に 11」，『電力新報』13(2).
若山芳枝［1968］「ふるさとはダムの底に 23」，『電力新報』14(2).

●第4章

青森県史編さん近現代部会編［2004］『青森県史　資料編　近現代 3』青森県史友の会.
青森県農林部農地調整課編［1976］『青森県戦後開拓史』青森県.
内田武志・宮本常一編［1971］『菅江真澄全集 第2巻　日記 II』未来社.
鎌田慧［1991］『六ヶ所村の記録』上，岩波書店.
原子力市民委員会［2017］『原子力市民委員会特別レポート 4　原発立地地域から原発ゼ

ロ地域への転換』原子力市民委員会.
(http://www.ccnejapan.com/?p=7581)[最終アクセス日:2023年1月30日]
原子力総合年表編集委員会編[2014]『原子力総合年表――福島原発震災に至る道』すいれん舎.
清水修二[1991]「電源立地促進財政制度の成立――原子力開発と財政の展開 1」,『商学論集』59(4): 139–160.
下川速水[1988]『原子力船「むつ」の軌跡』北の街社.
中澤秀雄[2005]『住民投票運動とローカルレジーム――新潟県巻町と根源的民主主義の細道, 1994–2004』ハーベスト社.
中嶋久人[2014]『戦後史のなかの福島原発――開発政策と地域社会』大月書店.
中村亮嗣[1977]『ぼくの町に原子力船がきた』岩波新書.
日本工業立地センター[1969]『むつ湾小川原湖大規模工業開発調査報告書』.
舩橋晴俊・長谷川公一・飯島伸子[2012]『核燃料サイクル施設の社会学――青森県六ヶ所村』有斐閣.
舩橋晴俊・金山行孝・茅野恒秀編[2013]『「むつ小川原開発・核燃料サイクル施設問題」研究資料集』東信堂.
星亮一[2018]『斗南藩――「朝敵」会津藩士たちの苦難と再起』中公新書.
湯浅陽一[2018]『エネルギーと地方財政の社会学――旧産炭地と原子力関連自治体の分析』春風社.
吉岡斉[2011]『原子力の社会史――その日本的展開』新版, 朝日新聞出版.
吉田徳壽[2021]『フジ精糖物語り――青森工場閉鎖と混迷農政への考察』私家版.
六ヶ所村「尾駮の牧」歴史研究会編[2018]『尾駮の駒・牧の背景を探る』六一書房.

第5章

足立重和[2018]「生活環境主義再考――言い分論を手がかりに」, 鳥越皓之・足立重和・金菱清編『生活環境主義のコミュニティ分析――環境社会学のアプローチ』ミネルヴァ書房, 1–22頁.
長谷川公一[2003]『環境運動と新しい公共圏――環境社会学のパースペクティブ』有斐閣.
長谷川公一[2011]『脱原子力社会へ――電力をグリーン化する』岩波新書.
藤川賢[2015]「被害の社会的拡大とコミュニティ再建をめぐる課題――地域分断への不安と発言の抑制」, 除本理史・渡辺淑彦編『原発災害はなぜ不均等な復興をもたらすのか――福島事故から「人間の復興」, 地域再生へ』ミネルヴァ書房, 35–59頁.
舩橋晴俊[2012]「原子力エネルギーの難点の社会学的検討――主体・アリーナの布置連

関の視点から」，船橋晴俊・長谷川公一・飯島伸子『核燃料サイクル施設の社会学――青森県六ヶ所村』有斐閣，171–207頁.
山室敦嗣［2018］「原子力施設をめぐる周囲コミュニティの形成――JCO臨界事故を経験した住民のスペクトラム的思考」，鳥越皓之・足立重和・金菱清編『生活環境主義のコミュニティ分析――環境社会学のアプローチ』ミネルヴァ書房，351–371頁.

◆第6章

青木聡子［2013］『ドイツにおける原子力施設反対運動の展開――環境志向型社会へのイニシアティヴ』ミネルヴァ書房.
河野直践［2003］「『SAVE芦浜基金』活動の研究」，『茨城大学人文学部紀要 社会科学論集』38: 87–108.
柴原洋一［2020］『原発の断りかた――ぼくの芦浜闘争記』月兎舎.
清水修二［1999］『NIMBYシンドローム考――迷惑施設の政治と経済』東京新聞出版局.
南島町芦浜原発阻止闘争本部・海の博物館編［2002］『芦浜原発反対闘争の記録――南島町住民の37年』南島町.
船橋晴俊［1995］「環境問題への社会学的視座――『社会的ジレンマ論』と『社会制御システム論』」，『環境社会学研究』1: 5–20.
道場親信［2006］「1960–70年代『市民運動』『住民運動』の歴史的位置――中断された『公共性』論議と運動史的文脈をつなぎ直すために」，『社会学評論』57(2): 240–258.

◆コラムA

石山徳子［2020］『「犠牲区域」のアメリカ――核開発と先住民族』岩波書店.

◆第7章

安藤丈将［2019］『脱原発の運動史――チェルノブイリ，福島，そしてこれから』岩波書店.
伊藤守・渡辺登・松井克浩・杉原名穂子［2005］『デモクラシー・リフレクション――巻町住民投票の社会学』リベルタ出版.
片桐新自［1995］『社会運動の中範囲理論――資源動員論からの展開』東京大学出版会.
佐藤圭一［2016］「原発・エネルギー問題に取り組む市民活動――活動の全体像と団体6類型」，［町村・佐藤編 2016: 41–60頁］.
佐藤慶幸［1988］『女性たちの生活ネットワーク――生活クラブに集う人びと』文眞堂.
佐藤慶幸［1996］『女性と協同組合の社会学――生活クラブからのメッセージ』文眞堂.
佐藤慶幸・天野正子・那須寿編［1995］『女性たちの生活者運動――生活クラブを支える

人びと』マルジュ社.
高田昭彦［1990］「反原発運動ニューウェーブの研究」,『成蹊大学文学部紀要』26: 131–188.
寺田良一［1995］「再生可能エネルギー技術の環境社会学——環境民主主義を展望して」,『社会学評論』45(4): 486–500.
中澤秀雄［2005］『住民投票運動とローカルレジーム——新潟県巻町と根源的民主主義の細道，1994–2004』ハーベスト社.
西城戸誠［2008］『抗いの条件——社会運動の文化的アプローチ』人文書院.
西城戸誠［2022］「『よそ者』によるコミュニティ・パワーの展開と『信頼』の構築——生活クラブ生協の実践から」，丸山康司・西城戸誠編『どうすればエネルギー転換はうまくいくのか』新泉社，161–182頁.
西城戸誠・角一典［2006］「転換期における生活クラブ生協運動の現状と課題——生活クラブ生協北海道を事例として」,『現代社会学研究』19: 21–40.
西城戸誠・角一典［2009］「生活クラブ生協の『共同性』の現状と課題——戸別配送システム導入および組織改革後の生活クラブ生協北海道の事例を中心として」,『年報社会学論集』22: 150–161.
西城戸誠・角一典［2012］「『個』の時代における組織と活動——生活クラブ生協東京・リーダー調査」,『社会運動』388: 33–38.
長谷川公一［1991］「反原子力運動における女性の位置——ポスト・チェルノブイリの『新しい社会運動』」,『レヴァイアサン』8: 41–58.
長谷川公一［1996］『脱原子力社会の選択——新エネルギー革命の時代』新曜社.
樋口直人・松谷満編［2020］『3.11後の社会運動——8万人のデータから分かったこと』筑摩書房.
藤原なつみ［2021］「社会的実践としての持続可能な食消費——正統的周辺参加と意味変化の視点から」,『環境社会学研究』27: 176–192.
舩橋晴俊・長谷川公一・飯島伸子編［1998］『巨大地域開発の構想と帰結——むつ小川原開発と核燃料サイクル施設』東京大学出版会.
町村敬志・佐藤圭一編［2016］『脱原発をめざす市民活動——3.11社会運動の社会学』新曜社.
丸山康司［2014］『再生可能エネルギーの社会化——社会的受容性から問いなおす』有斐閣.
丸山康司・西城戸誠・本巣芽美編［2015］『再生可能エネルギーのリスクとガバナンス——社会を持続していくための実践』ミネルヴァ書房.

道場親信［2006］「1960–70年代『市民運動』『住民運動』の歴史的位置――中断された『公共性』論議と運動史的文脈をつなぎ直すために」，『社会学評論』57(2): 240–258.
山室敦嗣［1998］「原子力発電所建設問題における住民の意思表示――新潟県巻町を事例に」，『環境社会学研究』4: 188–203.
横田克巳［1989］『オルタナティブ市民社会宣言――もうひとつの「社会」主義』現代の理論社.
Nishikido, Makoto [*forthcoming*], "Alternative Movements for Energy in Japan: The Development of 'Community Power Movements'," in David Slater and Patricia G. Steinhoff eds., *Alternative Politics in Contemporary Japan: New Directions in Social Movements*, Under review at University of Hawaii Press.

◆第8章

飯田哲也［2002］「歪められた『自然エネルギー促進法』――日本のエネルギー政策決定プロセスの実相と課題」，『環境社会学研究』8: 5–23.
飯田哲也・環境エネルギー政策研究所編［2014］『コミュニティパワー――エネルギーで地域を豊かにする』学芸出版社.
稲垣憲治［2020a］「自治体新電力の現状と地域付加価値創造分析による内発的発展実証」，『京都大学大学院 経済学研究科 再生可能エネルギー経済学講座 ディスカッションペーパー』18.
（https://www.econ.kyoto-u.ac.jp/renewable_energy/stage2/pbfile/m000245/REEKU_DP0018.pdf）［最終アクセス日：2023年1月30日］
稲垣憲治［2020b］「自治体新電力に住民監査請求を受けた生駒市の本気――『割高な電力を買っている』という指摘に，どう応える?」，『日経エネルギー Next』10月15日.
（https://project.nikkeibp.co.jp/energy/atcl/19/feature/00007/00038/）［最終アクセス日：2023年1月30日］
稲垣憲治［2021］「自治体新電力の雄，みやまスマートエネルギーの混乱と再起への道のり――赤字決算やガバナンス問題に揺れた自治体新電力から見えたもの」，『日経クロステック』6月21日.
（https://xtech.nikkei.com/atcl/nxt/column/18/00001/05709/）［最終アクセス日：2023年1月30日］
おひさま進歩エネルギー株式会社［2012］『みんなの力で自然エネルギーを――市民出資による「おひさま」革命』南信州新聞社出版局.
環境省［2020］「地域新電力事例集 Ver.1.0」.

(http://chiikijunkan.env.go.jp/pdf/shiru/shindenryoku.pdf)[最終アクセス日：2021年12月25日]
経済産業省[2014]「第4次エネルギー基本計画」.
経済産業省[2015]「長期エネルギー需給見通し」.
経済産業省[2018]「第5次エネルギー基本計画」.
経済産業省[2021a]「第47回総合資源エネルギー調査会　基本政策分科会　議事録」.
(https://www.enecho.meti.go.jp/committee/council/basic_policy_subcommittee/2021/047/047_012.pdf)[最終アクセス日：2023年1月30日]
経済産業省[2021b]「基本政策分科会(第47回会合)でいただいたご質問へのご回答」.
(https://www.enecho.meti.go.jp/committee/council/basic_policy_subcommittee/2021/048/048_013.pdf)[最終アクセス日：2023年1月30日]
経済産業省[2021c]「第6次エネルギー基本計画」.
小森敦司[2014]「原発賛否で安倍内閣・経産省が秘密にしておきたいこと」,『論座』11月12日.
(https://webronza.asahi.com/business/articles/2014111100004.html)[最終アクセス日：2023年1月30日]
自然エネルギー財団[2014]「自然エネルギーの系統連系問題と今後の方向性」.
(https://www.renewable-ei.org/images/pdf/20140131/140130_reports_final.pdf)[最終アクセス日：2023年1月30日]
鈴木亨[2002]「市民風車とグリーンファンド」,『環境社会学研究』8: 74–79.
内閣府[2020]「再生可能エネルギー等に関する規制等の総点検タスクフォース」.
(https://www8.cao.go.jp/kisei-kaikaku/kisei/conference/energy/e_index.html)[最終アクセス日：2023年1月30日]
内閣府[2021]「『第6次エネルギー基本計画(素案)』に対する提言」.
(https://www8.cao.go.jp/kisei-kaikaku/kisei/conference/energy/20210727/210727energy16.pdf)[最終アクセス日：2023年1月30日]
古屋将太・西城戸誠[2021]「オーストラリアにおけるコミュニティエネルギーの展開」,『人間環境論集』21(2): 47–80.
諸富徹[2021]「電力価格高騰が問う日本の電力市場の存在意義」,『京都大学大学院 経済学研究科 再生可能エネルギー経済学講座 コラム』232.
(https://www.econ.kyoto-u.ac.jp/renewable_energy/stage2/contents/column0232.html)[最終アクセス日：2023年1月30日]
安田陽[2015a]「ベースロード電源は21世紀にふさわしいか？(その1)」,『Energy Democracy』

5月25日.
(https://www.energy-democracy.jp/980)［最終アクセス日：2023年1月30日］
安田陽［2015b］「ベースロード電源は21世紀にふさわしいか？（その2）」,『Energy Democracy』5月27日.
(https://www.energy-democracy.jp/1002)［最終アクセス日：2023年1月30日］
安田陽［2015c］「ベースロード電源は21世紀にふさわしいか？（その3）」,『Energy Democracy』5月29日.
(https://www.energy-democracy.jp/1019)［最終アクセス日：2023年1月30日］
山家公雄［2021］「電力卸市場高騰はどうして生じたのか」,『京都大学大学院 経済学研究科 再生可能エネルギー経済学講座 コラム』238.
(https://www.econ.kyoto-u.ac.jp/renewable_energy/stage2/contents/column0238.html)［最終アクセス日：2023年1月30日］
Arbib, James and Tony Seba [2017], *Rethink Transportation 2020–2030: The Disruption of Transportation and the Collapse of the Internal-Combustion Vehicle and Oil Industries*, RethinkX Sector Disruption Report.
Arbib, James, Adam Dorr and Tony Seba [2021], *Rethink Climate Change: How Humanity Can Choose to Reduce Emissions 90% by 2035 through the Disruption of Energy, Transportation, and Food with Existing Technology*, RethinkX Disruption Implications Report.
Costa, Jedda [2021], "Victoria's first Aboriginal-owned solar farm on track for completion next year," *ABC NEWS*, September 21.
(https://www.abc.net.au/news/2021-09-21/aboriginal-owned-solar-farm-completed-by-2022/100473610) [Last accessed: January 30, 2023]
DGRV (Deutscher Genossenschafts- und Raiffeisenverband) [2020], "Energiegenossenschaften 2020: Jahresumfrage des DGRV."
(http://www.dgrv.de/wp-content/uploads/2020/07/20200701_DGRV_Umfrage_Energiegenossenschaften_2020-1.pdf) [Last accessed: January 30, 2023]
Dorr, Adam and Tony Seba [2020], *Rethink Energy 2020–2030: 100% Solar, Wind, and Batteries is Just the Beginning*, RethinkX Sector Disruption Report.
Gipe, Paul [2012], "Danish Wind Turbine Owners Association 2012 Update," Wind-Works website.
(http://www.wind-works.org/cms/index.php?id=61&tx_ttnews%5Btt_news%5D=2081&cHash=c29a97d98488a2444b6617e91b534d41) [Last accessed: November 23, 2021]
Hvelplund, Frede [2014], "Innovative Democracy, Political Economy, and the Transition to

Renewable Energy: A full-Scale Experiment in Denmark 1976–2013," *Environmental Research, Engineering and Management*, 66(4): 5–21.
IRENA Coalition for Action [2018], "Community energy: Broadening the ownership of renewables," Abu Dhabi: International Renewable Energy Agency.
IRENA Coalition for Action [2020], "Stimulating investment in community energy: Broadening the ownership of renewables," Abu Dhabi: International Renewable Energy Agency.
IRENA Coalition for Action [2021], "Community Energy Toolkit: Best practices for broadening the ownership of renewables," Abu Dhabi: International Renewable Energy Agency.
Jørgensen, Peter Jacob, Søren Hermansen, Aage Johnsen, Jens Peter Nielsen, Jan Jantzen and Malene Lundén [2007], *Samsø – a renewable energy island: 10 years of development and evaluation*, Samsø: Samsø Energy Academy.
WWEA (World Wind Energy Association) [2011], "WWEA defines Community Power." (https://wwindea.org/communitypowerdefinition/) [Last accessed: January 30, 2023]

◆第9章

岩本晃一［2015］「ケーススタディ　御前崎港の洋上風力計画のケース」，『風力エネルギー』39(2): 295–296.
海洋産業研究会［2015］「洋上風力発電等の漁業協調の在り方に関する提言《第2版》——着床式および浮体式洋上ウィンドファームの漁業協調メニュー」.
（https://www.rioe.or.jp/2015teigen.pdf）［最終アクセス日：2023年1月30日］
経済産業省・国土交通省［2020a］「長崎県五島市沖　海洋再生可能エネルギー発電設備整備促進区域　公募占用指針」.
（https://www.enecho.meti.go.jp/category/saving_and_new/saiene/yojo_furyoku/dl/sentei/nagasaki_goto_kouboshishin.pdf）［最終アクセス日：2023年1月30日］
経済産業省・国土交通省［2020b］「秋田県能代市，三種町及び男鹿市沖　海洋再生可能エネルギー発電設備整備促進区域　公募占用指針」.
（https://www.enecho.meti.go.jp/category/saving_and_new/saiene/yojo_furyoku/dl/sentei/akita_noshiro_kouboshishin.pdf）［最終アクセス日：2023年1月30日］
経済産業省・国土交通省［2020c］「秋田県由利本荘市沖（北側・南側）　海洋再生可能エネルギー発電設備整備促進区域　公募占用指針」.
（https://www.enecho.meti.go.jp/category/saving_and_new/saiene/yojo_furyoku/dl/sentei/akita_yuri_kouboshishin.pdf）［最終アクセス日：2023年1月30日］
経済産業省・国土交通省［2020d］「千葉県銚子市沖　海洋再生可能エネルギー発電設備

整備促進区域　公募占用指針」.
（https://www.enecho.meti.go.jp/category/saving_and_new/saiene/yojo_furyoku/dl/sentei/chiba_choshi_kouboshishin.pdf）［最終アクセス日：2023年1月30日］
新エネルギー・産業技術総合開発機構［2015］「平成25年度―平成26年度成果報告書　風力等自然エネルギー技術研究開発　洋上風力発電等技術研究開発　地域共存型洋上ウィンドファーム基礎調査　報告書」.
千葉県［2020］「洋上風力発電に関する『千葉県銚子市沖における協議会』構成員による説明会結果概要」.
（https://www.pref.chiba.lg.jp/sanshin/ocean-re/documents/summary.pdf）［最終アクセス日：2023年1月30日］
新潟県産業労働部産業振興課［2021］「村上市・胎内市沖地域部会における検討状況について」，村上市ウェブサイト.
（https://www.city.murakami.lg.jp/uploaded/attachment/47154.pdf）［最終アクセス日：2023年1月30日］
西城戸誠［2021］「再生可能エネルギー開発と地域社会の受容性」，小島聡・西城戸誠・辻英史編『フィールドから考える地域環境――持続可能な地域社会をめざして』第2版，ミネルヴァ書房，145–167頁.
丸山康司［2017］「再生可能エネルギーの導入に伴う『被害』と『利益』の社会的制御――東京都八丈島の地熱発電事業計画における取り組みを中心に」，宮内泰介編『どうすれば環境保全はうまくいくのか――現場から考える「順応的ガバナンス」の進め方』新泉社，59–84頁.
本巣芽美［2016a］『風力発電の社会的受容』ナカニシヤ出版.
本巣芽美［2016b］「英国と新潟県村上市の洋上風力発電事業における地域協調策」，第19回日本環境共生学会発表資料，9月18日.
本巣芽美・丸山康司［2020］「風力発電所による近隣住民への影響に関する社会調査」，『風力エネルギー学会論文集』44(4): 39–46.
Gill, Andrew B. and Dan Wilhelmsson [2019], “Fish,” in Martin R. Perrow ed., *Wildlife and Wind Farms, Conflicts and Solutions, Volume 3 Offshore: Potential Effects*, Exeter: Pelagic Publishing, pp. 86–111.
OECD (Organization for Economic Co-operation and Development) [2015], *Ageing in Cities.* (https://www.oecd.org/regional/ageing-in-cities-9789264231160-en.htm) [Last accessed: January 30, 2023]
Motosu, Memi and Yasushi Maruyama [2016], “Local acceptance by people with unvoiced

opinions living close to a wind farm: A case study from Japan," *Energy Policy*, 91: 362–370.

Warren, Charles R. and Malcolm McFadyen [2010], "Does community ownership affect public attitudes to wind energy? A case study from south-west Scotland," *Land Use Policy*, 27(2): 204–213.

Weaver, Sara P., Cris D. Hein, Thomas R. Simpson, Jonah W. Evans and Ivan Castro-Arellano [2020], "Ultrasonic acoustic deterrents significantly reduce bat fatalities at wind turbines," *Global Ecology and Conservation*, 24: e01099.

Wüstenhagen, Rolf, Maarten Wolsink and Mary Jean Bürer [2007], "Social acceptance of renewable energy innovation: An introduction to the concept," *Energy Policy*, 35(5): 2683–2691.

◆第10章

豊田陽介［2016］「市民・地域主体による再生可能エネルギー普及の取り組み――『市民・地域共同発電所』の動向と展望」,『サステイナビリティ研究』6: 87–100.

丸山康司［2014］『再生可能エネルギーの社会化――社会的受容性から問いなおす』有斐閣.

丸山康司［2017］「再生可能エネルギーの導入に伴う『被害』と『利益』の社会的制御――東京都八丈島の地熱発電事業計画における取り組みを中心に」, 宮内泰介編『どうすれば環境保全はうまくいくのか――現場から考える「順応的ガバナンス」の進め方』新泉社, 59–84頁.

山下紀明・丸山康司［2022］「太陽光発電の地域トラブルと自治体の対応」, 丸山康司・西城戸誠編『どうすればエネルギー転換はうまくいくのか』新泉社, 24–47頁.

Brown, Valerie A., John A. Harris and Jacqueline Y. Russell eds. [2010], *Tackling Wicked Problems: Through the Transdisciplinary Imagination*, London: Earthscan.

Giddens, Anthony [1998], *The Third Way: The Renewal of Social Democracy*, Cambridge: Polity Press.

Mulgan, Geoff [2006], "The Process of Social Innovation," *Innovations: Technology, Governance, Globalization*, 1(2): 145–162.

Olson, Mancur [1965], *The Logic of Collective Action: Public Goods and the Theory of Groups*, Cambridge, MA: Harvard University Press.（＝1996, 依田博・森脇俊雅訳『集合行為論――公共財と集団理論』ミネルヴァ書房.）

Rittel, Horst W. J. and Melvin M. Webber [1973], "Dilemmas in a general theory of planning," *Policy Sciences*, 4(2): 155–169.

Sovacool, Benjamin K. and Michael H. Dworkin [2014], *Global Energy Justice: Problems, Principles, and Practices*, Cambridge: Cambridge University Press.

Walker, Benjamin J. A., Duncan Russel and Tim Kurz [2015], "Community Benefits or Community Bribes? An Experimental Analysis of Strategies for Managing Community Perceptions of Bribery Surrounding the Siting of Renewable Energy Projects," *Environment and Behavior*, 49(1): 59–83.

Weinberg, Alvin M. [1972], "Science and trans-science," *Minerva*, 10: 209–222.

◆コラムB

経済産業省産業技術環境局・資源エネルギー庁［2022］「クリーンエネルギー戦略　中間整理」.
（https://www.meti.go.jp/shingikai/sankoshin/sangyo_gijutsu/green_transformation/pdf/008_01_00.pdf）［最終アクセス日：2023年1月30日］

工業技術院サンシャイン計画推進本部［1974］『サンシャイン計画——新エネルギー技術への挑戦』第一法規出版.

樋口耕一［2020］『KH Coder オフィシャルブック　社会調査のための計量テキスト分析——内容分析の継承と発展を目指して』第2版，ナカニシヤ出版.

吉岡斉［1985］『テクノトピアをこえて——科学技術立国批判』改訂版，社会評論社.

Georgeson, Lucien, Mark Maslin and Martyn Poessinouw [2016], "Clean up energy innovation," *Nature*, 538(7623): 27–29.

◆コラムC

寺林暁良［2018］「欧州におけるエネルギー協同組合の実態と意義」，『環境と公害』48(1): 33–38.

寺林暁良［2019］「英国におけるエネルギー協同組合の動向と役割——スコットランドの3事例をもとに」，『農林金融』72(2): 15–33.

◆終章

青木聡子［2022］「世代間公正と世代内公正の相克——ドイツ『石炭委員会』の模索」，丸山康司・西城戸誠編『どうすればエネルギー転換はうまくいくのか』新泉社，286–308頁.

石井裕［2002］「タンジブル・ビット——情報と物理的世界を融合する，新しいユーザ・インタフェース・デザイン」，『情報処理』43(3): 222–229.

西城戸誠［2012］「はじめに」，西城戸誠・舩戸修一編『環境と社会』人文書院，5–9頁.

◆編者あとがき

松下竜一［2000］『松下竜一その仕事 15　砦に拠る』河出書房新社.
松下竜一［2012］『暗闇の思想を／明神の小さな海岸にて』影書房.

石山徳子（いしやまのりこ）＊コラムA
明治大学政治経済学部，大学院教養デザイン研究科教授．
主要業績：『「犠牲区域」のアメリカ――核開発と先住民族』（岩波書店，2020年），『米国先住民族と核廃棄物――環境正義をめぐる闘争』（明石書店，2004年）．

立石裕二（たていしゆうじ）＊コラムB
関西学院大学社会学部教授．
主要業績：「科学社会学と構築主義」（松本三和夫編『科学社会学』東京大学出版会，2021年），『環境問題の科学社会学』（世界思想社，2011年）．

寺林暁良（てらばやしあきら）＊コラムC
北星学園大学文学部准教授．
主要業績：「自然資源管理と地域再生の一体的な展開――奄美市打田原集落におけるソテツ林管理の事例から」（金城達也と共著，『環境社会学研究』28，2022年），「再生可能エネルギーがもたらすコミュニティの再生――スコットランドのコミュニティ・パワーの事例から」（宮内泰介と共著，丸山康司・西城戸誠編『どうすればエネルギー転換はうまくいくのか』新泉社，2022年）．

西城戸誠（にしきどまこと）＊第7章
早稲田大学文学学術院教授.
主要業績：『どうすればエネルギー転換はうまくいくのか』（丸山康司との共編著，新泉社，2022年），『避難と支援——埼玉県における広域避難者支援のローカルガバナンス』（原田峻との共著，新泉社，2019年）.

古屋将太（ふるやしょうた）＊第8章
特定非営利活動法人環境エネルギー政策研究所研究員.
主要業績：「メディエーターの戦略的媒介による地域の意思決定支援」（丸山康司・西城戸誠編『どうすればエネルギー転換はうまくいくのか』新泉社，2022年），「オーストラリアにおけるコミュニティエネルギーの展開」（西城戸誠との共著，『人間環境論集』21(2)，2021年）.

本巣芽美（もとすめみ）＊第9章
名古屋大学大学院環境学研究科特任准教授.
主要業績：『風力発電の社会的受容』（ナカニシヤ出版，2016年），「風力発電所による近隣住民への影響に関する社会調査」（丸山康司と共著，『風力エネルギー学会論文集』44(4)，2020年）.

丸山康司（まるやまやすし）＊第10章
名古屋大学大学院環境学研究科教授.
主要業績：『どうすればエネルギー転換はうまくいくのか』（西城戸誠と共編著，新泉社，2022年），『再生可能エネルギーの社会化——社会的受容性から問いなおす』（有斐閣，2014年）.

◆執筆者

山本信次（やまもとしんじ）＊第1章
岩手大学農学部教授.
主要業績：「森林ボランティア活動に見る環境ガバナンス——都市と農山村を結ぶ『新しいコモンズ』としての『森林』」（室田武編『グローバル時代のローカル・コモンズ』ミネルヴァ書房，2009年），「原子力災害による被害の不可視性と環境社会学の役割——『農的営み』の被害の可視化に向けて」（『環境社会学研究』25，2019年）.

中澤秀雄（なかざわひでお）＊第2章
上智大学総合人間科学部教授.
主要業績：『戦後日本の出発と炭鉱労働組合——夕張・笠嶋一日記 1948–1984年』（新藤慶・西城戸誠・玉野和志・大國充彦・久保ともえと共著，御茶の水書房，2022年），『環境の社会学』（関礼子・丸山康司・田中求と共著，有斐閣，2009年）.

浜本篤史（はまもとあつし）＊第3章
早稲田大学社会科学総合学術院教授.
主要業績：「環境および開発と難民・強制移動——開発事業に伴う立ち退きと生活再建」（小泉康一編『「難民」をどう捉えるか——難民・強制移動研究の理論と方法』慶應義塾大学出版会，2019年），「戦後日本におけるダム事業の社会的影響モデル——被害構造論からの応用」（『環境社会学研究』21，2015年）.

山室敦嗣（やまむろあつし）＊第5章
兵庫県立大学大学院地域資源マネジメント研究科教授.
主要業績：『新修 福岡市史　民俗編 二　ひとと人々』（共編著，福岡市，2015年），「工業化社会のエネルギー開発に向き合うとは」（鳥越皓之編『環境の日本史 5　自然利用と破壊——近現代と民俗』吉川弘文館，2013年）.

編者・執筆者紹介

◆編者

茅野恒秀（ちのつねひで）＊序章，第4章
信州大学人文学部准教授.
主要業績：『環境問題の社会学——環境制御システムの理論と応用』（湯浅陽一と共編著，東信堂，2020年），『環境政策と環境運動の社会学——自然保護問題における解決過程および政策課題設定メカニズムの中範囲理論』（ハーベスト社，2014年），『「むつ小川原開発・核燃料サイクル施設問題」研究資料集』（舩橋晴俊・金山行孝と共編著，東信堂，2013年），「『土地問題』としてのメガソーラー問題」（丸山康司・西城戸誠編『どうすればエネルギー転換はうまくいくのか』新泉社，2022年）.

青木聡子（あおきそうこ）＊第6章，終章
東北大学大学院文学研究科准教授.
主要業績：『ドイツにおける原子力施設反対運動の展開——環境志向型社会へのイニシアティヴ』（ミネルヴァ書房，2013年），『問いからはじめる社会運動論』（濱西栄司・鈴木彩加・中根多惠・小杉亮子と共著，有斐閣，2020年），「世代間公正と世代内公正の相克——ドイツ『石炭委員会』の模索」（丸山康司・西城戸誠編『どうすればエネルギー転換はうまくいくのか』新泉社，2022年）.

シリーズ　環境社会学講座　刊行にあたって

気候変動、原子力災害、生物多様性の危機――、現代の環境問題は、どれも複雑な広がり方をしており、どこからどう考えればよいのか、手がかりさえもつかみにくいものばかりです。問題の難しさは、科学技術に対するやみくもな期待や、あるいは逆に学問への不信感なども生み、社会的な亀裂や分断を深刻化させています。

こうした状況にあって、人びとが生きる現場の混沌のなかから出発し、絶えずそこに軸足を据えつつ、環境問題とその解決の道を複眼的にとらえて思考する学問分野、それが環境社会学です。

環境社会学の特徴は、批判性と実践性の両面を兼ね備えているところにあります。例えば、「公害は過去のもの」という一般的な見方を環境社会学はくつがえし、それがどう続いていて、なぜ見えにくくなってしまっているのか、その構造を批判的に明らかにしてきました。同時に環境社会学では、研究者自身が、他の多くの利害関係者とともに環境問題に直接かかわり、一緒に考える実践も重ねてきました。

一貫しているのは、現場志向であり、生活者目線です。環境や社会の持続可能性をおびやかす諸問題に対して、いたずらに無力感にとらわれることなく、地に足のついた解決の可能性を探るために、環境社会学の視点をもっと生かせるはずだ、そう私たちは考えます。

『講座　環境社会学』（全五巻、有斐閣、二〇〇一年）、『シリーズ環境社会学』（全六巻、新曜社、二〇〇〇―二〇〇三年）が刊行されてから二〇年。私たちは、大きな広がりと発展を見せた環境社会学の成果を伝えたいと、新しい出版物の発刊を計画し、議論を重ねてきました。

そして、ここに全六巻の『シリーズ　環境社会学講座』をお届けできることになりました。環境と社会の問題を学ぶ学生、環境問題の現場で格闘している実践家・専門家、また多くの関心ある市民に、このシリーズを手に取っていただき、ともに考え実践する場が広がっていくことを切望しています。

シリーズ　環境社会学講座　編集委員一同

シリーズ　環境社会学講座　2
地域社会はエネルギーとどう向き合ってきたのか

2023年7月10日　初版第1刷発行©

編　者＝茅野恒秀，青木聡子
発行所＝株式会社 新 泉 社
〒113-0034　東京都文京区湯島1－2－5　聖堂前ビル
TEL 03(5296)9620　FAX 03(5296)9621

印刷・製本　萩原印刷
ISBN 978-4-7877-2302-4　C1336　Printed in Japan

シリーズ 環境社会学講座 全6巻

1 なぜ公害は続くのか
——潜在・散在・長期化する被害

藤川 賢・友澤悠季 編

公害は「過去」のものではない．問題を引き起こす構造は社会に根深く横たわり，差別と無関心が被害を見えなくしている．公害の歴史と経験に学び，被害の声に耳を澄まし，犠牲の偏在が進む現代の課題を考える．
公害を生み続ける社会をどう変えていくか．

［執筆者］関 礼子／宇田和子／金沢謙太郎／竹峰誠一郎／原口弥生／土屋雄一郎／野澤淳史／清水万由子／寺田良一／堀畑まなみ／堀田恭子／林 美帆

2 地域社会はエネルギーとどう向き合ってきたのか

茅野恒秀・青木聡子 編

近代以降の燃料革命はエネルギーの由来を不可視化し，消費地と供給地の関係に圧倒的な不均衡をもたらし，農山村の社会と自然環境を疲弊させてきた．
巨大開発に直面した地域の過去・現在・未来を見つめ，公正なエネルギーへの転換を構想する．エネルギーのあり方を問い直し，これからの社会のあり方を考える．

3 福島原発事故は人びとに何をもたらしたのか
——不可視化される被害，再生産される加害構造

関 礼子・原口弥生 編

史上最大の公害事件である福島第一原発事故がもたらした大きな分断と喪失．事故に至る加害構造が事故後に再生産される状況のなかで，被害を封じ込め，不可視化させようとする力は，人びとから何を剝奪し，被害の増幅を招いたのか．複雑で多面的な被害の中を生き抜いてきた人びとの姿を環境社会学の分析視角から見つめる．

［執筆者］藤川 賢／長谷川公一／平川秀幸／高木竜輔／西﨑伸子／除本理史／小山良太／望月美希／野田岳仁／廣本由香／林 勲男

4 答えのない人と自然のあいだ
——「自然保護」以後の環境社会学

福永真弓・松村正治 編

5 持続可能な社会への転換はなぜ難しいのか

湯浅陽一・谷口吉光 編

6 複雑な問題をどう解決すればよいのか
——環境社会学の実践

宮内泰介・三上直之 編

四六判・304〜320頁・各巻定価 2500 円＋税